INTERMINABLES ADOLESCENCES

DANS LA MÊME COLLECTION

Éthique et société
dirigée par Jean-Paul Durand et Pierre Joly

La collection « Éthique et société » se propose de contribuer à la préparation de débats éthiques et sociaux par des publications en sciences de l'homme, en droit, en économie, etc.

Roger MERLE : *La Pénitence et la Peine.* Théologie. Droit canonique. Droit pénal, Cerf/Cujas, 1985, 160 pages.

Patrick BAUDRY : *Une sociologie du tragique.* Violence au quotidien, Cerf/Cujas, 1986, 192 pages.

Émile POULAT : *Liberté, Laïcité.* La guerre des deux France et le principe de la modernité, Cerf/Cujas, 1988, 440 pages.

Tony ANATRELLA : *Interminables adolescences.* Les 12-30 ans, puberté, adolescence, postadolescence. « Vers une société adolescentrique. » Cerf/Cujas, 1988, 222 pages.

Collectif sous la direction de Joël-Benoît d'ONORIO : *Le Saint-Siège dans les relations internationales,* préface de Jean-Bernard RAYMOND, ancien ministre des Affaires étrangères, ambassadeur de France près le Saint-Siège, mai 1989, 376 pages.

Collectif sous la direction de Luc ROUBAN et Bernard CROUSSE : *Progrès scientifique et débat éthique.* Plaidoyer pour l'analyse politique, 1989, 240 pages.

Hugues PUEL : *L'Économie au défi de l'Éthique.* Essai d'éthique économique. Cerf/Cujas, 1989, 160 pages.

TONY ANATRELLA

INTERMINABLES ADOLESCENCES

Les 12-30 ans,
puberté, adolescence, postadolescence.
« Une société adolescentrique »

Publié avec le concours
du Centre national du livre

9ᵉ édition

Collection
ÉTHIQUE
ET SOCIÉTÉ

ÉDITIONS DU CERF
29, bd Latour-Maubourg

ÉDITIONS CUJAS
4-8, rue Maison-Blanche

PARIS - 1997

à Georges DEVEREUX

ISBN 2-204-02930-0 (Cerf)
ISBN 2-254-88041-2 (Cujas)
ISSN 0298-5586

Introduction

LA VALORISATION DE L'ADOLESCENCE

L'adolescence est l'âge privilégié du xxe siècle. C'est une période qui se prolonge de plus en plus tardivement en exerçant une force d'attraction sur les enfants comme sur les adultes. Les conduites juvéniles sont précoces, avant même les transformations de la puberté, et se maintiennent longtemps dans la vie psychique de nombreux adultes. Le désir de vivre et de penser comme des adolescents donne le prestige de la vitalité, du mouvement, de la spontanéité stimulée par les dernières idées à la mode. Les adolescents vivant dans cette mouvance expriment à travers leurs multiples conduites les effets des transformations psychiques qui s'effectuent dans leur personnalité. Face à eux, les adultes ne sont plus confrontés, comme à la puberté, à la nouveauté de leur éveil pulsionnel, mais sont engagés dans un processus qui finalise leurs pulsions dans les choix qu'ils ont faits. Nous aurons à nous interroger sur la signification du besoin de nombreuses personnes de s'aligner sur des conduites juvéniles. Déjà des adolescents s'étonnent de voir leur jeunesse mimée par leurs parents, par leurs aînés qui veulent ressembler aux jeunes et rester adolescents. En voulant réduire la différence entre les générations dans l'espoir d'une meilleure communication, la relation entre jeunes et adultes est faussée car personne ne reste à sa place. Les relations de copinage ajoutent à la confusion. « Si les adultes sont comme nous, disait récemment un jeune de dix-sept ans, alors je ne sais pas comment je vais pouvoir grandir ? » Si les adultes ne savent plus tenir leur place, courent après leur jeunesse à travers celle de leurs enfants et s'installent dans l'adolescence, l'avenir est bouché.

Le développement des idées et des attitudes lors des années 60 a favorisé une juvénilisation de la société. De nombreux adolescents des années 70 devenus « adultes » socialement et parents dans la fin des années 80 continuent de vivre en utilisant les mêmes mécanismes psychologiques de l'adolescence. Il ne s'agit pas de réaliser ce qu'ils n'ont pas pu vivre lorsqu'ils étaient plus jeunes, selon le schéma classique, mais de poursuivre une adolescence sans fin. Pour justifier ce comportement des formules magiques sont de mode comme : « Il faut rester jeune » ou « Il faut être encore enfant pour s'occuper des enfants » ou enfin « Il ne faut pas faire de différence ». Nous ne sommes plus dans l'ordre de la coopération entre les générations, mais dans un mouvement de déni de la maturité. La relation éducative devient une simple relation de séduction. L'égalitarisme psychologique retient l'enfant ou l'adolescent comme un partenaire sur lequel l'adulte pense pouvoir aussi s'appuyer. Enfin la transgression de l'ordre des générations et des rôles débouche sur une société où il n'y a plus des adultes et des enfants, mais des frères et des sœurs avec leurs aînés, voire des copains. Cette pseudo-fraternité pervertit la relation, affaiblit les personnalités, suscite une vie émotionnelle plus qu'affective et désocialise les individus. La société y perd en efficacité et en devenir. Si l'avenir de l'homme c'est l'enfant, l'adolescence n'est pas son destin, mais un passage fondateur dont il faudra bien faire le deuil pour vivre psychologiquement et socialement. S'installer dans l'adolescence ne favorise pas les autres développements psychiques de la personnalité et pour y parvenir il est nécessaire d'avoir dépassé les préliminaires de ce processus.

Le flou et l'imprécision intellectuels dans lesquels on se maintient pour décrire les phénomènes juvéniles aujourd'hui débouchent sur des affirmations pompeuses et superficielles. La notion, par exemple, de « culture adolescente » est un sophisme qui ne veut pas dire grand-chose. Nous repérons des conduites et des pratiques qui sont typiques des jeunes, ce n'est pas nouveau. Pourquoi vouloir leur donner une dimension quasi ontologique ? Nous ne sommes pas dans une période de création culturelle, mais dans un temps où s'intensifient les moyens de communication au détriment du contenu. Il ne faut pas confondre culture et communication sociale qui transmet surtout des sensations, des images et des impressions éphémères. Dans ce cas, la culture ce n'est pas ce qui reste quand on a tout oublié, mais l'illusion de tout savoir puisque l'on n'a rien appris. Parler de culture adolescente est un abus de langage. Les jeunes ne vivent pas en dehors des milieux auxquels ils appartiennent ni en dehors de la société. L'inflation des sondages qui les mesurent sur tous les profils ne fait que révéler le milieu ambiant et les représentations de ce dernier en exprimant, d'autre part, dans le champ social les effets des remaniements psychiques de leur personnalité. Les réponses des adolescents dépendent surtout de la psychologie de leur âge. De nombreux adultes et certains médias ayant oublié la signification des comportements juvéniles, selon les différentes périodes de leur évolution, finissent par laisser croire que nous serions face à une génération dotée d'une autre structure psychologique. En fait les tâches psychiques de l'adolescence sont restées les mêmes au cours de ce siècle. C'est surtout leur mise en œuvre qui varie d'une génération à l'autre. Ainsi, la relation que l'on vit à seize ans par rapport au temps liée au sens de l'immédiat n'est pas la même à trente-cinq ans dans la mesure où le problème de la durée va se poser. La conception que l'on se fait du couple à vingt ans va, dans le meilleur des cas, se modifier et à quarante ans la tendresse ne sera pas confondue avec l'amour.

Les représentations contemporaines s'inspirent du prêt-à-penser et du prêt-à-agir adolescentriques pour définir non seulement les conduites juvéniles, mais également celles des adultes. D'ici peu, l'impasse dans laquelle nous entraîne ce modèle va nous obliger à des révisions décisives à moins de nous enfermer dans une société incestueuse qui aura perdu le sens de la filiation. La plupart des enquêtes ou des sondages que l'on retrouve dans la grande presse fossilisent l'adolescence dans une nature formant un en-soi idéalisé, les réponses des adolescents devenant la norme pour penser et organiser la vie sociale. L'adolescence est le temps de l'éphémère : l'artiste aimé à quatorze ans ne le sera plus à vingt ans. On transforme ainsi en traits culturels des mouvements de la vie psychique.

Les manifestations étudiantes et lycéennes de novembre et décembre 1986 ont donné lieu à divers commentaires. Ce ne sont pas les premières ni les dernières. Jusqu'au siècle dernier, il ne se passait pas de semaine sans que les étudiants n'envahissent le quartier Latin au point que les Parisiens évitaient de fréquenter cet endroit. Pendant les années 60-70, les étudiants étaient plus souvent dans la rue qu'à l'université pour défiler contre la guerre en Algérie, au Viêt-nam, puis contre les réformes sociales les plus diverses oubliant les problèmes universitaires qui commençaient déjà à se poser à cette époque. En 1986, on a voulu jouer aux étonnés attendris devant ces jeunes qui défilaient d'abord sur un mode festif puis pris dans un immense jeu de rôles, un véritable sociodrame leur a fait vivre une aventure en passant par tous les états de conscience émotionnels. Les conditions d'accès aux études universitaires et les très mauvaises conditions de travail dans l'ensemble des universités françaises cristallisaient leur mécontentement. Le reste était du supplément ajouté politiquement par des partisans jeunes ou adultes, mais hors des réels centres d'intérêts des lycéens et des étudiants. Ces manifestations ne sont pas nouvelles, même si elles sont devenues rares. La situation est telle que d'autres mouvements sont à prévoir. Les problèmes de fond sont loin d'être vraiment analysés et traités. L'insatisfaction n'en sera que grandissante par rapport aux moyens insuffisants dont disposent les universités pour répondre à leur mission, et l'angoisse de l'avenir intériorisée psychologiquement par les jeunes aura de sérieuses conséquences sociales. Demain, à l'occasion d'un « événement déclenchant », ils seront dans la rue et ce jour-là ce ne sera pas la fête. Nous sommes en train de préparer tous les ingrédients d'une explosion dans laquelle seront réunis tous les déterminants sociaux et individuels qui n'auront pas été pris en compte pour la formation des jeunes.

La lecture de ces événements donna deux types d'interprétations lyriques. Certains ont voulu y voir « un coup de jeune » messianique en construisant une analyse bien artificielle à partir des productions musicales et cinématographiques de ces dernières années. Dans la reconstruction de l'événement, comme sait le faire un certain journalisme, Laurent Joffrin a cru voir la naissance d'une « génération morale » ; ce qu'elle n'est pas. Le rapport à la loi est, dans bien des cas, perverti faute de références au-delà de soi-même et les conditions psychologiques ne sont pas réunies pour la faire fonctionner réellement. Le recours incantatoire aux très estimables droits de l'homme ne doit pas nous abuser car il reste bien superficiel et ne qualifie pas la relation quotidienne de l'individu. Il est devenu le rituel *a minima* des sans-loi. On s'abrite derrière ces droits universels pour se défendre des autres au lieu de trouver en cette loi la mesure qui évalue ses actes individuels et collectifs. Le moralisme romantique dans lequel nous sommes a vidé la loi de son contenu philosophique et spirituel pour en faire une série d'articles qui dépendent des individus au lieu de les transcender. D'autres accentuent cette perspective du salut juvénile sur un plan politique à travers le mythe de la « génération des SOS »[1], comme si nous avions affaire à une génération spontanée en

1. Laurent JOFFRIN, *Un coup de jeune,* Paris, Arléa, 1987 ; Julien DRAY, *SOS Génération,* Paris, Ramsay, 1987.

dehors des réalités de l'histoire, des conditionnements sociaux et des particularités psychiques de l'adolescence.

Les adolescents d'aujourd'hui s'inscrivent dans la suite des générations précédentes. Ils vivent et réagissent en empruntant les normes et les comportements du milieu ambiant. Vouloir en faire une catégorie à part, c'est leur donner, dans le contexte actuel, un rôle et une fonction plus psychologiques que réellement sociaux. Images curieuses livrées par la télévision lors de ces manifestations de parents venant témoigner de leur bonheur de voir leurs enfants retrouver enfin les chemins qu'ils avaient eux-mêmes connus pendant leur adolescence des années 70. Ces parents craignaient l'enfermement dans l'individualisme égoïste des années 80. Avec la plus grande des satisfactions, ils se réjouissaient enfin de les voir dans la rue comme aux plus belles heures de la période 1968-1974. Cependant, ces manifestations de rues sont-elles réellement le signe que ces jeunes ont accédé à la dimension sociale, au sens de l'autre et au sens de leurs responsabilités ? C'est, sans doute, moins sûr. Ces manifestations n'ont fait que confirmer le décalage énorme qui existe entre les responsables politiques et sociaux dans leur analyse qui date et une méconnaissance de la réalité actuelle pour identifier les problèmes et leur apporter des solutions adaptées. Elles ont également montré que les jeunes intègrent les données et les valeurs du monde technologique, à l'inverse de leurs aînés qui refusaient l'héritage. L'adolescent contestataire ou l'adolescent révolté qui refaisaient le monde en le détruisant ne semblent plus du tout correspondre au profil actuel. L'adolescent d'aujourd'hui est moins social et plus individualiste et intimiste. Dans ces manifestations de la fin de l'année 86, ils ont vécu la relation sociale à travers une dimension individuelle. Ils ne s'engagent pas dans une relation sociale au bénéfice d'un bien commun, mais la relation sociale est vécue dans l'espoir d'obtenir le maximum d'intérêts pour soi ; même si l'on crie à l'égalité pour tous à l'université ce n'est pas tant pour les autres que pour soi. La vie sociale n'est plus vécue par beaucoup comme le lieu de tâches communes et solidaires à partir duquel la responsabilité personnelle a aussi des conséquences sur les autres, mais la vie sociale apparaît comme un espace à partir duquel chacun « calcule » le maximum d'avantages sociaux dont il pourra bénéficier. Tout se passe comme si chacun avait besoin de se situer comme acteur[2] dans sa vie et d'agir sur ce qu'il peut maîtriser.

2. Alain TOURAINE, *Le Retour de l'acteur,* Paris, Fayard, 1984.

Laisser l'analyse de ce phénomène entre les mains des politiques ou de quelques journalistes « récupérateurs » en négligeant le travail des spécialistes des comportements humains condamne à ne pas comprendre ce qui se passe. Surtout lorsque l'on sait l'attrait qu'exercent les jeunes et le besoin qui domine de se projeter en eux afin de réparer les manques des adultes. On fabrique « le portrait d'une génération morale » parce que depuis plus de vingt ans le rapport à la loi s'est quelque peu perverti. La vie sans références éthiques n'est pas possible dans la réalité. Tout un mouvement d'idées a laissé croire que l'on pouvait vivre sans morale et cette foi illusoire a contribué à désorganiser la relation aux autres. Si l'inconscient n'a que faire des règles morales et sociales, l'existence dans la réalité ne peut pas s'en priver car l'éthique est sensée contribuer fondamentalement à rendre la vie possible. La science pas plus que le droit ne peuvent remplacer la morale et la toute-puissance infantile du désir ne peut pas la négliger. L'idéalisation des adolescents a conduit quelques journalistes[3] à faire des jeunes les porteurs-salvateurs d'une néo-morale. Ils ne sont pas plus ni moins moraux que leurs aînés. Ils sont surtout l'effet d'un néo-romantisme moralisant qui imprègne la plupart des discours sur les problèmes de société. La formule « Il est interdit d'interdire » veut faire table rase des références sociales et morales. Elle ouvre surtout la porte à la loi de la jungle et, de ce fait, la vie sociale devient incertaine et inféconde. Or, à partir du moment où une réalité acquiert une dimension sociale, la plupart des sociétés démocratiques libres l'organisent dans un cadre de droits et de devoirs qui a pour but de permettre le « vivre ensemble ». Les références sociales sont nécessaires à la survie d'une société comme celles de la morale qui font appel à la responsabilité sont utiles pour sauvegarder la vie. Celui qui n'a pas dépassé le complexe d'Œdipe vit la loi comme contraignante et inhibante. Sa vie restant centrée inconsciemment en direction de ses parents, considérés comme partenaires uniques et privilégiés, tout en étant agressif et séducteur à leur égard, il se sentira dépendant de leur jugement. Pour se dégager de leur influence soit réelle, soit imaginaire, il rejettera toute forme de contrainte en se marginalisant, par exemple. Il s'agit d'un effet du désir incestueux de l'enfant qui accepte ou qui

3. Toute une presse née ces dernières années « fabrique » des portraits juvéniles à partir de quelques données minoritaires et qui ne représentent pas la réalité si ce n'est une mode éphémère ou la valorisation de quelques lieux parisiens.

en refuse la prohibition. Par contre, après la résolution œdipienne, l'intériorisation de la loi permet une maîtrise de la réalité et l'accès au sens des valeurs. Après avoir fait fi du sens de la loi, en l'espace de quelques années sa nécessité se fait sentir à travers la multiplication des comités d'éthique dans de nombreux domaines. Mais ils ne seront pas capables de répondre à la nature du problème en cause. Les adultes ont tendance à habiller les jeunes avec leurs peurs et leurs envies, ces derniers devenant ainsi le miroir des attentes et des espoirs déçus de leurs aînés. De nombreux adultes inversent les rôles en déniant leurs responsabilités éducatives et en assignant aux jeunes une fonction de réparation. On demande à des enfants de résoudre des problèmes d'adulte, voire de rappeler ou d'énoncer la loi. Définir les jeunes, selon une formule journalistique, comme une « génération morale » exprime une projection idéalisante de certains adultes qui après avoir dénié la loi cherchent à la trouver grâce à leurs enfants. Le support de la loi œdipienne est ainsi renversé. Des adultes n'ont pas réussi à résoudre le complexe d'Œdipe avec leurs parents. Ils se tournent vers leurs enfants et, en les prenant comme les représentants symboliques de la loi, ils escomptent par leur intermédiaire trouver la solution.

L'adolescent est donc le favori de l'époque contemporaine. Mais pas plus les représentations sociales que les projections psychologiques dont il est l'objet ne sont en mesure de rendre compte de l'expérience psychologique vécue pendant cette période de mutation physique et psychique. Il est, sans doute, important d'étudier le phénomène social de l'adolescence, mais sans négliger les diverses réalités psychiques qui travaillent l'adolescent et qui expliquent, pour une part, la situation singulière dans laquelle il se trouve. L'adolescence est un processus psychique et non pas une nature à partir de laquelle on pourrait évaluer toutes les conduites de cette période. Les adolescents d'aujourd'hui sont différents de ceux des années 60, même s'ils mettent en œuvre des structures psychiques identiques. Les comportements ont changé et le temps de l'adolescence s'est allongé. Nous allons nous attacher dans ce livre à décrire l'expérience phychique de l'adolescence qui est la conséquence d'un travail et d'un remaniement des structures internes de la personnalité selon l'économie propre à chacun. Ce travail interne s'effectue en interaction avec l'environnement. Nous aurons à montrer les liens qui existent entre les influences socioculturelles et le développement de la personnalité. Nous examinerons également l'influence de la psychologie pubertaire et adolescente sur les représentations et les comportements sociaux.

L'adolescence est un phénomène récent qui est devenu un fait social et un fait psychique.

L'adolescence, un fait social

Depuis quelques années, tous les âges de la vie se remanient et s'allongent au détriment de l'enfance, trop rapidement vécue. Le cycle de l'adolescence s'est considérablement transformé en l'espace de quelques années. Jusqu'au XVIIIe siècle, le mode de passage entre la période de l'enfance et celle de l'âge adulte se faisait plus tôt et l'adolescence rapidement franchie était, d'ailleurs, confondue avec les mutations physiques de la puberté qui était beaucoup plus tardive qu'aujourd'hui.

L'adolescence que nous connaissons aujourd'hui comme fait social est un phénomène récent même si dans le passé lointain les jeunes étudiants représentaient un groupe relativement repérable grâce à ses conduites juvéniles. Le développement de l'institution scolaire et de l'économie de marché qui oblige à se déplacer et à faire la preuve de ses talents va favoriser l'extension d'un espace consacré à l'éducation et à la formation de l'enfant, puis de l'adolescent. Une conception s'impose de plus en plus dès ce moment pour s'amplifier dans l'époque contemporaine et transformer la relation de l'enfant à son milieu. La situation de chacun sera de moins en moins donnée par les acquis de sa famille, mais sera surtout le résultat de l'éducation. Les enfants vont pouvoir faire des études et accéder à d'autres métiers que ceux de leurs parents dans la volonté d'une promotion sociale obtenue grâce à la formation. L'intérêt de la famille va se centrer sur l'éducation des enfants. L'enfant lui-même va devenir un capital à développer au mieux de ses possibilités avec le souci de faire mieux et plus que ses géniteurs. Si bien que cet espace entre l'enfance et la vie adulte est devenu un temps de formation et de préparation. Ce nouvel âge de la vie n'est pas le résultat de la crise que vivent la plupart des sociétés contemporaines, mais une conséquence historique de la modification des conditions de vie depuis le XVIIIe siècle.

L'adolescence, un fait psychique

Les adolescents sont donc devenus une réalité sociale de par leur nombre et la place particulière qu'ils occupent dans la société. Cette transformation s'est accompagnée d'un développement individuel de plus en plus complexe et a contribué à l'essor d'une vie psychique de plus en plus affinée comme la psychanalyse a su en décrire les mouvements et les richesses. C'est pourquoi la perspective de cette étude est de tenter de mettre en lumière les structures psychiques qui travaillent la personnalité de l'adolescent. L'adolescence correspond à une période, à un âge, et il est bien difficile de faire l'impasse sur cette temporalité juvénile. Mais l'adolescence est surtout un processus psychique, un ensemble de systèmes, qui œuvrent aux remaniements de la personnalité, favorisent sa maturation dans la résolution des conflits de base et ouvrent une ère nouvelle aux activités psychiques qui seront différentes de celles de l'enfant. L'adolescent devra intégrer des données inédites avec lesquelles il ne comptait pas auparavant.

L'adolescence est bien souvent encore confondue avec la puberté. Elle le fut pendant longtemps. Au début de ce siècle, lorsque Freud écrit *Trois Essais sur la théorie de la sexualité,* il utilise le schéma qui associe puberté et adolescence. En effet, la transformation corporelle représentait l'adolescence. Depuis une époque récente, avec l'évolution des âges de la vie, le processus de la puberté, tout en étant en interaction avec celui de l'adolescence, s'en distingue. L'adolescence commence lorsque la puberté s'achève. Nous pensons, sur la base de notre expérience clinique et de nos travaux de recherche, que ce temps de transformation juvénile, cette période de mise en place du processus psychique des remaniements de la personnalité s'instaure entre douze et trente ans. Les délais de maturation se sont allongés. Il n'est pas juste de dire que les jeunes sont plus matures aujourd'hui. Ils savent, sans doute, davantage de choses que leurs aînés à leur âge, ils sont peut-être plus éveillés à certaines réalités, mais cela n'entraîne pas nécessairement une maturation authentique. Au contraire, ils abordent certaines questions bien plus tardivement que les adolescents d'hier. Lorsque l'on compare les uns et les autres, nous observons une nette différence. Des interrogations psychiques qui étaient traitées en 1970-1975 avec des garçons et des filles de seize à dix-neuf ans ne sont pas évoquées aujourd'hui avant vingt ou vingt-trois ans. Nous sommes le plus souvent induits, par la précocité de leurs pratiques, à faire des erreurs d'interprétation. Ils peuvent vivre des activités sexuelles sur un mode infantile dans une relation de « bébés couples » sans pour autant grandir affectivement. D'autres peuvent être insérés socialement dans une vie professionnelle qu'ils utilisent comme défense pour s'opposer au travail psychique dans leur personnalité.

Des tâches psychiques vont s'accomplir durant cette période de façon décisive. Elles ne correspondent pas à des phénomènes culturels, mais à une mise en place de structures dont dépend le destin de la personnalité. Ce long travail de maturation s'articule par rapport à trois processus. *La puberté* (douze, dix-sept/dix-huit ans) au cours de laquelle l'organisation bio-physio-psychologique transforme l'économie de l'individu et son image corporelle. *L'adolescence* (dix-sept, dix-huit/vingt-deux, vingt-quatre ans) va s'efforcer d'intégrer le corps sexué et d'intérioriser son identité dans la capacité à exister de façon autonome psychiquement même si l'individu reste relativement dépendant de son milieu. Enfin, *la postadolescence* (vingt-trois, vingt-quatre/trente ans) travaille à la consolidation du moi au sein d'un lien entre les nécessités du fonctionnement interne de la personnalité et les exigences de la réalité extérieure. La richesse du développement psychologique de l'adolescence surprend des adultes qui ont oublié ce qu'ils ont vécu eux-mêmes ou qui n'ont pas connu l'intensité dans laquelle elle se déploie actuellement. D'autres revivent leur propre adolescence à travers celles des adolescents d'aujourd'hui.

Les conflits de l'adolescence sont le reflet de ce qui se passe dans la vie psychique. Tous les adolescents ne vivent pas nécessairement une crise dramatique, mais ils passent par des moments difficiles qui sont d'autant mieux dépassés que le cadre familial est cohérent et que l'accompagnement éducatif permet à l'adolescent de se structurer. Certaines situations sont plus complexes que d'autres et il n'est pas toujours simple de les assumer. Les parents ne sont pas systématiquement la cause des problèmes de l'adolescent car ce dernier est partie prenante du conflit qui a besoin d'être traité en lui et dans un réaménagement de sa relation familiale.

La société adolescentrique

L'identité des adultes par rapport aux adolescents est souvent floue. Nous sommes à mi-chemin entre la symbolique paternelle et celle de l'oncle. Cette ambivalence fabrique la dérision et l'inefficacité puisque l'un rappelle la loi et l'autre la dénie. De plus, les références culturelles sont de plus en plus empruntées à des conduites juvéniles. A la suite de l'inversion du processus d'identification, les adultes ont plus tendance à s'identifier aux jeunes que les jeunes aux adultes. Dans bien des cas, sur le plan psychologique, on peut dire que les enfants et les adolescents sont en train de devenir les pères et les mères de leurs parents. Ils sont de plus en plus sollicités par les adultes sur ce qu'il convient de penser et de faire, sur la façon de se vêtir. Les adolescents eux-mêmes s'étonnent d'être les confidents et les conseillers de leurs aînés alors qu'ils aimeraient que ce soit l'inverse. Les relations sont brouillées. La relation éducative peut s'en trouver perturbée puisque l'identité de chacun par rapport à l'autre reste vague. Un peu comme si n'existaient que des enfants ou des adolescents sans la dimension de la parenté, mais dans celle d'une monogénération : nous sommes tous frères, copains ou potes. Cette transgression de la différence des générations qui trouve son origine dans la dénégation de la parenté et de la filiation conduit à se situer tous comme des enfants dans la vie ou comme de grands adolescents. Une société adolescentrique s'instaure de plus en plus. Nous avons eu l'occasion, lors des enseignements que nous donnons ou des sessions que nous animons depuis plus de vingt ans, de montrer comment, depuis les années 60, les comportements se sont orientés progressivement vers une représentation et une pratique très proches de celles des adolescents dans tous les domaines, en particulier dans ceux de l'affectivité et de la politique. Lorsque nous parlions dans les années 70 de cette dominante adolescente de nos comportements, beaucoup pensaient qu'elle serait de courte durée, le temps de voir se clore la fin de l'adolescence des « yéyés ». Bien au contraire, tous les ingrédients psychologiques étaient déjà réunis pour rester fixés dans les mouvements de l'affectivité et de la pensée juvéniles. Les adultes sont devenus des conservateurs de l'adolescence en posant les problèmes dans les mêmes termes que ceux des adolescents. La maturité est déniée au bénéfice du mythe illusoire d'une juvénilité qui serait sans fin.

Les adolescents d'aujourd'hui sont les enfants des « yéyés » des années 60. Certes, nous l'avons dit, ils ont changé parce que non seulement l'environnement s'est modifié, mais aussi parce que le contenu psychologique de la relation à l'enfant n'est plus le même. La relation est devenue de plus en plus narcissique. Cette dominante sociale est vécue de façon particulière par chacun. Il peut la partager comme il peut s'en distinguer dans la mesure où ses intérêts psychiques sont distribués autrement que dans l'exclusivité du narcissisme. Cependant, nous constatons une difficulté grandissante aux formes variables depuis quelques années. Elle se traduit par l'incapacité à utiliser le processus d'identification avec les personnes qui composent son univers immédiat au bénéfice de représentations utilisées dans les médias. Ils servent davantage de supports de référence que les adultes à partir desquels ils pourraient se construire. Les adultes semblent trop fragiles et peu sûrs. Les personnages de la télévision, les chanteurs, les artistes, etc., ont plus d'importance que les personnes réelles avec lesquelles l'enfant vit. Ce déplacement sur des modèles médiatiques ne permet pas toujours une activité dynamique du processus d'identification puisque ces objets identificatoires ont une fonction magique d'idole. La seule relation possible avec une idole est la soumission car l'on ne pourra jamais devenir son égal, alors que, dans une relation d'identification avec une personne de son entourage, le travail psychique pourra aboutir à l'autonomie du self (c'est-à-dire la capacité à être soi-même et à accéder à sa singularité lors de la postadolescence). Nous aurons à nous interroger sur cette fracture culturelle dans le processus d'identification qui se traduit par des contre-identifications. Il ne s'agit pas du classique conflit des générations où le jeune cherche à s'affirmer vis-à-vis de son aîné, mais d'une méconnaissance des « modèles » vivants qui l'entourent. L'identité se construit de moins en moins par rapport à la symbolique du père, mais en référence à ses pairs. Le résultat de ce défaut d'investissement donne des personnalités fragiles et peu structurées dans les faux-semblants d'expériences précoces. La relation magique aux modèles ne permet pas au processus d'identification de faire son travail. La libido narcissique ne se transforme pas en libido d'objet et ce système a tendance à développer l'organisation de personnalités narcissiquement défensives (avec une agressivité et une violence diffuses). Bien entendu il ne s'agit pas d'entendre d'une façon péjorative la formule : libido d'objet. Dans l'approche psychanalytique la relation d'objet désigne la capacité à entretenir des relations extérieures à soi-même avec les autres et les choses.

En effet, si le narcissisme de l'enfant a une fonction nécessaire et correspond au besoin de se prendre comme objet d'intérêt et croire à la toute-puissance de ses pensées, car il ne s'est pas encore différencié du monde extérieur, le narcissisme de l'adolescent a en plus une fonction défensive, une fonction positive de protection contre les dangers d'un morcellement possible au moment du remaniement de l'économie de la personnalité. Le renforcement du narcissisme à l'adolescence trouvera aussi d'autres raisons dans l'environnement pour ne pas changer de position. La dévalorisation de la symbolique paternelle ne facilite pas la relation œdipienne et provoque des conséquences graves dans la vie sociale car elle atteint le sujet lui-même et les objets de son environnement. C'est pourquoi nous nous proposons d'étudier le développement psychologique des douze-trente ans en interaction avec l'environnement. Nous voudrions également montrer quels sont les effets de la psychologie juvénile sur la vie sociale et quelles sont les conséquences de l'environnement socio-culturel sur l'élaboration de la personnalité des adolescents. Depuis une dizaine d'années, nous avons insisté dans nos cours et dans plusieurs publications[4] sur l'apparition de la société adolescentrique, une société qui se conforme de plus en plus aux adolescents, à leurs états de conscience, à leur façon de penser et d'agir. Sous couvert de spontanéité et de vitalité juvéniles, puisqu'il faut rester jeune, on donne surtout libre cours aux conduites impulsives et aux pulsions partielles comme pendant l'enfance. Cette organisation ne permet pas le développement du stade génital grâce auquel les pulsions sont finalisées, et les choix d'objet dans la réalité ainsi que la relation d'altérité sont possibles. L'indifférenciation domine et l'immaturité juvénile se prolonge tardivement dans le psychisme de l'adulte sans être vraiment traitée.

Depuis plus de vingt ans, nous avons été amené à travailler avec de nombreux adolescents. Notre étude s'appuie sur une pratique clinique auprès des 12/30 ans, sur nos travaux de recherche et des enseignements que nous donnons. L'écoute et l'observation des jeunes de cette tranche d'âge nous ont rendu témoin des changements qui sont intervenus au cours de ces dernières années. Nous parlerons, bien sûr, en fonction des adolescents que nous avons rencontrés et, par extension, nous voudrions dégager quelques réalités à partir desquelles l' « adolescent moyen » se construit.

Les découvertes de la psychanalyse ont élargi nos connaissances sur la psychologie humaine. Freud a été à l'origine d'une méthode scientifique d'investigation de l'inconscient qui a contribué à une meilleure compréhension du développement et des fonctionnements de la vie psychique. Notre étude s'inscrit dans cette perspective psychanalytique. Nous allons chercher à cerner les facteurs internes à partir desquels prennent naissance les

4. Tony ANATRELLA, « Les étapes de l'adolescence », *DSA*, Paris, 1982 ; *Idem*, « Adolescence, postadolescence », in *Le Supplément*, n° 150, Paris, Cerf, 1984 ; *Idem*, *Vers la société adolescentrique*, Paris, I. et F., 1985.

conduites humaines. Ainsi nous rendrons compte des modifications des structures internes lors de l'adolescence pour examiner surtout leurs effets psychologiques.

Freud ne concevait pas d'opposition entre la psychologie individuelle et la psychologie sociale. L'une comme l'autre relèvent de champs et de lois singuliers qui sans se confondre sont en interaction. L'objet de la psychanalyse n'est pas un individu isolé, en « autarcie », mais l'ensemble des « rapports pulsionnels » qui lient un individu à d'autres individus. L'essai de Freud *Psychologie de masse et analyse du moi* (1921) est une réponse à la doctrine d'Adler d'une psychologie uniquement individuelle et prépare le terrain à l'importance de l' « intersubjectivité » (Hesanard) et à celle du « symbolisme » (Lacan).

Les psychologies individuelles déterminent, pour une part, la vie sociale comme l'environnement à de sérieuses influences sur l'organisation psychique des personnalités. C'est pourquoi nous voulons examiner les situations culturelles qui favorisent ou desservent le fonctionnement de l'appareil mental.

Si le développement psychologique correspond à un « schéma » général avec des lois identiques pour tous, il y a place pour de grandes variations individuelles selon les composants, les rythmes et l'histoire de chacun. La pédagogie devrait s'inspirer de ces deux faits (lois psychologiques universelles et caractère singulier de leur vécu) au lieu d'être encore plus ou moins prisonnière d'un modèle avec lequel on pense et l'on agit comme si le développement psychologique de l'adolescent était un phénomène linéaire avec des stades invariables dont l'âge chronologique serait le point de repère obligé pour tous. Certes, le complexe d'Œdipe est réactualisé dans la vie de tout adolescent, mais son expérience est différente selon les individus. Nous avons trop tendance actuellement à nier l'un ou l'autre aspect de cette double réalité en négligeant soit la réalité psychique au bénéfice de l'individu qui se vivrait hors des structures de la psychologie humaine, soit en oubliant le sujet au nom d'une volonté de « savoir » faite de recettes du prêt-à-penser lorsque l'on se trouve perdu face à un adolescent.

Le titre même de cette collection, « Éthique et Société », nous invite à tenter un diagnostic, mais aussi à prendre position. Nous le ferons pour engager un débat et aller au-delà des modes et des évidences toutes faites.

Chapitre premier

LE PROCESSUS PSYCHIQUE DE LA PUBERTÉ

DE LA PÉRIODE DE LATENCE A LA PUBERTÉ

La puberté est une période de transformation physique et psychologique au cours de laquelle le garçon comme la fille vont vivre une profonde métamorphose.

Pendant la période de latence, qui commence vers l'âge de six ans et se termine à la puberté, il n'y a pas d'organisation nouvelle de la personnalité. Elle demeure dans l'état où l'enfant a laissé son expérience œdipienne. La personnalité consolide les acquis de la petite enfance et transforme les intérêts sexuels des pulsions partielles en curiosité intellectuelle, en volonté d'apprendre et d'agir, au besoin de développer des relations avec les autres. Le moi va pouvoir, dès lors, développer ses compétences d'adaptation à la réalité et favoriser la pensée sociale, la pensée logique et la pensée morale, ce qui permet à la vie psychique de travailler toutes les influences qui viennent de la réalité extérieure.

La description de la phase de latence est souvent entendue à tort comme une étape sans idées ou sans manifestations sexuelles alors que la masturbation et certaines pratiques préœdipiennes demeurent. En effet, les comportements sexuels que l'on observe pendant la période de latence continuent de s'inscrire dans le mouvement œdipien et celui des régressions prégénitales. Cependant, il n'y a pas d'organisation nouvelle de la sexualité jusqu'au déclenchement de la puberté.

La sexualité pendant l'enfance n'est pas en rapport avec un objet global, c'est-à-dire avec quelqu'un distinct de soi, mais avec un objet partiel fantasmatique. Le plaisir est surtout vécu dans l'imaginaire plus que dans une relation altruiste. La satisfaction peut être obtenue sans avoir recours à quelqu'un et, même si par la suite se présente une relation coopérative avec une personne, le plaisir restera sur le registre du fantasme.

Le plaisir sexuel est vécu pendant l'enfance à mi-chemin entre le réel et l'imaginaire. L'enfant ne sait pas très bien identifier ce qu'il vit. C'est pourquoi la plupart de ceux qui sont victimes de sévices sexuels n'en parlent pas : cependant, une fois devenus adultes, lorsqu'ils évoquent ces situations au cours de séances psychothérapiques, leurs souvenirs sont difficiles à exprimer et chargés de culpabilité. Ils s'identifient à leur agresseur dans un retournement sur eux-mêmes du sadisme de l'autre qui devient du masochisme pour soi. Ils se reprochent ce qui s'est passé alors qu'ils n'en sont que les victimes. Cette attitude paradoxale s'explique dans la mesure où ils ont vécu cet événement comme une transgression de l'imaginaire : une transgression sans limites et sans fin dans laquelle ils ont trouvé malgré tout un certain plaisir. Il arrive que le sujet soumis à cette transgression la répète dans des relations occasionnelles pour se décharger du traumatisme qui ne parvient pas à se résoudre. La fixation est d'autant plus forte qu'un fait réel est venu donner raison au fantasme [1] qui n'a pas vocation à se réaliser puisqu'il est une activité mentale. Il n'y a rien de plus angoissant pour un enfant (mais aussi pour un adulte) que de voir se réaliser un fantasme. Il correspond à une hémorragie psychique qui risque de mettre en péril l'intégrité de la personnalité. Il rejoue soit mentalement soit réellement de façon obsessionnelle le même scénario dans l'espoir de contrôler ce qu'il a vécu à travers l'événement affectivo-sexuel.

Loin d'être un atout, la précocité peut être un handicap. Un long et patient travail doit d'abord se faire dans la vie psychique avant que la personnalité ne s'engage dans des réalisations ; dans le cas contraire, des conduites impulsives vont se développer sans que l'enfant et l'adolescent ne puissent accéder au sens de leur désir réel qui, lui, se traduira en besoins à réaliser.

Ce travail de consolidation des repères entre le dedans et le dehors est l'une des tâches psychiques de la période de latence où l'enfant découvre le monde extérieur et pendant laquelle il n'y a pas de modifications de structures, mais un affermissement de la personnalité.

L'enfant entre dans la grande période de l'éducation et de

1. Fantasme : scénario imaginaire conçu inconsciemment avec des éléments composites de désirs ou de pulsions refoulées.

l'acquisition du savoir et des outils culturels qui vont contribuer à développer ses facultés. Il va recevoir une quantité importante d'informations aussi bien par l'intermédiaire de sa famille, de l'école, que des grands médias sociaux. Le rôle des enseignants est capital puisqu'il leur revient d'assurer la formation de base. Leur conduite contribue ou non à la formation de l'intelligence de l'enfant. Le développement de la raison ne peut se faire qu'au contact de la pensée d'auteurs et de connaissances aussi diverses que variées afin d'affiner l'esprit de compréhension, d'analyse, de logique et d'abstraction. L'environnement socio-culturel actuel favorise davantage la pensée sensorielle que la pensée rationnelle. Il s'agit surtout de percevoir plus que de penser et, dans ce système, l'opinion compte davantage que la vérité.

L'enfant va également faire l'apprentissage des conduites sociales. Il sera stimulé, dans le meilleur des cas, par le milieu familial et par l'environnement socio-culturel à orienter sa relation vers le monde extérieur. Ses relations ne se limitent plus à l'univers parental, mais elles se multiplient dans l'espace social avec un sentiment de sécurité plus ou moins fort selon l'issue qui aura été donnée au conflit œdipien. La résolution du complexe d'Œdipe transforme la curiosité sexuelle en curiosité intellectuelle et l'élection amoureusement parentale en intérêts sociaux. Il n'est pas certain que l'abondance des activités proposées aux enfants soit un gage de sociabilité et de compétence. Le mercredi est une journée qui représente une véritable course contre la montre lorsqu'il s'agit de passer du catéchisme à la leçon de piano, puis au judo et à l'équipe de foot et, enfin, à la leçon de maths. Dans le meilleur des cas, il y a cette richesse d'activités variées, mais pour d'autres enfants les mercredis après-midi sont pauvrement passés devant l'écran de télévision. En fait, aujourd'hui, l'enfant apprend que le champ social est plus le lieu d'intérêts individuels à protéger et à convoiter que le lieu de l'association et de la coopération avec les autres pour le bien de la collectivité.

Enfin, pendant la période de latence, l'adulte représente quelqu'un à partir duquel l'enfant se construit. Il n'y a pas de développement psychologique possible sans identifications. L'attitude des éducateurs est déterminante. Nous avons souvent montré que ce ne sont pas les jeunes qui ont changé, mais d'abord les adultes qui ont modifié le contenu psychologique de la relation éducative : le processus d'identification a été inversé, ce sont les adultes qui tentent de s'identifier aux adolescents et aux enfants et non l'inverse. Le modèle juvénile devient une référence de pensée et de conduite. Ce sont les enfants qui deviendraient les « pères » et les « mères » psychologiques de leurs propres parents qui ne savent plus toujours se situer dans les liens de parenté et de filiation, qui ont peur et qui doutent des valeurs de références aussi bien spirituelles, morales que culturelles. Il arrive que des adolescents viennent consulter pour savoir comment aider leurs parents qui vivent, par exemple, des difficultés conjugales. La plupart des relations de copinage représentent une véritable dénégation de la relation parentale lorsque certains parents veulent se faire appeler par leur prénom au détriment de leur titre parental. Un des critères de la fin de l'adolescence est de parvenir à la maturité psychique de la parenté avant même toute réalisation dans la fécondité. Certains adultes sont socialement parents sans avoir accédé à la maturité psychique de la parenté.

L'affectivité reste encore soumise à la sexualité infantile dans le refus du complexe d'Œdipe. Les enfants ne sont pas en présence d'adultes, mais de grands enfants qui n'arrivent pas à se situer et qui ont peur d'être pères ou mères. Au nom d'une pseudo-proximité, une relation fraternelle sera revendiquée dans laquelle il n'y a plus de différences. Une société fraternelle n'est possible que dans la reconnaissance d'une symbolique paternelle qui la fonde. Le refus de la paternité est bien souvent le symptôme d'une culpabilité œdipienne qui ne veut pas se reconnaître. Le conflit avec les images parentales n'a pas été traité. L'individu se nie lui-même dans cette dimension parentale comme s'il n'avait pas le droit d'y accéder. Seuls ceux qui intériorisent l'interdit incestueux deviennent réellement pères et mères et donc fraternels avec les autres : ils deviennent capables de faire fonctionner la loi qui les dépasse et non d'y être soumis comme dans le cas de ceux qui la refusent.

Les méthodes pédagogiques[2] ne valent que par la qualité de ceux qui les utilisent. Un modèle éducatif est en train de s'effondrer : celui de l'adulte présent passivement et qui n'a rien à dire. Une mode a voulu faire des éducateurs des témoins écoutants et compréhensifs ayant la volonté de ne rien imposer, sans doute en réaction à une éducation vécue comme trop autoritaire. La relation éducative fut remplacée par une simple relation d'information (ou pas) : autrement dit les jeunes font ce qu'ils veulent, à chacun ses problèmes et ses expériences ;

2. Tony ANATRELLA, « Adolescence de toujours et d'aujourd'hui », in *Études*, Paris, juillet 1986.

sauvegardons une liberté de parole pour nous raconter ensuite. De ce dialogue perverti sont absents : l'analyse, la critique, l'intelligence de ce qui se passe et, plus encore, la référence à quelques valeurs éthiques et sociales. L'exercice de l' « autorité » (qu'ils le veuillent ou non, les parents et les éducateurs l'exercent) est le résultat d'une compétence psychologique qui sait communiquer un savoir, une expérience ; il implique aussi une capacité à vivre et à dire les conditions dans lesquelles la vie est possible ; il implique encore la volonté d'adhérer à des règles et à des lois justes et nécessaires sans pour autant se sentir inhibé.

Les pédagogies du « laisser-faire »[3] s'inspirant d'une mauvaise maîtrise de ce que l'on a appelé les méthodes non directives ont plus contribué à éparpiller les personnalités qu'à développer leur savoir, leur autonomie et leur liberté. Beaucoup d'éducateurs se sont rabattus sur ces méthodes pour masquer leurs inhibitions et leur carence à se situer dans une relation éducative. En 1968, une rupture s'est produite avec la génération des « yéyés » et nous acceptons seulement maintenant de prendre conscience de ses impasses alors que de nombreuses évidences s'imposaient déjà à l'époque[4].

LES ENJEUX DE LA PUBERTÉ ET LES INFLUENCES DE L'ENVIRONNEMENT

Les enfants sont mieux informés sur les transformations corporelles qu'ils vont connaître au moment de la puberté : mais une chose est de le savoir et une autre de le vivre. Il est bon que la parole précède l'acte car elle facilitera le moment venu l'expérience dans le champ de conscience. Mais ne nous faisons pas d'illusions, il ne suffit pas d'expliquer et de faire comprendre raisonnablement les métamorphoses physiques et psychologiques pour dispenser le jeune pubère ou la jeune nubile des interrogations inhérentes à ce qu'ils vont éprouver comme sensations, sentiments et pensées nouvelles. Ils vont vivre les questions liées à la puberté sans en avoir réellement conscience. Bien souvent, il faudra attendre, dans certains cas plusieurs années, avant que le

3. Tony ANATRELLA, « Les illusions du désir psychologique et les impasses pédagogiques », in *Le Temps du lycée,* collectif du CNER, Paris, 1985 ; Lucien MORIN, *Les charlatans de la nouvelle pédagogie,* Paris, PUF, 1973.

4. André STÉPHANE, *L'Univers contestationnaire,* Paris, Payot, 1968.

garçon ou la fille expriment les questions vécues en extension à la puberté.

De nombreux parents s'étonnent du décalage entre ce qu'ils ont voulu faire et le résultat obtenu chez leurs enfants. « Nous lui avons tout expliqué et le voici malgré tout perdu dans des problèmes d'adolescent que l'on pensait dépassés pour lui. » Il faut se rendre compte qu'un type d'information et d'éducation sexuelles dans lequel on souhaite tout dire et tout montrer contribue surtout à pervertir le développement de l'adolescent. Au lieu de chercher à répondre aux questions en rapport avec les interrogations de son âge, on parle à un garçon ou à une fille de douze-quinze ans comme s'ils avaient vingt-cinq ans. La sexualité pubertaire n'a rien à voir avec celle de vingt ans qui, elle-même, est quelque peu différente de celle du postadolescent de vingt-cinq ans. A douze-quinze ans, on se demande quel est le rapport entre la fécondité et son propre corps, à dix-huit ans comment être en relation avec les autres, vers vingt ans, le jeune est perdu dans des problèmes d'identité, à vingt-cinq ans, il essaie de se situer affectivement et de s'inscrire dans une identité. De la même façon, il n'est pas pertinent de confondre l'intensité émotionnelle ressentie dans une relation et le sentiment amoureux. Les adultes ont tendance à provoquer des relations de couple précoces et à susciter l'expression sexuelle juvénile. Nous entendons souvent des adolescentes nous dire : « Voilà maintenant c'est fait. J'espère que ma mère ne viendra plus m'embêter avec ses histoires sexuelles et la contraception. » Le harcèlement sexuel des adultes, comme celui des adolescents entre eux, provoque de plus en plus un rejet de la part de nombreux jeunes qui ne se sentent pas prêts ou qui ne souhaitent pas encore s'exprimer sur ce plan.

Le modèle sexuel des parents eux-mêmes adolescents dans les années 60-70 ne convient plus. La liberté sexuelle tous azimuts est passée de mode. Le sexe seul ne fait plus la loi comme le montrent la plupart des sondages.

La sexualité[5] doit s'inscrire dans une dimension affective de durée : 79 % des jeunes (treize à dix-neuf ans) interrogés rejettent le « papillonnage » et les « partenaires occasionnels » pour la fidélité. Ils se disent prêts à attendre le « grand amour » pour s'engager dans la vie sentimentale. Ils ne souhaitent pas non plus que leur vie sentimentale perturbe leurs études et leur avenir

5. Enquête du CSA du 13 avril 1987 auprès des 13-19 ans. Claude TAPIA, *Au-delà du sexe,* Paris, L'Harmattan, 1987.

professionnel. On vit sagement chez ses parents pour mettre toutes les chances de son côté. La « boss génération » a pris le relais de la « bof génération ». C'est avec sérieux qu'ils envisagent leur vie d'adulte. Ils connaissent les méfaits du chômage. Ils cherchent d'abord une situation stable et la préparent dès le lycée, consacrant à leurs études beaucoup plus d'ardeur que leurs aînés. Cette volonté n'en reste pas moins marquée de nombreuses naïvetés quand on sait que leur savoir demeure en deçà des connaissances qu'ils devraient réellement maîtriser. La plupart des tests psychologiques indiquent qu'ils ont un bon niveau intellectuel (QI), mais leur intelligence n'est pas performante pour des opérations longues dans le temps et l'espace conceptuel.

Ce n'est pas les offenser que de dire que les jeunes n'inventent rien. Ils sont le reflet de l'époque. Ils reprennent aussi à leur compte une vieille loi psychologique : transgresser les modèles parentaux pour se forger une identité. Si la transgression de leurs parents portait essentiellement sur la volonté de s'afficher libres sexuellement, aujourd'hui, les adolescents adoptent une autre manière en privilégiant des valeurs de conduite en opposition au laisser-aller de la société. Ce qu'ils recherchent c'est d'abord l'amour, puis une sexualité qui dépasse la relation occasionnelle.

Toujours selon les enquêtes, la fidélité à l'autre semble s'imposer sans pour autant s'inscrire dans le mariage. La relation de couple est davantage conçue dans sa dimension intime et individuelle que sociale. 76 % des adolescents de treize à dix-neuf ans pensent que le mariage est inutile. L'union libre serait la norme. On vit une passion à deux qui durera ce qu'elle durera. Il y a là une contradiction bien révélatrice de l'ambivalence juvénile que l'on retrouve également chez beaucoup d'adultes. La relation fondée sur l'amour-passion n'est pas un modèle durable. Elle peut être une étape dans la relation. L'amour-passion est plus un amour narcissique qu'un amour altruiste : on demeure proche de ses propres émotions à cultiver plutôt que proche de l'autre. Il est bien difficile dans ces conditions de donner une dimension conjugale et sociale au couple. Le problème est de savoir ce que devient une société soumise à l'instabilité des couples qui se dissocient de plus en plus ? Que deviennent des enfants issus de ces relations de filiation brouillée ? Nous aurons à revenir sur ces questions qui ont des conséquences psychologiques importantes dans la personnalité des adolescents.

Ce que disent des jeunes dans un sondage est révélateur de leur opinion ponctuelle et de l'état de leur affectivité. Une enquête de ce type engage-t-elle l'avenir ? Il y a souvent un décalage entre les représentations et la pratique, notamment lorsque des réponses évoquent la priorité donnée à la découverte de l'amour plutôt qu'à l'échange dans des relations sexuelles occasionnelles. Mais de quel amour s'agit-il ? Certains l'interprètent comme le retour du romantisme. C'est loin d'être évident surtout lorsque ce sont des attitudes de tendresse qui sont recherchées. La tendresse n'est pas l'amour, c'est le mouvement affectif de l'enfant qui a besoin d'être protégé à travers des relations de conservation. Dans leurs réponses, les adolescents expriment également les dominantes du milieu socio-affectif dans lequel ils vivent ; la tendresse est une demande actuelle qui confirme que nous sommes encore dans l'économie de la sexualité infantile.

La virginité apparaît aussi comme une valeur sûre puisque 52 % pensent que l'on doit rester vierge jusqu'à la rencontre de la personne aimée. Seulement la question à laquelle répondent à peine les sondages est de savoir quelle distinction est faite entre la personne aimée et la personne avec laquelle on engage sa vie. Dans des relations transitoires, des jeunes croient aimer alors qu'en réalité la relation ne dure que l'espace d'un été...

Les adolescents ne sont pas toujours à l'aise pour parler de sexualité avec leurs parents. La conversation serait plus facile entre treize et seize ans, mais, par la suite, et même si les parents font preuve d'une certaine disponibilité pour les écouter, les adolescents sont plus réticents à parler avec eux. Leurs principaux confidents sont leurs pairs : 67 % les garçons entre eux ; 53 % les filles entre elles. Les parents et les enfants sont trop impliqués affectivement pour recevoir des confidences ou des interrogations, mais il arrive parfois que cela soit possible. Il faut tout de même reconnaître que le dialogue familial a ses limites en matière de sexualité. De nombreux parents s'en étonnent et regrettent de le constater dans leur expérience malgré les nombreux articles qu'ils ont lus, publiés dans les magazines les plus divers, insistant sur l'importance de ce dialogue avec les enfants et les adolescents. Une idéologie du dialogue à ce sujet s'est organisée et met mal à l'aise de nombreux parents. En réalité, ils ne sont pas les mieux placés pour recevoir toutes les confidences de leurs enfants, même s'il leur revient d'assurer très tôt une éducation affective et sexuelle en fonction des questions posées et en fonction de la qualité relationnelle existant entre le père et la mère. Ils éduquent très certainement beaucoup plus avec ce qu'ils sont qu'avec ce qu'ils disent. Il est important de dire la vérité sexuelle aux enfants, mais on constate très souvent que des enfants qui ont vécu avec des parents affectivement matures et cohérents sans avoir reçu beaucoup d'informations sexuelles détaillées parviennent à se développer et à s'épanouir sans inhibitions. A l'inverse, des enfants ayant eu droit à une large éducation sexuelle alors que leurs parents n'étaient pas très bien situés dans leur vie affective finissent par vivre des relations compliquées voire problématiques.

Si, de ce dialogue intime, les parents sont relativement exclus, le recours à un tiers est le plus souvent préféré. Au moment où se forme l'intériorisation de la sexualité, transformant la sexualité infantile, dans laquelle les images parentales sont présentes, en sexualité altruiste c'est-à-dire dégagée du conflit œdipien, on comprendra facilement que les parents ne sont pas les interlocuteurs idéaux. Pendant toute la durée de ce travail psychique, ils seront maintenus à distance. Les parents le vivent d'autant plus mal qu'ils voudraient aider leurs enfants par une écoute disponible et ouverte alors que ceux-ci ne l'entendent pas toujours de la même façon. Certains enfants sont gênés de la générosité de leurs parents qui s'engagent trop dans leur sexualité. Un garçon de dix-neuf ans ne trouvait pas de mots suffisamment sévères pour fustiger ses parents qui à l'occasion de son anniversaire venaient de lui offrir des préservatifs : dans ce cas, nous dépassons de très loin un simple échange verbal pour entrer dans un véritable passage à l'acte où les parents s'immiscent dans la vie sexuelle de leur progéniture.

L'éducation à la sexualité n'implique aucune activité dans le réel sexuel des jeunes. Elle est d'abord et avant tout une source de réflexion et de maturation. L'information et l'éducation sexuelles se sont progressivement transformées en une incitation et en une justification simplistes à vivre des expériences précoces. Ne nous méprenons pas, l'éducation sexuelle est importante et il est utile de dire à l'enfant la vérité, non en exhibant devant lui sa sexualité d'adulte, mais en lui donnant des informations en rapport avec ce qu'il vit. On considère trop souvent que les processus intellectuels sont dominants chez l'enfant, alors qu'en réalité c'est encore un être sous l'emprise des pulsions et des sens. Nous rejoignons la pensée de S. Bernfeld lorsqu'il écrit :

> A l'origine, l'enfant ne veut pas tant savoir, il veut surtout voir et agir. La question de savoir d'où viennent les enfants est souvent posée après une longue série de tentatives infructueuses pour en avoir un lui-même. Et ce désir de voir et d'agir reste insatisfait

> quant à sa réalité pulsionnelle, même si du point de vue intellectuel il se trouve satisfait. Car il veut voir tout ce qu'on lui a expliqué, et si une mauvaise compréhension de la psychologie des enfants nous poussait à satisfaire ce désir, l'enfant resterait nécessairement tout autant sur sa faim et voudrait alors faire les choses lui-même. De toute façon, une grande partie des pulsions de l'enfant restera sans réponse. Cette réalité contraignante fait naître des conflits, qui sont, certes, nécessaires pour le développement de l'enfant, mais qui provoquent néanmoins des difficultés importantes et, parfois même, des perturbations. La névrose et le comportement asocial n'en représentent que deux formes. L'envie de faire doit se transformer, pour une certaine part, en savoir intellectuel pur. Cette transformation ne réussit pas toujours, et nous n'avons aucun moyen à notre disposition pour l'imposer. Et même l'éducation sexuelle ne peut être considérée comme un moyen valable. Mais au moins n'empêche-t-elle pas cette transformation de la pulsion, sa sublimation en curiosité [6].

L'expérience prouve que la plupart des informations données sont oubliées par la suite ou déformées par les théories infantiles construites en fonction de leur découverte corporelle et du développement de leurs fantasmes. La qualité relationnelle et la cohérence affective des éducateurs comptent davantage que des démonstrations savantes.

> Le fait que l'information sexuelle apporte un soulagement à des conflits intellectuels suffit pour la juger utile. Mais elle ne réussit nullement à résoudre tous les problèmes que ce sujet fait surgir dans la tête de l'enfant [7].

De plus, initier des jeunes à des aspects strictement techniques revient à limiter leur croissance affective. La brochure publiée en 1984 par le secrétariat à la Jeunesse et aux Sports est un modèle du genre. Son titre abusif « J'aime, je m'informe » aurait dû être : « Je m'informe pour avoir des activités sexuelles. » Ce livret est l'exemple même d'une attitude d'adultes qui cherchent à travers la sexualité des jeunes à régler leur compte avec leur propre histoire. La sexualité est décrite uniquement sous l'angle de la contraception. Or la sexualité humaine ne se définit pas d'abord ni par la contraception ni par les maladies sexuellement transmissibles. On y parle de tout sauf de l'amour et des

6. « De l'éducation sexuelle », in *Pédagogie et psychanalyse,* traduit par M. Cifali et J. Mool, Paris, Dunod, 1985.
7. *Op. cit.*

sentiments. En privilégiant une image aussi morcelée et narcissique du corps, il ne faut pas s'étonner que les relations deviennent superficielles et que la vie affective ne parvienne pas dans ces conditions à faire son travail de maturation. La dimension relationnelle, le sens de l'amour humain, le sens de la responsabilité de ses sentiments sont complètement absents. C'est seulement vers la fin du livret qu'une ébauche de question laisse supposer que la sexualité va tout de même être finalisée dans l'amour et la rencontre avec l'autre. A l'énoncé (p. 17) « La sexualité c'est aussi... », on tourne la page pour obtenir la réponse : « découvrir son corps et l'aimer ». Ainsi le ton est donné d'une sexualité uniquement narcissique. Plus loin dans le texte, une définition confond amour et plaisir (p. 19) : « Le plaisir, c'est ce qu'on devine, ce qu'on espère, ce qu'on invente, ce qu'on découvre, ce qu'on partage. » Malgré ce lyrisme, la sexualité est réduite au plaisir narcissique et non pas finalisée par rapport à l'amour humain. Elle est dans ces conditions incapable d'accéder à la maturité et de s'inscrire dans la relation d'objet.

La grande différence entre la sexualité infantile et la sexualité mature est dans le passage du plaisir recherché en lui-même au plaisir obtenu dans la relation avec l'autre. Autrement dit, c'est dans le plaisir de l'autre que l'on parvient à son propre plaisir, mais encore faut-il que la relation soit faite de sécurité affective (confiance en l'autre) et de durée dans le temps (relation riche de possibilités). La relation occasionnelle à partenaires multiples n'a pas cet intérêt[8]. Elle est une relation de plaisir immédiat et n'a pas d'avenir. Le plaisir ce n'est pas l'amour : il est seulement une des modalités de la relation amoureuse. La façon de vivre sa sexualité engage toujours plus que soi-même, elle engage aussi des représentations et des conduites sociales qui renforcent ou éparpillent la sociabilité. Actuellement, la sexualité semble moins créatrice de vie sociale.

Les adolescents des années 60 ont appris à vivre leur sexualité en la dissociant de la fécondité, puis de l'affectivité ce qui a, pour une part, contribué à dévaloriser la dimension sociale de la sexualité. La sexualité détournée de son objet (relation à l'autre, fécondité) ne crée plus de vie sociale, mais s'exprime de façon narcissique. La poésie d'Aragon à la mode dans les années 60-70 a mis en verbe les prémisses de cet amour que l'on connaît à

8. Les campagnes de prévention contre le Sida ne tiennent pas compte du fait que le modèle sexuel né dans les années 50 est en train de se modifier non pas à cause du Sida, mais parce qu'il est dans l'impasse. Sida ou pas, le problème aurait été le même. La maladie du Sida est un élément déclenchant supplémentaire.

présent et que Jean Schultheis chantait : « Je m'aime à travers vous. » L'amour idéalisé d'Aragon l'est d'autant plus qu'il n'est pas vécu. Il n'est pas un amour d'avenir, mais de nostalgie relationnelle, le vœu d'un amour impossible. L'image de la relation amoureuse sous-jacente, tout en revendiquant un besoin d'unité avec l'autre, ne fait que confirmer son danger d'éclatement et d'éparpillement. L'amour régresse à la tendresse et les mouvements affectifs de la tendresse deviendront, dans les années 80, la référence des couples. Le couple étant condamné à rester adolescent et soumis aux aléas de l'émotivité produira des relations fragiles, prêtes à se défaire aux moindres difficultés plutôt qu'à chercher à résoudre ses problèmes. Les motivations psychologiques trop complexes à négocier entre partenaires provoqueront de faux choix et de mauvaises associations qui se révéleront à l'épreuve du temps.

Aragon dit et chanté aura été le poète d'un amour narcissique, d'un amour mort-né, d'un amour de dépendance tel, qu'il en devient incapable de construire socialement si ce n'est en répétant l'amour matriciel. L'autre n'est pas estimé pour sa propre valeur, mais pour la protection qu'il apporte. La personne parvenue à la maturité de l'identité sait aimer l'autre pour sa valeur personnelle et originale et non pas pour la fonction d'amour, de sécurité, de valorisation qu'il peut remplir.

La tendresse ce n'est pas l'amour. La tendresse est l'attitude affective par laquelle l'enfant a besoin d'être protégé pour vivre dans la sécurité avec son entourage et avec lui-même. La tendresse va se transformer au cours de l'adolescence pour accéder à la relation d'objet dans la mesure où les remaniements psychiques préparent réellement les conditions à la relation altruiste et donc à l'amour.

La plupart des représentations sociales de l'amour sont davantage relatives à la sexualité infantile qu'à la sexualité objectale. Aimer à quinze ans, c'est surtout se sentir accepté et donc valorisé par quelqu'un. Bien souvent aimer entre quinze et dix-neuf ans, et même au-delà chez certains sujets, équivaut plus à chercher à s'apprécier soi-même à travers l'autre qu'à aimer son partenaire pour lui-même. Les relations sexuelles précoces sont largement induites par l'environnement et ne participent pas directement au travail de maturation de la personnalité. Ce ne sont pas les expériences qui développent la maturité, au contraire, dans bien des cas, elles la retardent ; la précocité en bien des domaines favorise à long terme l'immaturité.

Le brouillage des images féminines et masculines est enfin une autre composante de la mentalité avec laquelle des adolescents doivent réussir à construire leur identité.

La nouveauté dans les relations entre les hommes et les femmes ne se joue pas par rapport à une modification des rôles, mais dans le déni de la différence des sexes et dans la volonté de gérer l'identité sexuelle de l'autre comme l'illustre la publicité d'une marque de chaussures où les hommes sont habillés en femmes et les femmes en hommes.

L'homme et la femme cherchent à se confondre dans une image intermédiaire entre les deux sexes. Les hommes se féminisent, les femmes se masculinisent au point que chacun pourrait se suffire à lui-même. Nous retrouvons une vieille trace de la psychologie enfantine croyant en un sexe unique et tout-puissant. Cette donnée est symptomatique de la dominance de la sexualité infantile dans la vie de nombreux adultes. L'éclatement des psychologies contemporaines accélère le besoin de se situer plus dans l'identique que dans la différence. Les interrogations au sujet de l'identité n'ont jamais autant été d'actualité. Le groupe Indochine n'hésite pas à chanter « le troisième sexe » où les filles aiment les filles et les garçons aiment les garçons. Le sondage du CSA que nous avons déjà cité indique que les jeunes filles rejettent en partie le mâle en l'homme, donnant la préférence au rire, à la faiblesse et à la sensibilité. Faut-il en conclure qu'un certain féminisme aura tellement culpabilisé les hommes dans leur virilité qu'ils auront fini par s'identifier aux femmes pour se faire accepter ? Mais cette acceptation s'accompagne également d'une mise à distance chez certains jeunes qui restent chez leurs parents ou qui s'installent plus en célibataires qu'en couples : on se rencontre de temps en temps, mais pas question de vivre ensemble. La vie commune intervient tardivement, une fois la personnalité affermie dans son identité et dans son insertion sociale.

Tel est le paysage socio-affectif dans lequel de jeunes adolescents vont devoir se développer. Ils ne possèdent aucun autre point de repère et les comportements actuels sont reconnus comme la norme, même s'ils posent de très nombreux problèmes. Les modes vestimentaires, corporelles, musicales et cinématographiques servent de lieu de références à beaucoup de personnes qui n'arrivent pas à se structurer. Ces modes jouent le rôle d'un moi auxiliaire. Les chanteurs ne s'y trompent pas en adoptant un look vestimentaire bien particulier qui habillera la peau des adolescents ou des enfants. Certains ont créé des lignes de vêtements que l'on retrouve soit dans le commerce soit dans le circuit de leurs fans-clubs : des enfants sont habillés selon les personnages de Chantal Goya, des adolescents ou des moins jeunes arborent le quadrillage corporel de Renaud ou les tenues de deuil de Jeanne Mas, les émules de Madonna usant, comme elle, de la même provocation érotique et de sa moue dédaigneuse exhiberont leur fine lingerie de dentelle. De nombreuses personnalités juvéniles ainsi colonisées existeront comme les satellites d'une personnalité sociale hystériquement idéalisée sans pouvoir devenir comme elle et sans pouvoir devenir soi. La valorisation aussi massive des apparences corporelles est proportionnée à la pauvreté de la vie subjective de nombreux jeunes qui restent superficiels. L'intériorisation est faible pour ne pas dire inexistante et ils se vivent comme une place publique en représentation permanente. On assiste à une lente hystérisation de la relation où l'on joue un personnage en se référant aux modes qui passent, mais sans avoir de fondement psychologique bien élaboré. Les personnalités restent fragiles et dépressives.

Les enfants voient le monde à partir de leur expérience. Si rien d'autre ne vient les décentrer pour les ouvrir aux multiples dimensions de l'existence, ils risquent d'en pâtir plus tard. Une jeune femme d'une vingtaine d'années élevée par sa grand-mère jusqu'à douze ans pensait qu'il en était de même pour tous les enfants. Il était normal d'être sans père et dans l'ordre des choses de rencontrer de temps en temps sa mère retenue par son travail. Elle nous raconta combien elle prit cruellement conscience de tout ce qui lui manquait pour grandir. Il est vrai que ce n'est pas au moment de l'enfance ou de l'adolescence que les enfants éprouvent le plus difficilement ce qui leur manque, ce n'est que bien plus tard, au moment des grands changements dans la personnalité qu'ils réalisent avec plus ou moins de conscience ce qui leur a fait défaut. On ne dira jamais assez que pour grandir un enfant a besoin d'un père et d'une mère dans une relation stable et harmonieuse. Actuellement, c'est entre vingt et trente ans qu'un jeune profite ou souffre de ses acquis ou de ses manques familiaux pour mettre en œuvre sa personnalité et sa relation sociale.

LES IMPLICATIONS PSYCHOLOGIQUES DE LA PUBERTÉ

Le début de la puberté correspond à la transformation physique et psychologique de la vie sexuelle. Dans son étude *Trois Essais sur la théorie de la sexualité*[9], Freud en a décrit le processus en formant les instruments conceptuels pour comprendre les mécanismes psychologiques de la puberté. Ces mécanismes sont toujours d'actualité, même si le climat psychologique est différent. Les comportements se sont modifiés, mais les structures psychologiques que nous voulons examiner sont toujours celles qui sont à l'œuvre au moment de la puberté.

En effet, les tendances psychologiques ont profondément changé ainsi que les approches thérapeutiques. Lorsque nous étions en présence de profils névrotiques bien marqués, les thérapies favorisaient la libération des pulsions dans le champ de contrôle de la conscience. Aujourd'hui, nous sommes confrontés à des profils éclatés et morcelés qui orientent les thérapies dans la perspective non plus de libérer, mais d'intégrer les pulsions dans la cohérence du moi grâce à l'intériorisation de la loi affective au sens psychanalytique du terme : loi de la prohibition de l'inceste, loi de la différence des sexes, loi de la reconnaissance des générations, loi de la parenté et de la filiation. C'est tout le problème du rapport à la loi qui est posé dans les personnalités et dans la société.

Le libéralisme sexuel ne s'est pas accompagné, comme on l'escomptait, d'une plus grande qualité relationnelle entre les êtres ni d'un épanouissement et d'une meilleure efficience de la personnalité, mais il s'est soldé par un nombre important d'hommes et de femmes impuissants et frigides et par la recrudescence des maladies sexuellement transmissibles (MST). Dans les pays nordiques, nous avons assisté à une vive progression des suicides juvéniles. La banalisation des relations sexuelles occasionnelles mérite une réflexion sérieuse si l'on ne veut pas que la sexualité devienne mortifère, tout simplement parce qu'une vie psychique se fait et se défait selon la façon dont la sexualité est vécue. Si le modèle actuel est celui de la sexualité

9. Sigmund FREUD, *Trois Essais sur la théorie de la sexualité,* Paris, Payot (1923), 1966.

infantile, on comprend dès lors que ce qui importe ce n'est pas tant la qualité de l'autre ni de la relation, mais l'émotion que l'on va mettre en œuvre pendant quelques instants : passé cet instant, la relation n'est pas apte à enrichir et à qualifier les structures de la personnalité et encore moins à construire socialement du durable.

La libération sexuelle des années 70 n'a pas eu lieu. Les justifications de pensées aussi rousseauistes que celles de Marcuse et de Reich [10] ont surtout contribué à légitimer la libération de la sexualité infantile, celle des pulsions partielles. Cette sexualité au départ de la vie a surtout besoin de faire appel aux fantasmes pour s'exprimer. La même attitude se prolonge dans la vie de couple lorsque l'on éprouve le besoin, dans la relation sexuelle, de penser à un autre scénario plus qu'à la personne qui est avec soi. Une conduite symptomatique qui indique que l'on fonctionne encore pour une part comme un enfant.

Une bonne illustration de ce fait nous est également donnée par l'émission d'Antenne 2 de la Télévision française « Sexy Folies » présentée comme le dernier acquis de la libération sexuelle. Les jeux à thème sexuel se veulent coquins, esthétiques, mais aussi présentés à travers des interrogations personnelles pour lesquelles des conseils sont attendus. On peut se demander quel est le modèle sexuel qui domine dans ce genre de production. Les adultes jouent à « touche pipi » comme le font les enfants à la maternelle où, en prenant le rôle du « docteur », on se déshabille, on se regarde, on se touche et on frissonne en attendant d'être plus grand pour en profiter autrement. Ce modèle est sans doute révélateur de l'état d'une partie des sexualités contemporaines. Il s'inspire surtout de la sexualité infantile et pubertaire plus que de la relation d'objet.

Le propre de la sexualité infantile est de se satisfaire plus en imagination qu'en réalité. L'activité de l'imaginaire est importante : elle permet aux fonctions de se développer et aux pulsions de se symboliser avant de se réaliser. Dans la croissance de l'enfant et de l'adolescent, l'imaginaire sexuel n'a pas le même sens que chez l'adulte. Dans le premier cas, il participera à la fondation progressive de la personnalité alors que dans le second il sera éventuellement défensif pour se maintenir dans les mouvements et dans les gratifications infantiles.

10. Herbert MARCUSE, *L'Homme unidimensionnel,* Paris, Éd. de Minuit (1964) 1968 ; Wilhelm REICH, *La Révolution sexuelle,* Paris, Plon (1930-1936) 1970.

Une importante demande imaginaire de la part de l'adulte, qui cherche à la faire passer dans la réalité, finit plus ou moins par rendre impuissant et frigide lorsque la personne se confronte à son réel sexuel.

La véritable liberté sexuelle est dans la capacité intérieure de l'individu à vivre son réel sexuel sans avoir recours à un imaginaire masquant son partenaire du vestige de ses propres fantasmes primaires. Les artifices seront nombreux pour essayer de mettre en œuvre un imaginaire impossible. L'autre n'est pas rencontré, il est utilisé comme réactualisation de sa préhistoire sexuelle. Ce sont surtout ceux qui ne parviennent pas à se dégager du complexe de castration de leur enfance qui ont recours aux revues spécialisées, aux vidéos pornos, aux « dragues » des clubs de vacances et des boîtes de nuit et, maintenant, des messageries sexuelles du Minitel. Toutes ces conduites sont surtout le symptôme d'une sexualité infantile qui ne parvient pas à se transformer en une relation d'objet.

LES QUATRE ÉTAPES DE LA CROISSANCE RELATIONNELLE

La psychanalyse rend compte de l'organisation de l'économie sexuelle dans la personnalité. Au moment de la puberté, la sexualité infantile entre dans un long itinéraire de maturation pour accéder à la relation d'objet dans la relation altruiste et atteindre son orientation définitive.

Quatre étapes marquent le développement de la relation de l'enfant et de l'adolescent à l'environnement. Du bon déroulement de ce processus va naître une identité personnelle. Le jeune va apprendre à se reconnaître dans l'appartenance à un sexe et va chercher à découvrir l'orientation de son désir. Il s'agit essentiellement d'un travail psychique se réalisant dans le cadre des structures mentales et n'exigeant pas encore des réalisations. Les jeux et les pratiques sexuelles, qui se manifestent pendant l'enfance, la puberté et une bonne partie de l'adolescence, sont surtout l'expression éparse et symptomatique du travail du moi qui œuvre à l'unification des pulsions partielles dans la génitalité, à l'instauration du contrôle et de la hiérarchisation de ses pulsions et, enfin, à la transformation à l'aide de la sublimation des reliquats des pulsions partielles. C'est, par exemple, le cas dans l'exhibitionnisme et le voyeurisme sexuels du jeune enfant qui se métabolisent et facilitent ainsi l'intérêt pour la recherche et la curiosité en général.

La relation par étayage

La première forme de relation avec laquelle l'enfant communique est celle de l'étayage. (Nous entendons cette notion dans le sens d'une relation d'attachement et de soutien dans laquelle les parents ou les substituts adultes jouent le rôle de médiateur entre l'enfant et la réalité). L'enfant pubère ou nubile puis adolescent revivra ce type de relation comme toutes les autres que nous allons décrire.

Dans *la relation d'étayage,* l'enfant se vit en symbiose et soutenu par la sécurité affective de ses parents qui assure son existence : il réagira par des comportements dépressifs, d'abandon, de prostration ou, à l'inverse, par des manifestations violentes aux dysharmonies du couple parental. Les enfants agressifs avec les autres chez leur nourrice ou à l'école maternelle sont des enfants peu assurés vis-à-vis de leurs parents.

Les enfants manquent souvent de relation d'étayage car très tôt ils doivent faire face aux réalités sans l'aide de leurs parents. On se réjouit de leur débrouillardise, notamment les « enfants à la clé » qui rentrent seuls chez eux, et de leur pseudo-précocité qui vole en éclats au moment de la puberté. Les bases de la personnalité sont trop fragiles pour faire face aux incertitudes du bouleversement pubertaire. Devenus adolescents, ils risquent d'être des « malades de la dépendance » en utilisant des conduites additives comme la toxicomanie, des relations affectives de couple ou en étant facilement entraînés dans des groupes porteurs à forte effusion affective comme les sectes ou autres groupes marginaux. Ainsi a-t-on préparé progressivement les conditions psychologiques qui ont rendu possible la toxicomanie. Sous prétexte d'autonomie, beaucoup d'enfants se sont retrouvés indépendants, seuls avec eux-mêmes, sans pouvoir s'appuyer réellement sur leur famille et sur le milieu social. Pendant l'enfance, tout le monde semble satisfait de la situation sur laquelle on rationalise les bienfaits de l'indépendance et de la responsabilité données aux enfants. Lorsque l'adolescence commence, les parents et les adultes sont étonnés de constater une forte demande de présence et de dépendance alors qu'ils pensaient que leurs « adultes en réduction » étaient vraiment autonomes. Ce semblant d'indépendance n'a pas été intériorisé, mais il a été vécu en extension à la présence parentale quoique non effective. La relation d'étayage n'a pas été assurée, c'est pourquoi ses besoins reviennent en force au moment de la transformation relationnelle de l'adolescence.

Dans la relation par étayage, la pulsion sexuelle est satisfaite en dépendance de la pulsion d'autoconservation. C'est véritablement une question vitale qui se joue dans la qualité de la relation nourricière avec les parents. Une relation qui ne doit pas s'interrompre trop rapidement, sinon les conséquences psychologiques seront importantes dans le destin de sa personnalité. Plus un enfant aura vécu une dépendance structurante et non pas inhibante avec ses parents et plus il sera capable d'autonomie psychique au décours de l'adolescence. A l'inverse, il cherchera, par exemple, à nouer des relations de dépendance sous le couvert de relations amoureuses où l'autre sera là surtout pour lui permettre d'exister et lui assurer un sentiment de continuité avec lui-même. La tendresse valorisée sera l'unique système d'économie affective le rivant à l'autre.

La répétition de ce stade affectif chez de nombreuses personnes, tout en passant partiellement au stade suivant, engendre des modèles de conduites sociales en vogue et comme allant de soi. Dans ce sens, l'image de « Coluche » représente bien la sexualité pubertaire, celle des pulsions partielles non élaborées au caractère aussi généreux que narcissique. A cet âge de la vie, l'enfant n'a rien à perdre puisqu'il n'a pas encore fait de choix. Il croit que tout est possible. Certains jeunes adolescents comme des adultes sont des prématurés affectifs et se sentaient exprimés à travers les frasques du regretté « Coluche ». Un leader est toujours à l'image de la société dont il est issu et il est aussi son reflet : il s'agit bien d'une production de système.

En raison de sa personnalité immature, l'image de « Coluche » a cristallisé et utilisé les attitudes de la puberté. Un langage scatologique, le défi pour le défi, une générosité débordante, mais, à l'inverse, prêt à l'insulte ou au mépris pour les gens qui ne convenaient pas à ses caprices égocentriques, voulant surtout s'imposer aux autres plus que les rencontrer réellement. Ils sont nombreux à s'être reconnus en lui, d'abord les préadolescents, puis de jeunes adultes ou des moins jeunes encore aux prises avec leurs conflits de sexualité infantile. Le « modèle Coluche » est un modèle de régression. La pulsion n'a pas d'avenir, elle répète indéfiniment son état premier sans rien construire comme dans la névrose obsessionnelle.

Au contraire de Raymond Devos, « Coluche » ne connaissait pas l'humour. Il utilisait la pulsion à l'état brut : ses excréments restent des excréments et, en plus, il fait rire en disant que ce sont des excréments. A l'inverse, Raymond Devos travaille, transforme, et fait un chef-d'œuvre à partir de la pulsion, car il a la capacité intérieure de symboliser dans le langage les contradictions, les absurdités, les faiblesses des hommes et des sociétés. Toute la différence est là dans le passage du fantasme au langage. Le fantasme pris en lui-même ne crée rien, seul le langage symbolisé est susceptible d'offrir une production sociale dynamisante. Aussi paradoxal que cela puisse paraître à beaucoup, « Coluche », en dehors de sa sympathique image du clown « fou du roi », était en quelque sorte le censeur tolérant difficilement les réalités avec lesquelles nous avons tous à travailler pour vivre.

L'affectivité pubertaire ne supporte ni la critique ni la remise en question. Le moi mal assuré ne peut pas l'entendre. Il est intéressant de noter l'influence de la psychologie pubertaire sur l'environnement social et, à l'inverse, l'influence des productions du milieu social sur le développement psychologique qui utilisent certaines structures plus que d'autres (le narcissisme est davantage sollicité que l'idéal du moi). Si, dans les années 60, les adolescents commençaient à être pris comme cibles dans la chanson et le cinéma, aujourd'hui, ce sont les prépubères et les pubères qui sont retenus. Il suffit d'évoquer les films qui mettent en scène des garçons et des filles de cet âge et les nombreux chanteurs qui s'entourent de chœurs de pubères.

Les relations de dépendance, les revendications de frustrés, les relations où la temporalité est vécue comme de l'immédiat, sont les dominantes actuelles et sont impuissantes à construire de la sociabilité. Nous sommes dans des inflations de générosité d'autant plus fortes que nous manquons d'un sens de la relation sociale. Les « restos du cœur » sont des coups de cœur médiatiques de coupables. Provenant d'une générosité qui n'est pas issue d'une attention réelle et honnête aux personnes secourues, ils ne s'inscrivent pas dans un engagement de longue durée comme c'est le cas pour le Secours catholique, l'Armée du salut, le Secours populaire, les Compagnons d'Emmaüs ou encore Aide à toutes détresses qui eux s'enracinent dans le temps. Autrement dit, une générosité qui a la maturité de sa relation sociale et la capacité de s'inscrire dans une dimension de l'estime de l'autre est éducative à travers un suivi régulier. Le débordement de la générosité provisoire des restos du cœur est la porte ouverte à toutes les perversions au-delà des intentions qui les rendent si populaires, derrière une tâche qui reste noble. La relation est calquée sur celle du vidéo-clip, le temps d'une émotion éphémère avant de passer à autre chose. La personne à aider ne compte pas, seules les émotions que « le généreux » donateur a éprouvées ont de l'importance.

Il ne nous appartient pas de dire si les restos du cœur sont à encourager ou pas, mais de souligner les fonctionnements psychologiques par rapport au climat de dépendance et d'assistance dans lequel nous sommes et qui ne favorise pas l'esprit de responsabilité.

Le médiatique qui privilégie surtout le sentir et l'émotionnel, le superficiel et l'apparence, se substitue dangereusement au relationnel qui, lui, utilise la raison associée aux sentiments. En l'espace de quelques années, nous sommes passés d'un système de relation d'objet à un système de relation narcissique. Nous avons connu, dans les années 60, une volonté de développement à travers des relations institutionnelles, un système qui provoquait également ses effets pervers puisque l'aide n'aboutissait pas aux résultats escomptés. La perversion de ce système a entraîné une régression au stade de l'aide provoquée par l'appel émotionnel. Nous sommes sur le registre des relations d'autoconservation où chacun reste ce qu'il est sans l'ambition de prendre son destin en charge. L'aide aux autres ne serait plus un noble devoir de solidarité envers l'humanité, mais un droit. La culpabilité est donc de plus en plus utilisée comme en donnait la preuve une affiche de Médecins sans frontières qui affirmait : « Vous devez 10 francs au tiers monde. » Ces nouvelles croisades de l'irresponsabilité prennent le relais d'une époque où l'on vendait des indulgences pour s'assurer du pardon de ses péchés. La culpabilité fait toujours recette, surtout la culpabilité pubertaire. Or la solidarité est la conséquence d'une responsabilité que l'on prend et non pas d'une culpabilité que l'on veut exorciser.

La relation d'étayage est une étape génétique dans le développement humain, elle a été souvent télescopée et est principalement utilisée aujourd'hui sous la forme du manque dans bien des conduites : toxicomanie, assistanat, revendication du droit aux diplômes, mais aussi conduites amoureuses ainsi que toutes les conduites additives dans lesquelles chacun s'accroche sans devenir autonome.

La relation autoérotique

Lorsque la relation d'étayage a réalisé son travail psychique, l'enfant est assuré en lui-même. Cette confiance il l'a acquise également grâce à la qualité de sa relation parentale et à celle de l'environnement. Il va donc passer d'une relation en symbiose à *une relation autoérotique*. C'est un premier pas vers l'autonomie qui se vit encore d'une façon morcelée. L'objet de son intérêt se concentre sur une seule partie de lui-même. La pulsion sexuelle orale perdant son objet (le sein ou le biberon) va le remplacer par le fantasme et devenir plus autonome dans l'autoérotisme. L'enfant trouvait son plaisir dans la relation d'étayage en étant nourri et assuré de la présence maternelle. La satisfaction d'être nourri va se séparer du besoin de recevoir la nourriture et l'enfant va donc chercher à retrouver ce plaisir en lui-même. De cette séparation va naître un espace dans lequel l'enfant développera sa vie fantasmatique et sa vie subjective. Cette nouvelle séparation va le constituer progressivement comme sujet distinct de sa mère. Il va également découvrir que les objets sont séparés de lui et il deviendra capable d'apprendre à communiquer. La relation n'est possible que dans la distance et non pas dans la proximité. L'enfant vivra plus ou moins bien cet apprentissage en son début entre sept-huit mois et dix-huit mois.

Pendant l'enfance, la sexualité n'a pas d'objet, elle est autoérotique, elle a comme unique but de trouver un certain plaisir sur des zones corporelles isolées les unes des autres. Elle n'est pas en rapport avec un objet global extérieur à soi, mais elle se satisfait partiellement sur le corps. La sexualité de l'enfant n'est pas unifiée dans une organisation d'ensemble. Elle est à l'opposé de la sexualité de l'adulte qui implique un choix d'objet. De l'enfance à la puberté, les pulsions sont satisfaites chacune pour leur propre compte. Le toxicomane dépend de ce fonctionnement psychologique. L'état originaire de morcellement de la pulsion sexuelle représente une étape génétique avant de parvenir à la relation objectale. La puberté est le moment où le danger de morcellement de la pulsion est le plus menaçant et le plus ressenti. Jusque-là, il n'y a pas d'objet global, mais un objet partiel fantasmatique que l'on retrouve souvent à l'adolescence dans « la relation amoureuse » en décalage avec la réalité de l'autre.

La façon de parler dans la vie quotidienne met souvent en œuvre ce stade à travers des formules du genre : « Je vais craquer » ou encore « Je vais m'éclater ». Elles sont révélatrices de la structure autoérotique à laquelle le sujet fait appel pour réagir face à ce qu'il ressent. Les personnalités évoquent souvent un risque d'éclatement qui signifie combien il est difficile pour beaucoup d'entrer dans le travail d'unification du moi.

La relation narcissique

Le passage de l'autoérotisme au *narcissisme* correspond à une nouvelle étape d'unification de la personnalité. Le moi du sujet est le premier choix d'objet de la libido narcissique. Il est choisi comme l'image unifiée du corps en opposition à l'anarchie du stade précédent. La sexualité s'exprime souvent par la masturbation et par des plaisirs préliminaires dans la mesure où ils sont partiels et morcelés sur le corps, voire sur le corps de l'autre dans une relation de miroir.

Certains sujets vont valoriser l'excitation de zones corporelles au détriment de l'orgasme complet ou d'autres se refuseront à dépasser le plaisir préliminaire, utilisant l'économie des pulsions sexuelles infantiles d'une façon rudimentaire. Les tendances à l'exhibitionnisme, au voyeurisme, au fétichisme, à la pédophilie, se développent à travers un ensemble de conduites. Cette forme de sexualité est à la mode sous couvert de libération. En réalité, on libère une fois de plus la sexualité infantile, mais on n'accède pas à la liberté d'une sexualité mature.

Nous l'étudierons, le narcissisme joue un rôle structurant dans le développement de la personnalité de l'adolescent. En adoptant une position narcissique, l'adolescent parvient à se détacher de sa relation infantile à ses parents en modifiant en lui son rapport à ses images parentales. Il se surinvestit lui-même pour apprendre à exister par lui-même et non plus uniquement en fonction de l'évaluation parentale. Cependant, le narcissisme peut avoir un autre rôle : tel qu'on le voit se développer actuellement il est surtout défensif et sert à se protéger des autres et de la vie sociale vécus comme trop insécurisants. Une telle attitude ne concourt pas à fonder une réelle confiance en soi.

Tant que le moi n'a pas atteint ses objectifs d'unification de la personnalité l'orientation narcissique demeure.

La relation d'objet

L'adolescence qui est essentiellement un processus psychique va préparer un changement important dans la vie relationnelle de l'individu. Dans la mesure où il accède à *la relation d'objet,* l'autre va être considéré pour lui-même. Les conditions psychologiques à un réel amour altruiste vont être réunies. Cette période est déterminante car elle va décider du destin de la personnalité. Déjà Freud insistait avec juste raison sur ce travail de synthèse du moi dans la relation d'objet.

> La synthèse des pulsions partielles n'est pas réalisée chez l'enfant ni leur soumission complète au primat de la zone génitale. Seule la dernière phase du développement sexuel amènera l'affirmation de ce primat [11].

Lors de la puberté, l'enfant commence à s'acheminer vers la découverte de l'objet sexuel. Au cours de la longue période de l'adolescence qui suivra, sa vie affective va se trouver profondément réaménagée. Son éveil affectif va devoir associer et composer avec deux courants : celui de la tendresse reconverti dans l'affectivité et celui de la sensualité transformé dans la génitalité. Le courant de la tendresse va utiliser tout ce qui demeure du premier éveil affectif de la sexualité infantile. La sensualité qui va y être associée est une réalité nouvelle aussi bien pour le jeune pubère que pour la jeune nubile. Le préadolescent va vivre des émotions nouvelles sans pouvoir les identifier ni bien les comprendre, même s'il a appris à connaître divers aspects de la sexualité humaine. La compréhension n'est pas d'abord de l'ordre de l'assimilation correcte de données objectives, mais de sa capacité à intégrer cette dimension nouvelle dans sa personnalité.

La maturité affective va dépendre de l'articulation entre l'affectivité et la génitalité. Le pubère et l'adolescent vivront parfois les effets d'une ambivalence qui les porteront davantage à certains moments vers des préoccupations génitales et à d'autres moments vers des soucis plus sentimentaux, voire platoniques.

La génitalité isolée affectivement sera recherchée pour elle-même : c'est le sexe pour le sexe qui domine, notamment lors de la période du pervers polymorphe pubertaire (les pulsions ne

11. Sigmund FREUD, *op. cit.*

sont pas hiérarchisées et cherchent à se satisfaire pour elles-mêmes de façon isolée les unes par rapport aux autres) où les garçons s'échangent des magazines typés et où les filles se racontent des histoires qui mettent en scène des garçons de leur âge ou des adultes. L'imaginaire des filles est très actif et se confond avec le réel. Il arrive, par exemple, que des filles évoquent l'idée d'attouchements avec un enseignant. Elles en sont tellement persuadées qu'elles parviennent à convaincre leur entourage.

L'affectivité qui n'est pas encore associée à la génitalité va revendiquer son lot d'attentions et de gratifications comme chez le jeune enfant. La valorisation de la tendresse pour la tendresse n'est pas signe de maturité. Elle reste le symptôme d'une affectivité en dysharmonie avec la génitalité. Ce ne sont pas les expériences qui vont favoriser l'association de l'affectivité avec la génitalité. L'une comme l'autre n'impliquent pas d'abord une réalisation dans des actes, mais elles relèvent d'un travail psychique. Des relations sexuelles précoces peuvent très souvent retarder ce processus associatif. On ne dira jamais assez que ce ne sont pas les expériences qui sont facteurs de maturité, mais la capacité du psychisme à harmoniser et à développer ses nouvelles compétences. Après avoir examiné la situation, il s'avère que de très nombreux jeunes qui ont été éduqués avec l'idée d'une certaine liberté sexuelle ont des expériences précoces et, multipliant leurs partenaires, risquent de bloquer leur développement affectif et leur maturation sexuelle. Si des jeunes s'habituent à vivre la sexualité uniquement comme un plaisir que l'on prend « comme une cigarette ou comme une bière », ils se rendent progressivement impuissants, devenus adultes, à la vivre comme langage et engagement. Il n'est pas dans la nature de la sexualité infantile de rencontrer l'autre, mais d'éprouver un plaisir égocentrique. En s'accoutumant à vivre des échanges sexuels comme recherche de soi, nombreux sont ceux qui deviennent incapables d'accepter l'autre. Enfin, en s'habituant à vivre des activités impulsives, on se rend incapable d'intégrer sa sexualité et son affectivité dans un projet amoureux et de fidélité inscrit dans la durée. On accuse à tort le mariage d'être la cause des difficultés relationnelles des conjoints alors que c'est la façon d'investir et de vivre le couple qui pose problèmes. Le couple est vécu dans bien des cas à travers un modèle juvénile : relation transitoire, incertitude des sentiments pour durer, flou des identités pour s'associer, affectivité œdipienne et sexualité infantile. De nombreux jeunes adultes de trente-cinq ans continuent de vivre avec une sexualité de seize ans. La façon dont on parle de la sexualité dans bien des bureaux et des ateliers fait surtout écho à une sexualité pubertaire. Le pubère, lui, ne sait pas toujours comment en parler. Il reste encore soumis au complexe de castration qui le met mal à l'aise. Ses représentations sont marquées par une peur d'impuissance. Si les tâches psychiques de la puberté ne sont pas traitées, il est à craindre que l'on observe dans les comportements du jeune adulte des conduites réactionnelles pour parer à l'angoisse de castration. C'est sans doute ce qui explique le besoin irrésistible de certains de changer souvent de partenaires.

Le but de la pulsion sexuelle infantile est la recherche du plaisir. Le nouveau but lui ressemble et s'en distingue en ce que le plaisir sera obtenu dans la rencontre avec l'autre. Arrivée au stade de la relation d'objet la pulsion s'inscrit dans l'altérité et devient altruiste.

Tels sont les divers remaniements psychiques qui se jouent dans la personnalité de l'enfant et de l'adolescent. Il s'agit d'un équilibre économique dont on retrouve les acquis à travers les traces qui forment le caractère de la personnalité. Pendant l'adolescence et la postadolescence, ces reliquats se manifesteront au gré des événements et des répercussions qu'ils provoqueront dans la vie psychique. Tant que le moi ne sera pas complètement parvenu à coordonner sa vie pulsionnelle, il continuera d'avoir recours à ses modes de relations et de gratifications antérieures. C'est ainsi que l'on pourra observer des dysharmonies dans le comportement entre les qualifications intellectuelles, l'insertion sociale et la vie affective.

LES CONDITIONS DE L'ACQUISITION DE L'IDENTITÉ SEXUELLE

L'appartenance comme l'orientation du désir sexuel sont incertaines à l'époque où la pulsion sexuelle va devenir altruiste : c'est parce qu'elle devient objectale que se pose le problème de l'identité sexuelle. La sexualité infantile n'accède pas au questionnement décisif de l'identité sexuelle, de la différence des sexes, de la procréation et de son inscription dans le développement des générations. La problématique pubertaire va venir faire éclater son organisation présexuelle et œdipienne en mettant en doute les théories sexuelles infantiles.

Le processus de l'adolescence qui commence dès cette période va contribuer à la perte des objets infantiles comme celui de l'existence d'un sexe unique. Cette théorie sexuelle que l'enfant fabrique, nous la retrouvons à travers la plupart des mythes androgynes à la mode aujourd'hui dans la mesure où la sexualité infantile est valorisée.

Une chose est d'observer le développement de ce mythe dans notre univers socio-culturel et une autre est de vouloir en faire une réalité sociale comme le soutient d'une façon naïve et abusive Élisabeth Badinter[12], à moins de reconstruire l'histoire. La plupart des hypothèses historiques et des résultats scientifiques sont détournés de leur sens pour les faire entrer dans des problèmes contemporains. Ses affirmations sont plus militantes que scientifiques. L'homme et la femme seraient enfin sur le point de parvenir à l'égalité complète en inventant une nouvelle nature, celle de l'androgyne, puisque l'homme va pouvoir à son tour, comme la femme, être enceint ; il n'y a plus de différence. Une thèse aussi dangereuse qu'inutile. Le remède serait pire que le mal. Un lecteur peu averti des connaissances biologiques et psychologiques risque de s'égarer lorsque É. Badinter tente d'organiser en système une mode actuelle : l'androgyne, c'est-à-dire un individu qui serait les deux sexes à la fois, se suffisant à lui-même.

Il suffit de s'intéresser à la plupart des films qui furent primés au Festival de Cannes en 1986 pour comprendre une fois de plus que le modèle sexuel dominant est juvénile : *Tenue de soirée* qui met en scène le conflit des identités sexuelles, *Fool for Love* dont le thème incestueux se joue dans l'attrait sexuel entre un frère et une sœur, *Max mon amour* où une femme trompe son mari avec un chimpanzé, *I Love You* dans lequel Christophe Lambert n'en revient pas d'être aimé par un porte-clés, *After Hours* où un homme insatisfait va de femme en femme et reste toujours aussi perdu avec lui-même. Le cinéma est ainsi le reflet des difficultés psychologiques et affectives des hommes et des femmes de notre temps qui ne cessent de vivre avec les problèmes de base non résolus de l'adolescence.

L'expérience de l'adolescence est complexe. Les hésitations entre l'homosexualité et l'hétérosexualité, le difficile passage de l'amour de soi à l'amour de l'autre, la troublante connaissance de soi, l'incapacité de s'engager vis-à-vis d'un autre et l'inquiétante sexualité sont autant de questions à résoudre pendant la période

12. Élisabeth BADINTER, *L'un est l'autre,* Paris, Odile Jacob, 1986.

juvénile. Ces tâches ne s'accomplissent pas toujours facilement.

L'existence d'un sexe unique et la possibilité pour chaque individu de porter un enfant sont deux croyances que se forgent aussi bien les filles que les garçons.

Si É. Badinter découvre les manifestations de la bisexualité psychique, c'est-à-dire de la double tendance en chacun de l'hétéro et de l'homosexualité alors que nous savons qu'elles font partie du développement humain, il serait hasardeux d'y voir subitement la mutation du genre humain : les hommes seront aussi des femmes et les femmes seront aussi des hommes. La façon de présenter cette fiction mentale procède d'une hémorragie fantasmatique ; c'est pourquoi du point de vue psychologique l'homme enceint doit rester du domaine de l'imaginaire. La réalisation de ce vœu psychique deviendrait une perversion qui socialement n'a pas à être encouragée. Aragon en faisant de la femme l'avenir de l'homme s'est trompé d'avenir. É. Badinter nous abuse en laissant croire que la femme est le miroir de l'homme dans le refus de leur différence.

La sexualité infantile ne supporte pas la différence et l'adolescence est la remise en question radicale de la sexualité infantile. L'adolescent devenant adulte cherchera parfois à maintenir des objets infantiles dans sa génitalité. Cette période est la source de nombreuses pathologies qui trouvent leur origine dans la résistance au travail d'adolescence par un refus de mettre en relation dans la vie psychique les réalités infantiles avec l'élaboration de la personnalité « adulte ».

Les organisations infantiles sont les moins mobiles et le bouleversement pubertaire vient comme brouiller les connexions qui peuvent se transformer et favoriser un progrès dans la relation d'objet, mais elles peuvent également se rétablir et, par la suite, maintenir malgré tout une économie prégénitale dans la vie affective du jeune adulte.

Quelles sont les conditions psychologiques qui vont consolider la relation objectale de la sexualité altruiste qui doit sortir des intrigues œdipiennes de l'adolescence pour s'organiser dans une identité sexuelle ?

Trois conditions sont nécessaires :

— Le sens de la différence des sexes.

— La résolution de la bisexualité psychique.

— L'acceptation de la prohibition de l'inceste.

La différence des sexes

Avec la puberté va apparaître une nouvelle distinction entre le masculin et le féminin. L'enfant a déjà perçu très jeune une différence entre son père et sa mère sans qu'elle représente une réelle distinction sexuelle. En effet, l'enfant découvre vers deux ans que son père est un des pôles constituant le couple parental et assurant la séparation de la relation fusionnelle entre la mère et l'enfant. L'enfant réalise cette différence, mais conserve la représentation de l'existence d'un sexe unique. Il va quelques mois après s'identifier à l'un et à l'autre pour le remplacer dans le lien qu'il a avec son conjoint. Le complexe d'Œdipe correspond non seulement à l'élection affective exclusive du parent du sexe opposé, mais également à celle du parent du même sexe. Le complexe d'Œdipe passe par une phase homosexuelle et une phase hétérosexuelle. L'enfant devra accepter de renoncer au désir de posséder le parent du sexe opposé comme objet d'amour génital. Il pourra, par conséquent, trouver sa place comme être sexué et se situer dans la relation de filiation et familiale. Le garçon désirera devenir un homme comme son père et la fille une femme comme sa mère.

Ce n'est que vers quatre à cinq ans que l'enfant découvre la réalité de la différence des sexes. Son questionnement est ponctué de « pourquoi » et porte aussi bien sur son origine que sur la différence des sexes. Il construit des théories sur la sexualité et la fécondité que l'on retrouve dans la vie psychique de l'adolescent et de l'adulte plus ou moins bien métabolisées, mais présentes dans les productions de l'inconscient. La fécondation préoccupe l'enfant et il pense qu'elle se réalise en exhibant ses organes génitaux ou en échangeant le pénis contre un enfant. Cette représentation explique la conduite de nombreuses adolescentes ou jeunes femmes qui ont plus envie d'un enfant comme d'un pénis qui leur pousse entre les jambes et leur donne un sentiment d'achèvement narcissique que d'un enfant appelé à la vie dans l'histoire d'une relation conjugale. L'enfant à tout prix est souvent un objet réparateur du narcissisme défaillant.

La croyance en un sexe unique est très forte pendant l'enfance. La puberté vient défaire cette croyance et pose, une fois de plus, le problème de l'identité sexuelle dans une double perspective :

— La nécessité d'accepter son anatomie au masculin ou au féminin. Les travestis n'acceptent pas le corps biologique qui est transformé par le corps fantasmé. L'image que l'on a de son corps ne correspond pas aux planches médicales de l'anatomie humaine.

— Le besoin de s'inscrire dans une continuité psychique qui assure la cohérence de la personnalité de l'intérieur vers l'extérieur de soi.

L'adolescent se sentira souvent menacé dans son corps comme dans son unité. Certaines expériences seront vécues comme des dangers pour son équilibre, notamment à travers la pratique de la masturbation qui renvoie l'adolescent à la période du plaisir morcelé de l'autoérotisme.

La découverte et l'acceptation de la différence sexuelle vont permettre à l'adolescent de s'unifier et de trouver une plus grande confiance en lui-même. Dans un premier temps, la différence sexuelle sera vécue sur le mode de la comparaison négative puis, dans un second temps, elle sera reconnue dans une différence positive.

La résolution de la bisexualité psychique

L'hésitation du pubère puis de l'adolescent au sujet de son identité est un des effets de sa bisexualité psychique qui joue un rôle dans la difficile reconnaissance de la différence des sexes et dans l'orientation du désir. Freud en a souligné l'importance [13] en observant que l'intérêt exclusif de la femme pour l'homme — et réciproquement — n'est pas une chose qui va de soi et se réduisant en quelque sorte à une attirance d'ordre chimique.

Le choix d'objet se réalise par rapport au sexe opposé, il se réalise également avec des personnes du même sexe. L'attraction qu'exercent les deux sexes l'un sur l'autre, l'influence inhibante des modèles sociaux et le besoin de faire des enfants sont des contraintes qui empêchent la réalisation de relations homosexuelles. « Cependant, écrit Freud, là où elle n'est pas considérée comme un crime, on peut constater qu'elle correspond au désir sexuel de nombreux individus. » Dans les sociétés occidentales, ce phénomène se développe. Des jeunes ont aussi bien des rapports hétérosexuels qu'homosexuels. Ce ne sont pas toujours des réussites affectives épanouissantes ni des solutions d'avenir passés les moments de fraîcheur des dragues postjuvéniles. Jouer sur les deux tableaux permet de rester dans le flou et de s'installer dans le fantasme de vivre toutes les tendances divergentes sans

13. S. Freud, *op. cit.*

que les pulsions aient été hiérarchisées ; un peu comme le jeune enfant vivant dans la puissance imaginaire du sexe unique.

Les attachements homosexuels n'ont pas le même sens en fonction des âges. Les attirances homosexuelles de l'adolescence vont de la curiosité anatomique, de l'attrait du corps semblable à l'élection affective, le plus souvent platonique ou métabolisée à travers des activités sportives, culturelles, politiques, de groupes ou de relations privilégiées puisque c'est avec la pulsion homosexuelle transformée que l'on fabrique de la vie sociale. Lorsque la tendance homosexuelle n'a pas été précocement érotisée, elle se transforme en sentiments sociaux, à partir d'elle se construit la relation sociale. Si la vie sociale se trouve dévalorisée, la pulsion homosexuelle risque de se retrouver à l'état premier. L'agressivité et l'intolérance à autrui se développent par contrecoup. La pulsion homosexuelle peut se pervertir à travers des conduites érotiques de défi, de provocation ou de déni de la différence des sexes.

La vie sociale repose sur la pulsion homosexuelle et ce indépendamment d'une orientation personnelle de son désir. Si la pulsion ne parvient pas à faire ce travail, c'est la vie sociale qui en pâtit.

Dans l'inconscient, il n'y a pas de différence sexuelle. Cependant, la vie n'est possible que dans le choix d'une orientation qui est celle de la reconnaissance de la différence des sexes. La complémentarité du sexe féminin et du sexe masculin n'est pas conforme à la logique de la sexualité infantile qui est quelque peu androgyne et œdipienne. Tout le travail de l'adolescence se joue dans l'acquisition du pouvoir génital (*exit* Œdipe) et l'accession à la différence complémentaire des sexes (*exit* Andros). Pendant l'enfance et une grande partie de l'adolescence, la différence sexuelle est surtout vécue de façon négative sur le mode du manque : la fille n'a pas de pénis et le garçon ne peut pas porter un enfant dans son ventre. Au décours de la maturité affectivo-sexuelle, la vision de la différence sera surtout positive et vécue sur le mode de la complémentarité. Toute une idéologie de courants féministes s'est développée en extension à cette problématique psychologique. Dans bien des cas, on ne sait plus très bien de quoi on parle.

L'adolescent détermine son identité par rapport à son appartenance sexuelle, il va aussi devoir la conforter et la révéler face à l'autre sexe. Nous l'étudierons davantage en comparant le développement psychologique des garçons et des filles dans leur acheminement vers l'hétérosexualité.

Le conflit entre les tendances homosexuelles et les tendances hétérosexuelles doit trouver une issue à la fin de l'adolescence. Si certains s'orientent vers l'homosexualité, il faut savoir que les conditions de réussites sont difficiles. Quoi qu'il en soit, à travers les tendances homosexuelles inhérentes à la vie psychique, c'est le destin de sa féminité ou de sa masculinité que l'adolescent engage ou compromet.

L'acceptation de la prohibition de l'inceste

Le choix d'objet sexuel se prépare dès la puberté sous le choc des modifications biologiques et physiques de l'organisme. Le conflit œdipien va se trouver réactualisé au moment où l'enfant est en mesure de le réaliser pour de bon avec les nouvelles compétences acquises dans son corps. En réalité, il va entrer dans le travail de deuil du projet œdipien de sa sexualité infantile. Mais avant que le choix d'objet ne se réalise vraiment dans le monde extérieur avec quelqu'un, il est plutôt, et fort heureusement, imaginé. L'adolescent se donne des scénarios et des personnages imaginaires à partir desquels il développe son intériorité. Ces personnages qui peuplent sa vie subjective sont des images composites créées à partir de l'intériorisation de la relation parentale œdipienne. La femme idéale à laquelle rêve le garçon est une reconstruction de sa mère. L'homme idéal de la fille est également une reconstruction de son père. Dans un premier temps, le choix d'objet se réalise en fantasme sur un mode œdipien.

> Le choix d'objet s'accomplit d'abord sous la forme de représentations, et la vie sexuelle de l'adolescent ne peut, pour le moment, que s'abandonner à des fantasmes, c'est-à-dire à des représentations qui ne sont pas destinées à se réaliser[14].

Ces fantasmes traduisent les tendances, les mouvements pulsionnels, les conflits des structures de la personnalité, et mettent en scène de façon déguisée la préhistoire infantile. L'attirance sexuelle vis-à-vis de la mère, comme vis-à-vis du père, fournit la trame de la création de scénarios amoureux où l'amour et la haine se côtoient jusqu'au moment où les fantasmes incestueux sont refusés. Une période difficile où l'adolescent a du mal à

14. *Idem, ibidem.*

différencier son monde intérieur et la réalité extérieure. Il est pris dans un mouvement de confusion entre le dedans et le dehors. Il conçoit souvent ce qu'il éprouve à l'intérieur de lui-même comme ce qui existe à l'extérieur. L'angoisse s'intensifie lorsqu'il pense devoir réaliser ce qu'il imagine. Il lui faudra apprendre à découvrir que si tout est pensable tout n'est pas réalisable pour autant.

> En même temps que ces fantasmes incestueux sont rejetés et dépassés s'accomplit un travail psychologique propre au temps de la puberté qui compte parmi les plus importants, mais aussi les plus douloureux, savoir l'effort que fait l'enfant pour se soustraire à l'autorité de ses parents, effort qui seul produit l'opposition, si importante pour le progrès, entre la nouvelle génération et l'ancienne [15].

En prenant ses distances par rapport à l'autorité de ses parents, il entre dans un conflit qui peut l'aider à se dégager de la relation infantile. En effet, à la puberté, le surmoi parental introjecté durant l'enfance, et qui a permis une première résolution œdipienne, se relâche. Le pubère, puis l'adolescent, aura tendance, pendant toute une période de son histoire, à inscrire ses conduites à la limite de la transgression en jouant avec les interdits et les conventions, allant jusqu'à des comportements asociaux du fait d'un idéal adulte trop difficile à atteindre par rapport à ses possibilités.

Les liens familiaux se relâchent ; ils ne sont plus les seuls à faire exister le jeune. De nombreux parents vivent mal cette mise à distance de leur enfant. Un sentiment de jalousie peut se manifester vis-à-vis de ceux qui prennent leur suite relationnelle. Attitude qui manifeste également la position affective dans laquelle se tiennent les parents où une séparation nécessaire intervient entre eux et leurs enfants. Leur propre conflit œdipien est réactualisé à travers celui de leur enfant. Le père supporte mal que sa fille lui échappe et la mère que son fils se suffise à lui-même. Certains parents veulent se donner l'illusion d'accompagner leur enfant en se mêlant de sa vie et en particulier de sa vie amoureuse au point de le précipiter précocement dans des conduites aventureuses. Dans ce cas, ce sont les parents qui vivent leur situation œdipienne projetée à travers leur enfant.

La transformation pulsionnelle de la puberté modifie la géographie corporelle, le monde interne, mais aussi la relation

15. *Idem, ibidem.*

aux objets d'amour habituels. Cette situation réactive également chez les parents leurs propres conflits d'adolescence et suscite une très forte angoisse au moment où ils doivent consentir à faire un certain deuil de leur enfant pour le retrouver autrement.

Aujourd'hui, les enfants sont très et trop impliqués dans la vie affective de leurs parents. Ils sont retenus comme complices et partenaires de la vie affective d'adultes qui ne parviennent pas toujours à trouver des gratifications dans leurs relations conjugales et sociales.

Les enfants ne sont pas vécus comme une progéniture qui assure la pérennité du groupe social, mais comme l'expression d'une réussite personnelle, et ils doivent exprimer l'intensité du couple. Les enfants du narcissisme (ils sont voulus pour soi-même et pour se donner confiance) risquent d'être les derniers car s'ils ont une simple fonction psycho-affective, il n'est pas utile d'en faire beaucoup, un ou deux enfants comblent facilement l'attente. Aussi le moindre accroc affectif est mal vécu parce qu'il remet en question une idéalisation du moi parental projetée sur l'enfant.

La tâche sera encore plus difficile au sein des familles monoparentales, lorsque des parents forment un couple avec leurs enfants :

> Bien sûr, c'est compliqué d'être à la fois le père et la mère. Mais on est vraiment payé de retour. Jusqu'à l'anniversaire de ses onze ans, nous avons été très proches. Laurent était un enfant câlin, et, quand il se blottissait sur mes genoux, on pouvait discuter pendant des heures. Comme ça, de tout et de rien, de la vie.

Le lendemain des onze ans de Laurent, l'existence de ce couple a basculé. Le petit garçon qui adorait se nicher près de sa mère est devenu froid et pudique.

> Au bout d'une semaine je lui ai demandé : « Alors, on ne s'embrasse plus ? » Il a eu l'air de tomber des nues, comme si j'avais dit une grossièreté. Il m'a envoyé : « Ça va pas, non ? » Dur à encaisser. On s'accroche tout le temps sur des histoires d'horaires, de sorties. Quand je veux savoir où il va, avec qui et jusqu'à quelle heure, il me réplique que c'est sa vie, que ça ne me regarde pas et qu'il fait ce qu'il veut. Alors on crie, on s'engueule. Mais je ne peux quand même pas la boucler. Quand j'ai senti que Laurent s'éloignait... j'en ai profité pour sortir davantage et reprendre des cours de musique. Mais si je n'ai plus de mari, je ne suis vraiment pas seule. Deux hommes m'aident et s'occupent

aussi de Laurent : le directeur de son ancien collège qui vient de le reprendre dans son établissement et son chef scout qui l'aide dans ses devoirs, deux fois par semaine. Je ne me suis jamais fait d'illusions sur la possibilité de tout assumer.

Le fils et la mère, dit le commentaire, font le même parcours : se détacher pour s'ouvrir au monde. Comme si la maturation de l'enfant poussait l'adulte à grandir. La mère reconnaît qu'un père manque à Laurent. C'est pourquoi elle ne reste pas seule face à Laurent, elle introduit dans leurs conflits des médiateurs[16].

Dans ce type de relation peut-on parler de famille ? La famille monoparentale est une notion fiscale, sociologique, mais pas psychologique. La famille ne commence psychologiquement que dans la variété des interactions relationnelles qui vont engendrer « le groupe familial ». Ce groupe ne commence qu'à partir de quatre personnes. A l'inverse deux ou trois personnes vivent des relations duelles ou de couple sans accéder à une réelle dimension socio-familiale. Les enfants issus de relations aussi restreintes manquent souvent d'une symbolisation familiale et socialisent difficilement leur affectivité. Nous l'avons souvent constaté, lorsqu'ils sont élevés par un seul parent, la plupart d'entre eux présentent à l'adolescence une personnalité ambivalente et incertaine avec le risque de favoriser des rigidités pour tenir dans la réalité.

LES MODIFICATIONS PHYSIQUES DE LA PUBERTÉ ET LEURS RÉPERCUSSIONS PSYCHOLOGIQUES

L'apparition de la puberté

La période de la puberté correspond à la transformation sexuelle du garçon comme de la fille. Le terme puberté vient du verbe latin *pubescere* qui signifie « se couvrir de poils ». En effet, l'apparition des signes sexuels secondaires avec les poils pubiens pigmentés et raides, puis frisés, est le signe pour reconnaître la puberté chez le garçon. L'apparition des premières règles chez la fille sera le signe de ses modifications sexuelles.

L'essentiel du travail de la puberté se situe entre l'âge de

16. « Les enfants du divorce », in *Le Monde de l'Éducation*, Paris, janvier 1987.

douze-dix-sept ans. Il débute vers dix ans et demi chez la fille et vers douze ans chez le garçon. La maturation physiologique de la fille précède de dix-huit mois à deux ans celle du garçon. Le sommet de la croissance pubertaire se situe, en moyenne, vers douze ans chez la fille et vers quatorze ans chez le garçon. Mais l'on constate également soit un début plus précoce de la puberté soit un début plus tardif qui provoquent de nombreuses réactions psychiques. Les enfants prennent conscience d'une différence vis-à-vis des autres qui peut les mettre mal à l'aise et développer l'idée d'une non-conformité à leur groupe d'âge. En France on peut situer le début de la puberté pour les filles entre dix et douze ans et pour les garçons entre douze et quatorze ans. Les limites extrêmes du début de la puberté pour les deux sexes s'observent entre neuf et seize ans et la fin entre treize et vingt ans.

Depuis un siècle, l'âge moyen de la puberté s'est régulièrement abaissé.

> Vers 1860, dans les pays d'Europe, l'âge moyen était de seize à dix-sept ans ; il a baissé progressivement pour atteindre, dans les pays industrialisés, douze ans et demi à treize ans. Ce phénomène, qui est un des témoins de l'accélération séculaire de la croissance et de la maturation, semble actuellement se stabiliser dans ces pays. Il persiste, par contre, une certaine inégalité d'un pays à l'autre, dans l'âge moyen de la puberté... [Il est] supérieur à quatorze ans, voire à quinze ou seize ans dans un certain nombre de populations vivant dans les zones défavorisées, notamment en Afrique. Ce sont les conditions de nutrition dans la petite enfance et le niveau socio-économique qui jouent le plus grand rôle.
>
> L'abaissement progressif de l'âge de la puberté, phénomène biologique, conséquence de l'amélioration des conditions de vie, de nutrition et de santé, a lui-même des implications psychosociales considérables. En effet, la maturité plus précoce projette plus tôt qu'autrefois les enfants dans l'adolescence, et contribue donc à allonger par « le bas » la durée de l'adolescence. Elle facilite, d'autre part, l'éclosion de comportements sexuels nouveaux et la survenue de grossesses chez de très jeunes filles [17].

On constate également que les enfants européens ont une taille supérieure de 5 à 15 centimètres à celle des enfants du même âge en 1910. Au XIXe siècle, la taille définitive était atteinte vers vingt-cinq ans, aujourd'hui c'est avant vingt ans même si par la suite la taille augmente légèrement.

17. *Les Adolescents et leur santé* (collectif), Paris, Flammarion, 1983.

Cette maturation physiologique ne s'accompagne pas en même temps d'une maturité psychique qui sera plus longue à acquérir et qui explique pour une part l'allongement de l'adolescence que nous situons dans notre perspective entre seize et trente ans.

Le développement de la puberté est donc variable pour les deux sexes. A la suite de son déclenchement, elle se déroule sur une période allant de quatre à cinq, six ans.

Nous savons que les transformations physiques sont dues à l'initiative de l'hypophyse, centre nerveux qui, à la base du cerveau, sécrète plusieurs hormones qui agissent sur la croissance et sur la sexualité. Elle est donc à l'origine de la révolution physiologique de la puberté.

Sans reprendre ici tout le mécanisme, notons, cependant, que les protéines vont d'abord être utilisées pour la croissance : le corps grandit, le jeune est mal proportionné, il perd l'harmonie de son corps d'enfant et les points de repères physiques auxquels il était habitué. Les protéines vont ensuite alimenter l'hormone gonadotrope qui agit sur les fonctions sexuelles. Les hormones sexuelles sécrétées par les gonades (testicules et ovaires) vont faciliter le développement des organes sexuels :

Les seins, le système pileux, le vagin et l'utérus pour la fille.

Le système pileux, le pénis et les testicules pour le garçon.

Enfin ce sont les cellules sexuelles elles-mêmes qui seront produites, quotidiennement chez le garçon : les spermatozoïdes. La fille possède à la naissance, dans ses ovaires, les ovules qui viendront régulièrement à maturité après la nubilité jusqu'à la ménopause. Les menstruations (règles) confirment les modifications sexuelles en cours. Il est utile de préparer la fille et de la rassurer sur le fonctionnement de son cycle. Ses organes sexuels à la différence de ceux du garçon ne sont pas complètement visibles. Il lui faudra du temps pour découvrir et accepter la partie physiquement interne de sa constitution sexuelle.

Les premières éjaculations sont tardives dans le développement pubertaire du garçon ; elles sont spontanées ou provoquées.

Les éjaculations spontanées peuvent arriver à la suite d'une tension nerveuse, d'un exercice physique, d'une excitation intellectuelle, d'une stimulation érotique ou pendant le sommeil. Il arrive que certains garçons en soient troublés et même angoissés. Le garçon a l'impression qu'il n'est plus maître de lui, dépossédé par une puissance qui le dépasse. Il commence à craindre tout ce qui vient de lui : ses émotions, ses sentiments et ses réactions physiques (érection, rougissement, voix qui mue). La timidité et le mutisme auprès des adultes trouvent, entre autres, leur origine ici.

La masturbation

Les éjaculations provoquées par la masturbation (surtout au moment des premières expériences) déclenchent une émotion qui trouble le jeune et l'attire. Il en viendra à manipuler son sexe pour voir, pour retrouver ce plaisir. La masturbation à cette période n'est pas nocive, c'est un fait courant chez les jeunes adolescents, sans doute plus fréquent chez les garçons que chez les filles. La masturbation représente une découverte de son corps et de ses émotions ; le sujet les intègre dans sa conscience psychologique qui devra composer à présent avec les émois sexuels.

Mais de cette expérience masturbatoire se dégage une certaine culpabilité dont on aurait tort de nier la signification en la banalisant rapidement. Il est évident qu'il faut relever et dénoncer le caractère malsain d'une pédagogie culpabilisant la sexualité et, entre autres, la masturbation. Mais il est aussi utile de prêter attention aux conduites et aux plaintes exprimant un sentiment de culpabilité à la puberté et à l'adolescence. De fait, la masturbation est culpabilisante inconsciemment, car elle est plus ou moins en rapport (au-delà d'une simple curiosité physique et émotionnelle) avec des fantasmes œdipiens. Les images qui soutiennent les gestes sont, peu ou prou, en lien avec les objets mentaux des premières relations affectives de l'enfant, si bien que la masturbation réactive le conflit œdipien. Sa vie affective et sexuelle étant soumise à des désirs œdipiens, le jeune adolescent cherche aussi à s'en dégager. Il effectue une nécessaire mise à distance de ses parents en supprimant, par exemple, les gestes d'affection. Il n'embrasse plus sa mère, il se contente d'un rapide « salut », et son père doit se contenter d'une simple poignée de main dans le meilleur des cas. Mais cette double attitude n'est pas systématique chez tous les adolescents. Les parents se sentent frustrés et interprètent ce rejet comme un manque d'amour à leur égard, voire la négation d'eux-mêmes ; leur conduite revendicative et menaçante accentue et complique ce fait.

La masturbation prend diverses formes. Au début, elle se présente comme une curiosité physique et émotionnelle, puis comme le besoin de se retrouver avec soi-même comme pour évacuer une tension (joyeuse ou mélancolique), enfin comme la mise en scène de représentations sexuellement excitantes. Ce mode de satisfaction hallucinatoire finit par devenir insatisfaisant et l'adolescent l'abandonne, mais il peut persister une attitude de type narcissique dans ses relations affectives. Lorsque la masturbation est compulsive, elle se répète et se prolonge au-delà de la puberté, le jeune a intérêt à en parler avec quelqu'un qui sera susceptible de l'aider. Sa conduite révèle une fixation à la sexualité infantile et une recherche de satisfactions fantasmatiques. On admet, il est vrai, que l'acte physique de la masturbation n'est pas nuisible en soi,

> mais c'est le fantasme qui s'y attache qui peut devenir porteur d'influences nocives. Cependant, lorsque le sujet devient trop dépendant de l'acte lui-même, la libido objectale peut être retenue de s'épancher au-dehors et, dans ce cas, l'appareil génital acquiert la qualité d'un quasi-objet. La concentration chez un individu de la libido narcissique sur son appareil génital s'accompagne de tendances au voyeurisme et à l'exhibitionnisme [18].

L'image de soi par rapport aux autres

La période pubertaire correspond donc à une importante transformation physique et à une recherche d'unification de la personnalité à partir du génital. Un remaniement psychologique intervient dans lequel le jeune adolescent va devoir affronter une nouvelle image de lui-même. Ces changements corporels provoquent des modifications dans la relation à lui-même et aux autres. Il craint le jugement d'autrui, voire les moqueries surtout lorsqu'elles mettent en relief des aspects corporels comme l'apparition du duvet sur le visage du garçon ou l'état de turgescence de la poitrine de la fille.

Si certains sont fiers de leur mutation et le montrent, d'autres en sont gênés et s'efforcent parfois de cacher les signes de leur virilité ou de leur féminité naissantes. Nous retrouvons ici un des conflits des pulsions partielles propres à l'adolescence entre le voyeurisme, forme passive de la pulsion sexuelle (voir, regarder, admirer) et l'exhibitionnisme, forme active (se montrer, se faire valoir, se faire reconnaître).

Des parents, des éducateurs, maladroits ou pervers, jouent assez facilement avec ces réalités pubertaires, les jeunes le supportent mal. Des élèves de troisième nous faisaient remarquer dernièrement comment les appelait l'un de leurs profes-

18. Peter BLOS, *Les Adolescents,* Paris, Stock (1962) 1967.

seurs : « les petits zizis à poils ras » (quel programme dans la tête de cet adulte ?). Ces jeunes ne s'y trompaient pas en disant : « Ce prof doit avoir des problèmes ! »

La puberté entraîne un déséquilibre éprouvant et une agitation relationnelle que l'entourage accepte plus ou moins en regrettant la quiétude idéalisée de l'enfant qui disparaît pour faire naître l'adolescent.

Les tensions de la puberté

Le pubère va vivre et être soumis à une tension économique à l'intérieur de sa personnalité. Le contrôle en est bien difficile, mais la grande majorité y parvient. Les préadolescents de quatorze-seize ans qui vivent des ruptures bruyantes en désinvestissant leur travail scolaire, en s'excluant de la vie familiale et en pratiquant dans le champ social des conduites suicidaires, manifestent leur incapacité à contrôler leur développement pulsionnel qui les angoisse. En réaction, ils adoptent des attitudes pour se protéger contre ce débordement d'eux-mêmes en cherchant à créer des situations manipulables dans la réalité, mais en les vivant à la lumière de ce qui se passe en eux. Le monde extérieur devient le lieu de la mise en scène des pressions internes.

Freud a décrit les tensions à l'œuvre dans la vie psychique au commencement de la puberté. Le travail de l'appareil mental pendant l'adolescence va les traiter et leur donner une issue [19].

La pression pulsionnelle

Le début de la puberté est marqué par une augmentation quantitative de la pression pulsionnelle de façon dispersée et quelque peu incohérente, c'est pourquoi le contact avec l'enfant devient plus difficile. Le contrôle de soi et l'adaptation sociale fléchissent, il n'y a pas encore de nouvel objet d'amour ni de nouveau but pulsionnel susceptibles d'occuper la place laissée vacante à la suite du désinvestissement des images parentales. Le pubère, puis l'adolescent, vit avec un sentiment de vide et d'étrangeté par rapport à lui-même. Un malaise profond s'exprime à travers des sentiments de solitude, d'incompréhension et d'incommunicabilité.

19. *Op. cit.*

Les modes de satisfaction libidinale des premières années de la vie sont réactivés avec l'oralité et l'analité : la façon de s'alimenter, de dépendre des autres, l'hygiène corporelle comme la façon de s'habiller, en sont de multiples traductions. Toutes les expériences intenses peuvent devenir sexuellement stimulantes. Mais les stimuli auxquels le garçon préadolescent réagit par une érection, par exemple, sont non spécifiques. Ce n'est pas forcément un stimulus érotique qui cause l'excitation génitale. Au début de la puberté, l'organe génital fonctionne comme un organe de décharge des tensions. Ce n'est que pendant l'adolescence que l'organe génital deviendra sensible aux stimuli strictement sexuels.

La réactualisation de la prégénitalité

Cette période pubertaire est également caractérisée par la résurgence des exigences de la prégénitalité (sexualité infantile avant la première résolution du complexe d'Œdipe), manifeste chez le garçon, refoulée chez la fille. De plus, c'est l'intérêt (inconscient et préconscient) porté aux organes sexuels, à la façon dont ils fonctionnent, dont ils sont conservés intacts et protégés, et non pas le thème des relations amoureuses et de leur aboutissement, qui apparaît dans la construction du jeu chez l'enfant préadolescent. La curiosité sexuelle, chez le garçon comme chez la fille, passe de l'anatomie et du contenu à la fonction et à la manière de faire. A cet âge, on sait d'où viennent les bébés, mais on se demande encore quel rapport cela peut avoir avec son propre corps. Nous avons souvent observé, en animant des groupes d'information sexuelle, que la plupart des questions posées par de jeunes collégiens portaient sur les malformations de l'enfant lors de la grossesse, sur diverses anomalies ou sur des cas extraordinaires. Ils exprimaient par là leur crainte de l'anormalité vécue, entre autres, à travers leurs transformations corporelles.

L'enfant qui doit faire face à cette poussée pulsionnelle prégénitale peut vivre de sérieux conflits dans sa famille, à l'école et dans ses relations sociales. Si rien ne vient l'aider à contrôler ses instincts et à se protéger de l'angoisse et des sentiments de culpabilité, il aura beaucoup de difficultés à se situer dans la réalité.

Le surmoi escamoté

La satisfaction des instincts se veut directe et immédiate, mais elle se heurte aussi à la désapprobation du surmoi. Afin de parer ce conflit, le moi va utiliser de nombreuses solutions défensives : le refoulement, la formation réactionnelle, le déplacement. Un nouveau stratagème apparaît au service de la satisfaction pulsionnelle : la collectivisation de la culpabilité. Le « surmoi est contourné », la culpabilité est projetée et déchargée sur le groupe ou sur un leader et, au nom de cette force, le fautif « c'est l'autre », les parents, voire une classe sociale. Ce phénomène explique l'importance du groupe ou de la bande. Plus tard, le groupe jouera un rôle encore plus déterminant dans la mesure où, vécu comme un idéal du moi potentiel, il deviendra normatif. L'adolescent, dans son besoin d'être reconnu, identifié, aura tendance à devenir comme les autres membres du groupe. Ne parvenant pas à être lui-même, il deviendra comme les autres en prenant, par exemple, le look d'un chanteur à la mode. Il acquiert ainsi une identité par procuration en adoptant l'aspect extérieur en plus de la pensée de la vedette élue : on parle, on s'habille, on pense comme...

La formule : « C'est normal puisque les autres le font aussi », est la mesure chez les préadolescents et les adolescents pour évaluer leur comportement ; mesure qui peut en maintenir certains dans la dépendance d'un moi auxiliaire, représenté par le groupe, sans que leur moi individuel se soit effectivement structuré.

La puberté du garçon et la puberté de la fille

Les garçons et les filles vivent différemment leur entrée dans la puberté.

Le garçon fuit l'autre sexe dans le besoin de se retrouver entre copains. Il se conduit avec une relative hostilité vis-à-vis des filles. Engagé dans ce comportement, il cherche à nier une angoisse plutôt qu'à établir une relation ; en effet, l'angoisse de castration réapparaît et entraîne le garçon à ne rechercher que des partenaires de son sexe.

La fille est active[20] et se précipite dans l'hétérosexualité avec,

20. Hélène DEUTSCH, *La Psychologie des femmes*, Paris, PUF, t. 1 et 2.

parfois, des allures de garçon manqué ou une féminité outrancière. A travers une certaine négation de sa féminité, le conflit infantile de l'envie du pénis persiste (conflit au cœur de la préadolescence féminine), en même temps que la féminité va chercher à s'affirmer.

Le garçon s'oriente vers la génitalité en faisant un détour par un investissement prégénital. Il lutte, nous l'avons dit, contre l'angoisse de castration (peur et désir) que lui inspire la mère archaïque et se détourne, par conséquent, de l'autre sexe pour se retrouver avec des garçons. Alors que la fille se tourne directement vers le sexe masculin. Elle se défend contre une attirance régressive vers la mère préœdipienne.

Le garçon adolescent vit un conflit typique : c'est le conflit entre la peur et l'envie de la femme. Pour alléger son angoisse de castration, il peut s'identifier à la mère phallique et la rechercher à travers des relations symboliques. C'est souvent le cas de jeunes adolescents qui ont des relations sexuelles avec des femmes beaucoup plus âgées qu'eux.

Bettelheim a soutenu que les rites d'initiation pubertaire servent au garçon à résoudre son envie de la femme en passant de la crainte à la confiance. Ainsi, certains rites d'initiation ont leur origine dans les tentatives que fait l'adolescent pour intégrer son envie de l'autre sexe ou pour s'adapter au rôle social prescrit à son sexe et renoncer aux satisfactions enfantines prégénitales.

Notre vie sociale manque de rites d'initiation. Quand une société abandonne ses rites, le sujet se trouve dans l'anxiété et le doute et il s'organise pour en trouver d'autres (le rôle des sectes et de la drogue est bien significatif à cet égard).

La fonction d'un rite est de donner un sens. Il n'y a pas de rites d'initiation sans mythe. Les rites de l'obsessionnel sont vides car ils ont perdu leur référence aux mythes : c'est le rite pour le rite dans sa fonction de protection. Les rites chargés d'un mythe (d'un sens) sont pleins. Le mythe rassemble et structure la relation aux autres, la relation sociale. Dans le rite, il y a une dimension socio-culturelle qui inscrit l'individu dans une reconnaissance et une appartenance sociales ; il appartient à une société donnée. Ce sentiment d'appartenance reste flou ou inexistant de nos jours : nous serions de partout et de nulle part. C'est pourquoi la priorité accordée dans les sondages aux relations et aux valeurs familiales est importante.

L'enfant que l'adolescent a été va disparaître et cet événement se célèbre et renvoie à une problématique prégénitale dans la mesure où c'est une nouvelle naissance. Le rite prend aussi la place d'un travail de deuil ou d'étayage pour éviter la dépression si fréquente chez des adolescents aujourd'hui. Finalement, le rite d'initiation a quelque chose à voir avec le sexe et la mort puisqu'il traite aussi de castration. Le rite introduit à une reconnaissance du sujet, mais aussi à une acceptation par lui du tiers, du père, au moment où il se sépare de sa famille et renonce à ses désirs œdipiens. Le père est aimé par la mère et l'enfant n'est pas le tout de sa mère. Une fois ce fait accepté, c'est l'ouverture vers le monde extérieur. Le rite d'initiation sanctionne une séparation et une accession à la vie sociale.

Les rites d'initiation entre pairs, sans médiation des pères, sans ouverture culturelle (à la façon des toxicomanes), n'éveillent pas les adolescents à la différence et à l'originalité de leur personnalité, mais les conduisent à une auto-imitation qui les contraint à la similitude se traduisant en termes d'égalité. L'indifférence des rôles, comme nous le verrons, rend encore plus aléatoire la structuration personnelle. Les initiateurs ont-ils déserté ou bien la tradition fait-elle défaut ? L'adolescent d'aujourd'hui n'est-il pas, à l'image de Siegfried (Wagner), son propre initiateur, laissé à lui-même sans images parentales, laissé à la toute-puissance narcissique de sa pensée et de ses désirs, et croyant ainsi tout savoir ?

Pendant la préadolescence, le garçon doit de nouveau et de façon définitive renoncer à son désir de porter des enfants comme la mère. Dans la première enfance, la grossesse est souhaitée comme une réussite, une force et un moyen de rivaliser avec la mère. Il s'agit d'une identification à la mère active et féconde dont l'enfant devra abandonner en les transformant en lui les prérogatives de la mère préœdipienne.

L'enfant pubère a une image de la fille de son âge qui fait écho à ce qu'il vit lui-même vis-à-vis de sa mère archaïque et de la mère phallique. La fille est pour lui soit un garçon manqué soit une personne à la féminité agressive. L'angoisse de castration inspirée par la mère phallique est un événement universel et central de la problématique de la puberté (Blos). Le fait est encore plus déterminant lorsque des mères fortes et dominatrices accentuent les tendances passives. Pour se protéger contre cette angoisse de castration, le garçon va utiliser la défense homosexuelle, elle servira de base à l'adhésion et au comportement de groupe. Ce qui correspond au stade homosexuel de la préadolescence. Il est différent de la seconde phase homosexuelle de l'adolescence.

Pendant la puberté, le premier stade homosexuel est une

manœuvre de diversion pour éviter l'autre sexe. Une personne (ou plusieurs) est choisie comme objet d'amour sous l'influence de l'idéal du moi.

Le second stade, qui se développe au cours de l'adolescence, où les amitiés sont intenses et érotisées, représente un choix qui se comprend par rapport à la bisexualité psychique telle que Freud a pu la définir. L'ami idéalisé est choisi sur un modèle narcissique plutôt qu'objectal.

La différence que l'on observe chez la fille, par rapport au garçon, au moment de la puberté est liée au refoulement de la sexualité prégénitale qu'elle opère. Elle a déjà connu ce refoulement pour entrer dans la phase œdipienne et faciliter le développement de sa féminité. Dans un premier temps, elle a dû se détourner de sa mère, femme castrée, en niant sa sexualité infantile. Elle exagère ses attitudes hétérosexuelles et adopte une position provocatrice et séductrice.

> Paradoxalement, remarque H. Deustch [21], la relation de la fille à sa mère est plus persistante et souvent plus intense et plus dangereuse que ne l'est celle du garçon. L'inhibition à laquelle la fille se heurte quand elle se tourne vers la réalité (à la puberté) la ramène à sa mère pour une période que caractérisent des demandes d'amour intensifiées et plus infantiles.

Freud avait déjà fait observer, à propos du déclin du complexe d'Œdipe, que la fille demeure dans la situation œdipienne de façon indéterminée ; elle ne l'abandonne que tard dans la vie.

La fille se débat avec les relations objectales durant cette période dont la tâche centrale est de parvenir à se séparer de sa mère. Si elle échoue, sa croissance psychologique sera inhibée et sa personnalité de femme portera la marque de ce conflit infantile non résolu. Elle vivra mal sa féminité et n'acceptera pas ou difficilement la maternité.

Le garçon et la fille ont deux tâches différentes à négocier pendant cette période. Le garçon préadolescent combat l'angoisse de castration que lui inspire la mère archaïque, réactivée par la présence féminine, et se détourne de l'autre sexe. La fille, de son côté, se défend contre l'attirance régressive vers la mère préœdipienne en se tournant rapidement et avec détermination vers l'hétérosexualité.

Durant cette courte période, la fille a un sentiment inhabituel de sûreté de soi et de plénitude. Les expériences émotionnelles

21. *Op. cit.*

qu'elle peut vivre dans ce contexte l'aident, comme le note H. Deutsch, à neutraliser les tendances infantiles de la prégénitalité. La délinquance juvénile, relève cet auteur, est souvent la conséquence d'une forte attirance vers la mère préœdipienne et de la crainte qu'inspire l'idée d'une reddition. Le comportement de certaines jeunes adolescentes adoptant le conformisme des « punks » comme cadre de référence à leurs conflits s'inscrit dans ce mouvement psychique. Les pulsions partielles sont utilisées à travers l'autoérotisme sadique-anal.

La « pseudo-hétérosexualité » de la préadolescente lui sert de défense contre l'attirance régressive vers la mère préœdipienne avec du même coup la crainte de compromettre le développement de sa féminité.

L'organisation des pulsions, à la puberté, est mise sous le primat de la génitalité consentie chez le garçon, refusée chez la fille. Mais le surcroît d'activité qui caractérise la fille est le signe d'un désir de maîtriser la mère nourricière (en refusant d'être livrée à elle passivement). Elle s'identifie, pour un temps, à la mère phallique et à son image active. Elle vit cette période dans un certain climat d'exaltation. La fixation à cette image risque d'entretenir une illusion et un handicap pour le développement de sa personnalité. Le passage à la réalité va détourner l'utilisation de ses pulsions de l'activité fantasmatique et de la sexualité infantile. Mais si elle cherche par l'*acting out*[22] à se maintenir dans une position régressive, son entrée dans l'adolescence sera perturbée, voire impossible.

22. L'*acting out* est une conduite réactionnelle.

Chapitre II

LE PROCESSUS PSYCHOLOGIQUE DE L'ADOLESCENCE

Les tâches psychiques de l'adolescence

L'adolescence est au développement psychologique ce que la puberté est au développement physique. Cependant, ces deux mouvements sont liés tout en étant distincts. On le constate lorsque des enfants ne parviennent pas à résoudre des conflits pubertaires, ils ne réussissent pas à entrer dans le travail de l'adolescence. L'adolescence, dont le mot en latin signifie « l'âge où l'on grandit », n'est pas, avant tout, une période temporelle, comme on le pense trop facilement, mais un travail de la vie psychique, un processus, qui met en œuvre les structures de la personnalité à partir desquelles le garçon comme la fille vont se réorganiser. Dans le contexte actuel, ce travail est plus long que par le passé. L'adolescence ne se confond pas avec la puberté, elle n'est donc pas réductible aux trois à cinq ans de transformations sexuelles de la puberté qui s'achève, en moyenne pour une grande majorité, entre seize et dix-huit ans et parfois plus pour d'autres.

L'adolescence commence au moment où la puberté se termine. A l'âge de dix-sept, dix-huit ans, un garçon, comme une fille, est loin de son achèvement de base. La maturité physique de l'utérus et du vagin se situe entre dix-sept et dix-neuf ans. Le développement du système pileux et musculaire chez le garçon s'achève entre vingt, vingt-trois et vingt-cinq ans. Pour les deux sexes, l'ossification du fémur est terminée vers vingt-deux ans, le cartilage de conjugaison disparaît entre vingt et vingt-cinq ans. Il en va de même, sur le plan psychologique notamment dans le fonctionnement des mécanismes de l'intelligence. Entre dix-sept et vingt ans, les facultés intellectuelles d'abstraction se structurent. A vingt ans, la mémoire atteint ses plus hautes performances, après elle décline et se maintient dans les limites de l'ouverture réalisée jusqu'à vingt ans ; à moins de l'entraîner. La sexualité devient épanouissante dans la mesure où les problèmes pubertaires et les conflits masturbatoires, d'identité et incestueux sont résolus. Le passage du narcissisme à la relation d'objet (relation oblative) s'acquiert tardivement à moins de rester fixé à des positions antérieures.

Toutes ces transformations sont importantes, mais ce qui est déterminant pour le destin psychologique de la personnalité de l'individu est de savoir comment il les vit et comment il les intègre à l'intérieur du travail des fonctions psychiques qui s'élargissent dès cette période.

L'adolescent va se trouver confronté à des tâches psychologiques selon les étapes qu'il vivra. Il est peut-être intéressant de repérer des âges typés par tâches à accomplir car elles n'apparaissent pas toutes en même temps. Il y a une grande différence entre la sexualité d'un adolescent de dix-sept ans et celle d'un postadolescent de vingt-quatre ans. Cependant, ces repères d'âges sont également relatifs, ils peuvent varier d'une personnalité à l'autre. La maturité n'est pas le résultat d'un âge donné ni des expériences, mais du développement et de l'harmonisation des diverses réalités des structures psychiques dans la personnalité. Un sujet peut être parvenu à une relative maturité à dix-neuf ans, alors qu'un autre de vingt-cinq ans n'en finit pas avec son adolescence. Avec cette nuance, nous pensons qu'il est possible de tenter un repérage par âge en rapport avec de nombreuses observations cliniques que nous avons pu faire. De nombreux jeunes sont précipités hâtivement dans l'adolescence alors que les caractéristiques physiques et psychiques n'en sont pas encore apparues. D'autres, pour de multiples raisons, ne parviennent pas à se dégager de leur adolescence et se maintiennent dans des conflits de base qu'ils ne réussissent pas à traiter. Le repérage par âge, tout en étant relatif, présente l'intérêt de situer les conduites précoces et les fixations conflictuelles.

Tout au long de l'adolescence et de la postadolescence, plusieurs tâches psychiques vont devoir être traitées. Les unes comme les autres vont contribuer au développement du processus d'individuation grâce auquel l'adolescent, puis le jeune adulte, va pouvoir acquérir son self, être lui-même et s'orienter dans des choix de vie à travers lesquels il pourra effectivement se réaliser. Mais pour parvenir à se déterminer l'adolescent devra passer par des seuils de maturation.

LES TRANSFORMATIONS DE L'IMAGE CORPORELLE ET LES MODIFICATIONS RELATIONNELLES AVEC LES IMAGES PARENTALES

Le désinvestissement des images parentales

Les images parentales sont des représentations que l'enfant, puis l'adolescent, a construites en lui. Ces images deviennent des objets mentaux (des personnes) qui sont présents dans la vie psychologique et la structurent. Elles sont construites, pour une part, avec ce que sont en réalité les parents et, pour une autre part, avec les transformations que l'enfant a fait subir à ses parents en fonction des expériences émotivo-affectives vécues vis-à-vis d'eux. Nous sommes devant une construction composite qui nous informe autant sur les parents que sur l'adolescent et ses conflits de structure.

Le garçon comme la fille s'orientent vers des relations et des centres d'intérêts extra-familiaux. Un processus de rupture s'amorce avec les premiers liens de la période infantile. L'adolescent est pris dans une sorte de contradiction : à la fois, il recherche des objets d'amour œdipien et, en même temps, il veut désinvestir ses objets d'amour incestueux. Le comportement de certaines filles de quatorze, seize ans est assez symptomatique lorsqu'elles tentent de séduire des hommes beaucoup plus âgés qu'elles avec une volonté et une assurance possessives. Beaucoup d'hommes tombent dans leur piège au point de régresser en adoptant des modes pour se rajeunir. Le film *L'Allumeuse* est typique de ce fait. Une jeune adolescente se veut amoureuse d'un homme de quarante ans qu'elle mène comme elle l'entend ; il porte des vêtements juvéniles, se décolore les cheveux et passe sur tous les caprices œdipiens de sa jeune amante. Dans ce cas, l'adulte n'offre pas une image symboliquement parentale, mais, transgressant la différence des générations, il accepte de se laisser emporter dans une mise en scène œdipienne qui cherche à devenir réalité, une relation à symbolique incestueuse qui ira de malheurs en souffrances et finira dans l'impasse relationnelle. La jeune actrice de quatorze ans s'est prise au jeu du rôle puisqu'en présentant ce film, lors d'un journal télévisé, elle répliqua au journaliste qui l'interrogeait pour savoir si elle ne trouvait pas choquant qu'une jeune fille de son âge puisse se comporter de la sorte : « Vous m'inquiétez si aujourd'hui vous êtes encore choqué par cela, mais c'est vrai on n'a pas le même âge », sous-entendu vous n'êtes plus dans le coup. Le journaliste resta coi et se tourna vers l'artiste qui tenait le rôle du quadragénaire séduit pour lui poser la même question et celui-ci fut net dans sa réponse : « C'est amusant à tourner, mais je ne tiens pas du tout à le vivre dans la réalité car que de problèmes à traîner. » Un film ne traduit jamais la réalité. Une œuvre imaginaire reconstruit le réel pour mettre en scène les intrigues les plus profondes de la vie psychique. Or sa partenaire vivait le film avec la psychologie de son âge en confondant les deux champs de l'imaginaire et de la réalité, du moins dans son langage.

Une période trouble commence avec l'adolescence. La libido objectale n'a plus d'objet puisque ceux de l'enfance vont devoir être désinvestis. Elle se reporte donc en grande partie sur l'adolescent lui-même qui se vit d'une façon narcissique comme objet d'intérêt et comme fin de toutes choses. Un sentiment de puissance se développe provoqué plus par un surinvestissement de soi que par de nouvelles compétences.

La libido reste flottante, c'est l'époque de l'amoureux chez la fille, de l'ami idéalisé chez le garçon, mais sur le modèle narcissique plutôt qu'objectal, comme nous le verrons plus loin.

Le désinvestissement, le rejet des objets internes parentaux, devient plus actif. Le jeune adolescent veut qu'on lui laisse faire ce qu'il veut et entre parfois en conflit avec ses parents lorsque ceux-ci veulent jouer leur rôle en exerçant un contrôle éducatif sur les sorties, les relations et le travail scolaire. Il (ou elle) se fera revendicatif plus ou moins brutalement et parfois même grossièrement utilisant un langage scatologique, soumis qu'il est aux pulsions anales (donc violent et agressif) non intégrées à sa personnalité. Nous retrouvons ici le modèle de « Coluche » qui fut tant adulé par les jeunes de cet âge.

Les objets internes (objets composites élaborés avec ce qu'ils sont en réalité et ce qu'ils sont en imagination. La mère réelle et la mère imaginée donnent une image composite qui devient un objet interne) jouent un rôle intermédiaire entre l'objet externe (les parents) et l'instance de l'appareil psychique en cause (le surmoi). Ce rôle intermédiaire de l'objet interne est ambigu car nous devons entendre ce rejet parental par rapport à des représentations des objets internes et non pas des parents en réalité. Cependant, ce travail de rupture ne se fait pas toujours sans éclats sur la réalité, même s'il se passe pour l'essentiel dans la vie psychique. Dans la majorité des cas, il est invisible et sans conséquences dans la réalité. Il ne se traduira pas en tant que tel, mais se manifestera à travers certaines angoisses, inhibitions ou troubles psychosomatiques dont la médecine dite de l'adolescence ne cesse de voir augmenter le nombre de jeunes patients [1]. Il est classique de vivre durant l'adolescence des variations de l'humeur et des séquences dépressives. Lorsque le milieu est porteur, ces expériences psychiques peuvent être signifiées et contrôlées par le sujet. Mais, aujourd'hui, ces états de conscience qui sont le signe d'un travail de la vie psychique laissent souvent les adolescents désemparés car ils ne savent pas comment les intégrer pour élaborer leur personnalité. L'ambiance socio-culturelle ne les aide pas à identifier ce qu'ils vivent et, dans certains cas, à accéder au sens symbolique de leur vie pulsionnelle.

Quoi qu'il en soit le risque encouru par l'adolescent est lié à l'ambiguïté du rôle de l'objet interne. Le travail de cette période consiste bien à commencer à se détacher d'une certaine position œdipienne des parents aussi bien dans sa relation incestueuse hétérosexuelle que dans sa relation incestueuse homosexuelle, avec le risque de rejeter en même temps l'appareil psychique, le surmoi, l'idéal du moi étant condamnés à ne plus fonctionner.

Il se produit, par conséquent, un mouvement concordant entre le changement d'objet et la modification structurale de l'appareil psychique. Il s'opère de la façon suivante : le désinvestissement des parents entraîne une modification du surmoi et l'établissement de nouvelles valeurs morales. L'idéal du moi déloge le surmoi et absorbe la libido narcissique et homosexuelle. Or ce travail n'est pas facilité par l'environnement socio-culturel qui induit fortement des conduites narcissiques. Si l'on se prend soi-même comme seul objet d'intérêt, si l'on se vit comme la seule référence en toutes choses, la personnalité se maintiendra dans l'économie narcissique sans accéder au travail d'intériorisation de l'idéal du moi. L'idéal du moi est, dans cette phase, l'héritier du narcissisme et sert d'instance d'évaluation des conduites et des projets. Si l'adolescent est déjà arrivé avant même d'être parti, si l'adolescence devient un état dans lequel il est souhaitable de se maintenir, cette structure ne pourra pas se mettre en place. Son rôle est pourtant déterminant dans les processus de maturation.

1. Voir l'enquête bien documentée Phosphore-Le Point, « Alerte à la santé des jeunes », in *Phosphore,* n° 80, septembre 1987.

Les relations difficiles entre le surmoi et l'idéal du moi

Le surmoi qui est le résultat de l'intériorisation de la prohibition de l'inceste perd de son efficacité comme instance de contrôle pour assurer le lien entre les pulsions et le monde extérieur. En désinvestissant ses images parentales, les conséquences sont les mêmes pour tout ce qui est de l'ordre du surmoi et de la plupart des équivalents moraux. Cependant, les valeurs, les modèles et les lois morales ont été intégrés de façon autonome au moi, pendant l'enfance, par rapport aux parents et au surmoi. Un certain contrôle de soi demeure. Le passage à l'acte de conduites régressives peut être contenu grâce aux fantasmes, à l'autoérotisme ou à des positions narcissiques.

Le désinvestissement objectal provoque une distance entre le moi et le surmoi. L'adolescent a une réelle impression de tension intérieure (sans parvenir à la qualifier) et de vide subjectif. Il se sent appauvri affectivement et se met en quête de tendresse, de câlins comme certains aiment à le dire.

L'ami continue à être recherché sur le modèle narcissique, il est surtout idéalisé ; il y a chez lui des traits que l'adolescent aime et admire parce qu'il y voit une qualité qu'il aimerait lui-même posséder. Ce choix s'inscrit dans le modèle proposé par Freud : « Celui qui possède les qualités sans lesquelles le moi ne peut atteindre son idéal, c'est celui-là qui sera l'aimé[2]. » Freud a montré que grâce à ce stade, aussi bien chez le garçon que chez la fille, la formation de l'idéal du moi se réalise en même temps que l'intériorisation d'une relation objectale. L'adolescent utilise, dans ce cas, le mécanisme de l'identification primaire sur le mode de l'incorporation orale. L'autre est assimilé en soi. Les poèmes amoureux qu'il écrit à cette époque laissent transparaître la « faim » de la présence de l'autre.

L'idéal du moi formé avec l'idéalisation parentale et le narcissisme, dans ce contexte, prend une place plus importante que le surmoi. Il récupère la libido narcissique et homosexuelle pour assurer son maintien et se développer. Freud a observé que, quand il n'y a pas eu formation d'un tel idéal, la tendance sexuelle se pervertit. Une fois l'idéal du moi affermi, la libido va s'organiser pour vivre des relations objectales et stables.

2. S. Freud, *op. cit.*

Chez le garçon

La relation avec l'ami peut éveiller le désir de vivre une satisfaction sexuelle (latente ou manifeste) à travers le voyeurisme, l'exhibitionnisme ou la masturbation réciproque. Ce qui est encore une autre façon de neutraliser une angoisse de castration. Cette période est marquée par un certain érotisme qui se ventile le plus souvent à travers le sport, des jeux de combat, des jeux sadiques ou la recherche d'émotions fortes avec la moto, la voile, l'automobile, par exemple.

Les relations d'ami idéalisé à l'adolescence cessent au bout d'un certain temps, à partir du moment où l'idéal du moi a pu se fortifier et se situer avec plus d'assurance vis-à-vis des autres.

La formation de l'idéal du moi chez le garçon répète un processus déjà utilisé au déclin de la période œdipienne de l'enfance pour consolider le surmoi par l'identification au père. Une fois de plus, il sert d'instance de contrôle et de maintien de l'estime de soi, le narcissisme trouve ici une nouvelle fonction d'équilibre.

La mégalomanie du jeune enfant a été réduite par la puissance des parents et leur position privilégiée ; ses restes ont été intégrés par le surmoi qui participe de la « magnificence » des parents. L'enfant vit avec un sentiment de perfection en tant qu'il est une partie des parents. Dans cette période de l'adolescence, la mégalomanie de l'enfance devient un attribut de l'idéal du moi.

> Ce qu'il projette devant lui, écrit Freud[3], comme son idéal est le substitut du narcissisme perdu de son enfance, dans lequel il était son propre idéal.

Chez la fille

La fille ne suit pas un développement symétrique à celui du garçon. Il est vrai que l'amitié, les relations affectives jouent un rôle important. Si l'ami(e) vient à manquer, les sentiments de solitude mal assumés vont de la nostalgie mélancolique jusqu'au sentiment d'être abandonnée et la fille peut s'installer dans un état dépressif avec une perte d'intérêt pour la vie.

La fille, à ce stade, vit des attachements affectifs très intenses

3. *Idem, ibidem.*

et exclusifs. L'élu(e) est fortement idéalisé et érotisé. Le « béguin » est une forme d'idéalisation typique. Il peut aussi bien viser un homme qu'une femme, mais lorsqu'il se porte sur un sujet féminin, il se présente sous sa forme pure.

L'objet de la relation est d'être aimé et non pas d'aimer l'autre. L'amour passif domine, le but est de gagner l'attention ou l'affection ou d'être comblée de toutes sortes d'avances érotisées ou sexualisées. Ce développement se poursuit tout au long de l'adolescence. Cette relation, avec sa qualité passive et masochiste, marque un stade intermédiaire entre la position phallique de la préadolescence qui est provocante en s'imposant et le passage à la féminité positive. Il s'agit, en fait, de ce stade bisexuel intermédiaire que H. Deutsch a décrit dans sa forme typique :

> La présence d'une tendance fortement bisexuelle peu avant les conflits de l'adolescence [...] est moins réprimée chez les filles que chez les garçons. Dans cette période de leur vie, les filles affichent volontiers leur masculinité, tandis que le garçon a honte de sa féminité et la nie.

A l'inverse du garçon, la fille se pose davantage la question de son identité sexuelle : « Suis-je un garçon ou une fille ? » Le plus souvent, elle pense de façon magique qu'elle pourra elle-même en décider. L'ambiguïté bisexuelle entraîne une confusion dans la perception de la réalité et du moi. La représentation bisexuelle de soi s'exprime dans de multiples activités. Le pénis illusoire est maintenu comme réalité psychique afin de protéger la fille de l'épuisement narcissique. Être à égalité avec les garçons est encore une question de vie ou de mort. Cette attitude demeure jusqu'au moment où la libido narcissique investit son corps et se détache de l'image du corps bisexuel en cherchant la plénitude non en elle-même, mais dans la relation hétérosexuelle. La découverte de l'autre sexe pour lui-même se réalise bien plus tard et annonce la relativisation de la bisexualité corporelle. Il y a un risque, semble-t-il, à vivre des rapports sexuels prématurés sous la forme d'*acting out.* Une activité sexuelle précoce qui serait défensive fixerait sur des positions régressives, d'autant qu'à cette époque l'orientation sexuelle est pseudo-hétérosexuelle.

LA RÉORGANISATION DU MOI

La découverte de l'hétérosexualité et de la réalité

La découverte de l'objet hétérosexuel se réalise dans la mesure où les positions narcissiques et bisexuelles se relâchent. Une angoisse conflictuelle liée à la pulsion sexuelle pèse de plus en plus sur le moi. Les mécanismes de défense et d'adaptation s'ajoutent à la complexité des processus mentaux. L'adolescent vit un état de tension qu'il ne parvient pas à identifier ni à maîtriser. La vie affective, la vie émotionnelle sont plus intenses et plus profondes. L'adolescent va rompre avec tous les objets d'amour infantiles avec plus ou moins de facilité. La situation œdipienne est réactualisée. L'amour œdipien est désiré, mais aussi rejeté. Ce désengagement le perturbe profondément dans sa vie intime ; la peur comme de nouveaux espoirs se manifestent. L'adolescent vit une « tragédie » plus ou moins marquée selon la personnalité de chacun. Les conflits internes ont atteint un point d'engagement irrévocable. Le milieu socio-culturel dans lequel se développe cette période doit être sécurisant, c'est-à-dire conserver des points de repères stables et cohérents, présenter des intérêts culturels riches et des valeurs identificatoires afin que l'adolescent puisse rencontrer de quoi mettre à profit son appareil psychique ; sinon il aura tendance à rester dans une position narcissique et à ne pas investir la relation avec le monde extérieur.

Nous ne sommes pas dans une période de création et de transmission culturelle. Nous confondons culture et animation sociale. Une réalité est culturelle lorsqu'elle est capable de transcender l'histoire et d'exprimer une dimension universelle dans laquelle les diverses générations retrouvent l'élaboration de leur humanité. C'est dire que tout n'est pas culturel et ne contribue pas au perfectionnement des structures psychiques. L'intelligence des enfants manque de nourriture textuelle pour se développer. Il est plus formateur de travailler *Les Misérables* dans le texte que de se limiter à en voir la représentation dans un palais des sports ou à la télévision. L'image comme le son doivent être soumis au primat du langage du texte pour favoriser la construction d'une intelligence rationnelle, sinon c'est l'intelligence psycho-sensorielle qui maintiendra ses modes de connaissances infantiles.

Conduites précoces et réactionnelles

Beaucoup d'adolescents se précipitent dans l'activité hétérosexuelle, mais l'expérience ne confère pas les conditions préalables à l'amour hétérosexuel. Un télescopage s'est produit, il y a quelques années, entre la fin du régime affectif infantile parental et l'élection amoureuse. Le couple précoce apparaissait comme la solution aux problèmes affectifs de l'adolescent. L'un devant succéder presque immédiatement à l'autre sans que la vie affective puisse se socialiser et se développer dans toutes ses dimensions. La mise en couple juvénile restreint le développement affectif et la succession, pour certains, des partenaires avec lesquels les relations se nouent et se dénouent provoque une lassitude et une déception qui entraînent le besoin autour de vingt-trois, vingt-cinq ans de se retrouver seul. La montée des solitudes et des célibataires est un fait nouveau dans lequel de nombreux postadolescents sont heureux enfin de se récupérer, loin des intrigues impossibles d'une relation amoureuse dont ils ne maîtrisent pas tous les déterminants. Durant ce laps de temps qui suit des expériences de couple, on cherchera à travers de multiples activités à socialiser son affectivité. Puis vers trente-cinq, quarante ans, des hommes et des femmes réaliseront progressivement que la postadolescence se termine et qu'il faut penser à un avenir affectivement plus stable. Le problème du mariage et de la naissance d'un enfant se posera avec une certaine acuité pour certains. Une situation qui pose bien des problèmes. Les enfants de demain risquent d'être non seulement des enfants du narcissisme, mais également d'avoir des parents âgés. Les grossesses tardives ne sont pas non plus des solutions idéales pour la santé féminine, surtout lorsque l'on sait que pour une femme le meilleur moment pour avoir des enfants se situe entre vingt-trois et trente-cinq ans. Appeler à la vie son premier enfant à quarante ans, parce que l'on vient de découvrir subitement que transmettre la vie n'est pas uniquement réservé « à papa et à maman », coûtera cher socialement. Les sociétés oublient malheureusement que négliger les moyens éducatifs et ne pas être attentifs aux facteurs qui favorisent l'immaturité sont d'un coût humain et social considérable. La valorisation de l'enfant dans nos sociétés pédocentriques n'est pas un signe de santé. Ils sont les instruments de la valorisation personnelle d'hommes et de femmes qui n'accèdent pas à la maturité de la parenté comme cela est le cas à la fin de l'adolescence, mais qui éprouvent le besoin de se retrouver dans un autre eux-mêmes pour accomplir d'une façon illusoire ce qui manque à leur narcissisme. L'enfant n'est pas voulu pour lui-même, mais comme le moyen de se rassurer sur soi-même. Cette perversion du désir d'enfant s'accompagne d'une difficulté à se situer comme parents, non pas en adultes, mais comme amis, voire en copains. Relations de miroir construisant des personnalités fragiles. « J'ai envie de me refaire en faisant un enfant. » Ainsi s'exprimait récemment une jeune femme de trente-cinq ans après de multiples échecs affectifs.

Nous avons déjà dit que ce n'est pas la relation conjugale ni le mariage qui sont en question, mais la façon d'investir affectivement la relation de couple.

Selon nos observations, nous avons constaté que ce n'était pas d'abord parce que la relation amoureuse ou le mariage étaient précoces que les couples se dissociaient, mais parce que la plupart de ces relations de couple réunissaient des personnalités immatures. Leurs relations exprimaient plus l'état d'un moment qu'une solution d'avenir pour leur destin affectif. Nous avons surtout cherché à examiner le mécanisme de choix des partenaires pour découvrir à l'issue de cette étude que ceux-ci n'étaient pas parvenus à la maturité affective de l'amour hétérosexuel ; du moins pour une population située entre l'âge de vingt et trente-cinq ans. La cohabitation juvénile ou prénuptiale, justifiée d'abord comme une sorte de mariage à l'essai, puis comme le refus de l'institution matrimoniale, apparaît dans bien des cas aujourd'hui comme l'expression de la difficulté à mettre en œuvre au sein d'une relation des demandes affectives de plus en plus affinées et de plus en plus complexes. La relation de couple sollicite davantage les personnalités et exige, sans doute, une vie subjective individuelle plus riche, plus profonde et des critères de choix mieux adaptés.

L'expérience de la relation de couple juvénile n'est pas en soi facteur de maturité, surtout lorsque les partenaires ne sont pas encore parvenus à la maturité psychique de l'amour hétérosexuel. Nous avons souvent observé que le choix est tellement réactionnel et réalisé rapidement que les conflits internes sont plus refoulés que résolus, quand ils ne sont pas projetés dans la relation qui sert d'exutoire. La relation engagée sur la base de problèmes masqués deviendra, par la suite, une relation à l'image de ses dénégations.

La relation juvénile de couple est souvent recherchée dans l'espoir de résoudre les tensions et les difficultés psychologiques par rapport au conflit œdipien, au conflit de la bisexualité, au conflit de l'identité du désir, à l'inquiétude de la masturbation ou à celle du désengagement vis-à-vis des parents. Le couple juvénile se présente comme la solution pour acquérir de l'indépendance et mettre à distance ses interrogations ; une solution qui fut fortement idéalisée et illusoire dans les années du « tout couple ». Plusieurs périodes ont marqué cette valorisation du couple. La génération des « yéyés », dans les années 60, commençait à mettre en doute l'institution du mariage dans la ligne des théories du couple Jean-Paul Sartre/Simone de Beauvoir. Puis le mariage à l'essai fut présenté comme la justification de « vivre ensemble » sans plus. Le boum de la cohabitation juvénile marqua les années 70. Les adolescents de la fin des années 80 restent chez leurs parents tout en développant, chez un grand nombre, la relation des « bébés couples » puisque c'est ainsi que l'on s'appelle : bébé. La relation est vécue sur le mode copain/copine sans que soit réellement transformée l'affectivité infantile. Il n'y a pas de modification de structure, mais le simple passage d'une affectivité parentale, du lien à la peluche à l'élu extra-familial dans un climat de tendresse qui n'est pas encore l'amour. La tendresse correspond au besoin d'être protégé. La libido infantile se trouve bloquée dans cette relation de « grands bébés ».

Le déplacement des investissements

Du point de vue psychanalytique, l'important c'est bien plus les déplacements d'investissements concernant les objets internes et le sujet lui-même que simplement des phénomènes de comportement (le fait, par exemple, d'exercer un métier ou d'avoir des rapports sexuels) qui sont pris comme les indices significatifs des changements ou des progrès psychologiques. Le jeune qui mène une vie affective et sexuelle, qui exerce un travail, n'accède pas pour autant à la maturité. L'expérience n'est pas, en soi, facteur de maturité. Tout dépend de ce que la personne en fait. De la même façon, la relation de couple n'est pas facteur de maturation psychologique. La maturité psychologique doit être achevée pour que la relation soit possible. Ce ne sont pas les expériences sexuelles qui facilitent l'achèvement et l'équilibre psychologiques d'un sujet, mais l'inverse.

La maturité psychologique est le résultat de la résolution des conflits de base de la personnalité, de la mise en place des institutions psychiques et de l'abandon des positions infantiles. C'est une des tâches de l'économie libidinale nouvelle qui se présente à l'adolescence accompagnée du travail de deuil de l'enfance. Dans ce long processus, il s'agit d'une intégration psychologique des états premiers dans les nouvelles structures qui se mettent en place. Que l'adolescent puisse passer du plaisir préliminaire autoérotique de l'enfance au plaisir terminal génital est une donnée fondamentale qui conditionnera sa relation à lui-même et aux autres et qui n'implique pas pour se faire des réalisations dans le réel. Sinon on risque de neutraliser le travail de mise en place du processus. Ce passage d'un état relationnel à un autre est important. La dépendance à la toxicomanie utilise le registre du plaisir autoérotique pour s'exprimer et traduit à la fois une fixation et le recours à l'utilisation d'un mode de satisfaction primaire qui ne s'est pas élaboré et qui, bien souvent, au seuil de l'adolescence, après avoir été masqué, apparaît d'une façon brutale et agressive.

Le deuil de l'enfance

Si certains adolescents ont le désir de grandir très vite, d'autres ont du mal à quitter l'enfance. Ils le reconnaissent et ils conviennent avec un peu de mélancolie de leur refus de quitter un monde tendre et protégé.

Le deuil nécessaire, mais aussi difficile, de l'enfance à l'adolescence est une expérience structurante. Le meurtre de l'enfant est une dominante qui provoque des états de conscience nostalgiques et de grande tristesse. L'adolescent est parfois triste sans très bien savoir pourquoi. Un sentiment en lien, comme nous l'avons déjà évoqué, avec celui de sa solitude profonde, mais également avec ce statut d'enfant et ses modes de gratification auxquels il devra renoncer.

Nous pourrions mettre en équivalence avec ce meurtre de l'enfance celui du père également symboliquement nécessaire pour que la personnalité devienne autonome, c'est-à-dire dégagée du conflit œdipien, assurée d'elle-même grâce à l'affermissement de l'idéal du moi régulateur de l'estime de soi. Le meurtre de l'enfance est également une exigence symbolique pour fortifier le moi dans sa capacité à exister par lui-même.

Ce deuil de l'enfance est une entreprise, un travail, éprouvant et délicat. Ce travail n'est pas toujours facilité par la relation éducative, en particulier lorsque les rôles des parents et des éducateurs sont flous. Ils ne se situent pas comme des adultes face à des jeunes, mais également comme des jeunes. Ce sont les pères qui tentent, ici, de s'identifier à leurs enfants. Le « jeune » est pris comme modèle. Il ne s'agit plus de quitter l'enfance ou l'adolescence, mais de s'y maintenir. A l'intérieur de ce cadre, l'adolescent ne peut pas vivre des relations conflictualisées ; car l'expansion narcissique qui éloigne l'enfant du réel doit être limitée par le conflit psychologique qui s'appuie sur la situation œdipienne. En évitant Œdipe survient Narcisse et la difficulté d'affronter la réalité. L'adolescent ne rencontre personne si ce n'est lui-même. Alors pour rencontrer quelqu'un et se heurter à des limites s'instaure, chez quelques-uns, le jeu de la passivité ou de la violence.

La plupart du temps, les expériences faites à l'adolescence, et surtout vécues dans une dynamique réactionnelle, n'ont pas le pouvoir de modifier le système économique de la libido. Si la personnalité est encore engagée dans un conflit œdipien, le choix du partenaire se fera dans la perspective d'un attachement œdipien avec toutes les variantes possibles : de la relation passive et dépendante à la relation agressive. La fixation œdipienne empêche le travail du deuil de l'enfance. Ce n'est donc pas l'expérience qui fait passer la relation infantile à la relation d'objet ; elle n'a pas le pouvoir de modifier la relation aux objets internes. L'expérience affective est souvent décevante chez les adolescents lorsqu'elle est vécue comme *acting out.* La dépendance aux objets infantiles étant vivante, l'affectivité se déploie sur un fond d'angoisse avec la peur de perdre l'objet aimé et la crainte de transgresser un ordre relationnel duquel il n'est pas encore libéré.

RESUITE

Les conditions du remaniement psychique

Quelles sont les conditions préalables aux changements intérieurs qui permettent le passage à l'hétérosexualité ?

La différence des sexes

La découverte de la différence des sexes et l'attrait de l'autre sexe alternent durant cette phase de l'adolescence avec une attitude narcissique.

L'investissement que l'adolescent retire des représentations parentales est maintenant essentiellement reporté sur lui. Le moi utilise l'énergie libidinale de façon narcissique.

Le garçon est préoccupé de lui-même et l'idéal du moi récupère une grande partie de son énergie. Il retrouve ici, une fois de plus, ce mécanisme pour tenter de résoudre le conflit œdipien.

La fille continue de s'attarder dans une position bisexuelle avec une composante phallique (moi toute-puissante, un reste de l'effrontée précédente). Il lui faudra abandonner cette position au profit de l'objet hétérosexuel.

Les comportements autoérotiques ou masturbatoires cessent au fur et à mesure que se modifie l'économie libidinale. La satisfaction va être recherchée dans l'objet plutôt qu'en soi-même.

Le garçon va devenir très dépendant de l'objet hétérosexuel. Malgré l'acheminement vers l'hétérosexualité et des expériences sexuelles satisfaisantes, le garçon peut conserver son mode de satisfaction sexuelle infantile à travers la masturbation.

L'étape narcissique

— *La surestimation de soi*

L'adolescent se vit à travers un narcissisme bien connu qui entraîne une surestimation de soi, une perception de soi intense, une extrême susceptibilité, la concentration sur soi et, plus généralement, l'égocentrisme et l'outrecuidance. Si, dans une première étape de l'adolescence, c'est *le choix narcissique* qui domine, dans cette autre étape, ce sont *les défenses narcissiques* qui sont prioritaires. Ces défenses sont suscitées par la difficulté à renoncer « au parent gratifiant » dont l'enfant a fini par dépendre. En se refusant à devenir autonome, il peut chercher à maintenir cette relation.

Très marqué par son système de défense narcissique, l'adolescent se déprime facilement. Il se heurte à ses désillusions et à ses limites dans la réalité. La puissance du parent était valorisée magiquement sans rapport avec le réel. Les exigences de la réalité et les processus psychiques le conduisent au désengagement des objets familiers. L'adolescent n'est plus gratifié et il alterne entre des sentiments bons ou mauvais à son égard ; ces sentiments seront aussi projetés sur certaines réalités sociales non gratifiantes.

— La recherche du parent du même sexe

La solitude provoquée par le désinvestissement des objets parentaux incite à un besoin de présence et à une quête de relation vis-à-vis des autres sur un mode oral. Il faudrait, sans doute, parler dans cette séquence de la « faim » de l'autre qui va être vécue comme une nourriture. Les relations vont être recherchées et engagées sur le mode de l'identification primaire comme cela fut déjà le cas dans la petite enfance. L'enfant introduit en lui, immédiatement, les personnes qui composent son entourage et en tout premier lieu sa mère et son père.

L'adolescent retrouve donc un mode relationnel déjà vécu au début de sa vie. Le but de la pulsion sexuelle, au stade oral, est l'incorporation de l'autre. L'objet est assimilé et aimer l'autre c'est le dévorer. A cette période, l'objet d'amour est « cannibalisé ». L'enfant se construit en prenant des éléments de l'autre qu'il introduit en lui. Il ne s'agit pas d'une imitation en répétant des attitudes comme savent le faire consciemment les enfants, mais d'une identification où l'enfant emprunte inconsciemment des éléments de la personnalité des parents qui sont en relation avec lui. Ainsi, ce qui était latent chez des adultes va devenir manifeste chez l'enfant. On transmet, par l'intermédiaire de ce processus inconscient, un système à partir duquel l'enfant s'organise : il faut une génération pour transmettre une névrose et deux générations pour une psychose. L'enfant va donc se construire en introduisant en lui des morceaux psychiques des premières personnes aimées.

Le régime primaire de l'identification est une élaboration psychique dont la finalité est, répétons-le, l'incorporation. Mais ce choix premier qui se porte sur les parents est aussi l'objet perdu de la petite enfance qui tout en ayant été dévoré et assimilé reste présent dans l'inconscient. La vie pulsionnelle va comme chercher à retrouver ce premier objet par la production de nombreux substituts. Il est bien évident que cette volonté de retrouvailles est un leurre. Le mélancolique, à l'inverse d'une personne qui éprouve un deuil, ne sait pas ce qu'il a perdu dans sa tristesse permanente.

L'enfant, grâce à cette présence en lui, est assuré de son sentiment de continuité avec lui-même jusqu'au moment où il sera capable d'en assumer la fonction. Des enfants qui sont précipités trop tôt dans la vie sociale de l'école maternelle n'ont pas toujours le temps de vivre une relation d'étayage complète. Ils prennent sur eux-mêmes pour tenir dans la réalité au détriment du développement de leurs ressources intérieures et cette précocité se paie à l'adolescence. L'adolescent est très souvent aujourd'hui un prématuré affectif qui a été livré à lui-même très tôt sans points de repère. Depuis vingt ans, nous avons psychologiquement préparé les bases de la toxicomanie qui est une maladie de la dépendance. Toute une génération d'enfants a été mutilée dans son imaginaire à trop vouloir les laisser se débrouiller seuls comme des adultes en réduction. Un grand nombre d'entre eux n'ont pas connu des relations sécurisantes. Ils ont dû précocement s'appuyer sur eux-mêmes, et cette pseudo-autonomie a volé en éclats sous le choc des transformations psychologiques de l'adolescence au point de chercher un lien, une dépendance à partir de laquelle ils puissent se construire intérieurement : le produit et la conduite toxicomaniaques jouant désespérément ce rôle mortifère. Le long et patient travail que nous réalisons avec des toxicomanes en psychothérapie consiste à les aider à prendre possession de leur intériorité.

Nous l'avons dit précédemment un modèle éducatif est en train de s'effondrer : celui de l'adulte présent passivement et qui ne doit rien dire. Une mode a voulu faire des éducateurs de simples écoutants qui ne proposent rien, qui exigent peu par crainte d'influencer l'enfant. Beaucoup d'adultes sont apparus comme des espaces du vide à partir desquels les adolescents ne pouvaient pas s'identifier et encore moins se construire. Les adolescents se prenaient dès lors comme pôle d'identification en se maintenant longtemps dans cette étape de l'existence et en déniant la maturité au bénéfice d'une juvénilité sans fin.

Nous rejoignons la pensée de D. W. Winnicott lorsqu'il écrit :

> On pourrait donner le conseil suivant à la société : pour le salut des adolescents, pour le salut de leur immaturité, ne favorisez pas leur accession à une fausse maturité en leur transmettant une responsabilité qui ne leur incombe pas encore, même s'ils luttent pour l'obtenir... Et tant qu'il y a croissance, la responsabilité doit être prise par des figures parentales [4].

A l'adolescence, ce sont surtout des identifications extra-familiales qui vont être recherchées. En effet, des identifications

4. D. W. Winnicott, *Jeu et réalité,* Paris, Gallimard.

et des attachements superficiels sont une prise pour la libido dans le monde extérieur. Des personnages sociaux vont venir nourrir ce processus interne : un aîné, un enseignant, un sportif, un chanteur, un éducateur, etc. Les personnages médiatiques jouent un rôle important aujourd'hui, beaucoup trop. Les identifications morcelées sur des chanteurs utilisent la prédominance des mouvements affectifs qui prennent le pas sur le sens des choses. Les maîtres à penser se sont effacés au bénéfice des maîtres à éprouver que sont les stars du show-biz. Les tendances contemporaines pour faire la preuve de la vérité d'une réalité ne se fondent pas sur l'exactitude d'une enquête et d'une information, sur la cohérence d'une analyse et d'un raisonnement, mais sur l'intensité émotionnelle éprouvée par rapport à l'objet étudié. Les pédagogies et les démarches séductrices sont à la mode. La séduction alimente des complicités et s'embarrasse peu du sens des choses ; elle s'écarte d'autant plus de l'intelligence qu'elle cherche à plaire, pour mieux s'accaparer les faveurs de l'autre. Dans un monde où les êtres ont le sentiment de n'appartenir à personne, la séduction est le piège d'une pseudo-reconnaissance. L'identification à des personnages du show-biz ne permet pas à l'adolescent d'opérer un véritable travail d'autonomie comme avec des personnes présentes dans son environnement et dont il peut relativiser une idéalisation magique pour forger son propre idéal. L'identification médiatique ne favorise pas ce processus, mais, à l'inverse, elle renforce une idéalisation telle que l'adolescent se vit en satellite autour de son idole sans se personnaliser. L'identification au héros, à l'idole, joue un rôle important lors de l'adolescence ; il représente le support d'une projection narcissique. Une fois son travail psychique accompli, il doit laisser la place à un moi consolidé et non pas à un phallus acquis magiquement qui empêche la personnalité de devenir elle-même. Sinon la fixation à l'idole risque de devenir un piège dans lequel on s'enferme en devenant la pâle psycho-copie de la vedette vénérée en maintenant un système d'identifications juvéniles sans être capable de clore l'adolescence.

L'adolescence est la période où se forment les conditions psychologiques du choix d'objet. Ce choix d'objet s'accomplit par des représentations fantasmatiques qui n'aboutissent pas nécessairement dans le monde extérieur. Il s'agit avant tout d'une élaboration psychique et d'une mise en place de la vie pulsionnelle. Il est important que la vie culturelle et sociale de l'adolescent viennent nourrir et construire sa subjectivité et non pas exprimer ses pulsions à l'état brut. La vie subjective se développe selon le traitement qui est donné aux pulsions. Sinon il est à craindre que les fantasmes ne soient retenus comme unique réalité à réaliser sans être métabolisés dans la vie psychique, et ce à travers les « passages à l'acte » (une conduite réactionnelle et non adaptée) si actuels dans bien des conduites juvéniles.

Le travail de la puberté est de commencer à organiser la coordination des pulsions partielles sous le primat du génital. La puberté est déterminée par les choix qui ont été adoptés dans les stades précédents et qui ont présidé à la mise en place des structures psychiques. L'identification oriente, réalise, leur construction par l'exploitation du mouvement pulsionnel. Le mécanisme identificatoire porte sur l'utilisation signifiante des pulsions. Il est un processus de conservation des objets, formateur du moi et au service du refoulement, voire de l'idéal du moi. On comprend que le remaniement de l'adolescence entraîne du même coup une crise de l'appareil psychique. Les conduites premières, les investissements primaires vont, certes, se répéter le plus souvent par la recherche de substituts et donner des objets imaginaires à la pulsion sexuelle en pleine organisation afin que le moi puisse intégrer les pressions nouvelles du ça. Mais l'élaboration de l'appareil psychique à la suite d'un moi insuffisamment consolidé peut encore s'affaiblir par une transgression à l'intérieur de la topique : le ça prend la place du moi et l'adolescent fonctionne sur le mode du passage à l'acte. L'adolescent passe d'une représentation, d'une tendance, à l'acte proprement dit[5]. L'expérience affective de cette période renvoie une fois de plus à la préhistoire du choix d'objet. La façon dont le sujet va vivre sa quête d'objet, ses choix, sera révélatrice des premiers amours perdus.

L'identification primaire aux parents qui redevient active à l'adolescence est une relation d'être et non pas d'avoir. Elle situe les parents dans une perspective d'idéal. L'enfant a besoin d'eux pour grandir. Quelle que soit la qualité de ces derniers, il les adopte pour exister. Par la suite, l'enfant voudra se vivre comme l'idéal de ses parents, mais le devenir c'est aussi être pour le garçon ce que le père idéal est pour la mère, et pour la fille ce que

5. LAPLANCHE et PONTALIS, *Vocabulaire de la psychanalyse,* Paris, PUF, voir art. « Acting out ». Le passage à l'acte au sens psychanalytique est une conduite dans laquelle émerge le refoulé. Le sujet adopte cette attitude pour évacuer une angoisse au lieu de la traiter psychiquement. L'interruption prématurée de la scolarité d'un adolescent peut être, parfois, considérée comme un passage à l'acte ; de la même façon, certaines relations de couple juvénile sont du même ordre et elles ne facilitent pas les processus de maturation.

la mère idéale est pour le père. La relation primordiale aux parents n'a rien à voir ici avec un attachement sexuel comme à l'époque œdipienne[6].

Les relations sont souvent difficiles entre parents et enfants à l'adolescence. On se range habituellement à la thèse classique des enfants qui rejettent leurs parents. Chacun en prend son parti en attendant que la crise soit passée. Ce schéma n'est pas du tout évident lorsque l'on sait que pour devenir un homme un garçon a besoin de son père et que pour devenir une femme une fille a besoin de sa mère. Le destin de leur masculinité et de leur féminité dépend de cette relation. *C'est pourquoi le véritable objet de la faim d'objet de l'adolescent qui n'est pas reconnu en tant que tel est le parent du même sexe*[7]. Ce constat peut paraître paradoxal. Il est à la mesure des ambivalences de l'adolescence. Il est possible de dire que plus le rejet du parent du même sexe est fort et plus l'adolescent a besoin de lui. L'attitude hostile que la plupart des jeunes développent parfois contre leurs parents à un moment de leur développement n'est pas systématiquement le signe d'une opposition qui doit déboucher sur une rupture. Cette charge agressive cache souvent un appel au parent du même sexe pour qu'il s'intéresse à lui. Le fils en appel à son père et la fille à sa mère. La plupart du temps on interprète cette situation dans son sens contraire. Les parents ne savent plus que faire et pensent que pour répondre à la conduite de leur fils ou de leur fille ils doivent se faire le plus discrets possible ou, au contraire, répondre à l'agression par la frustration. La relation et la communication deviennent vite difficiles et engendrent chez les uns et les autres des souffrances psychiques d'incompréhension. A l'inverse, lorsqu'un père accepte de partager des activités avec son fils, le fils en tire une très grande fierté. Il en est de même avec les filles à la différence qu'elles restent plus proches de leur mère que les garçons de leur père pendant le temps de l'élaboration de l'identité. Seulement, il est important de savoir que cette relation ne commence pas avec l'adolescence. Elle a une histoire et l'adolescence ne fait que révéler les rencontres et les rendez-vous manqués entre parents et enfants.

6. FREUD a distingué dans son article « Pour introduire le narcissisme » (in *La Vie sexuelle,* Paris, PUF, 1969) les pulsions sexuelles et les pulsions du moi.

7. Peter BLOS, revue *Adolescence,* 1-1985, t. 3, « Fils de son père ».

— Le moi est investi par la libido narcissique

L'étape narcissique en forme négative est une réaction pour ne pas renoncer aux premiers objets d'amour. L'adolescent manifeste une résistance à ne pas sortir des intérêts de l'enfance. Des parents peuvent devenir complices dans la mesure où cette situation les aide à retarder les échéances de la séparation nécessaire.

L'étape narcissique en forme positive aide au processus de désengagement vis-à-vis des représentations parentales. Les parents surestimés et craints sont déchus de leur socle. L'expression narcissique de l'adolescence est patente chez la fille effrontée et elle se manifeste chez le garçon par de l'arrogance vis-à-vis de leur refus de la règle ou de l'autorité. Il faut tout de même noter que dans la grande majorité des cas l'autorité parentale est sans doute mieux acceptée par les adolescents d'aujourd'hui, en raison d'un réel dialogue entre parents et enfants et parce que les enfants considèrent l'autorité parentale non pas comme une contrainte inhibante, mais comme une marque d'intérêt à leur égard et pour leur bien.

Le moi est donc investi de la libido narcissique qui est retirée au parent intériorisé dont il ne reçoit plus de gratifications. Il a tendance à le dévaloriser et ce faisant il se dévalorise également. C'est pourquoi le postadolescent pour entrer dans le processus de la maturité et devenir parent, psychologiquement parlant, avant toute réalisation, aura besoin de se réconcilier avec ses propres images parentales.

En attendant, le moi développe, en affrontant la réalité, la quantité narcissique nécessaire au maintien et au contrôle de l'estime de soi. Le narcissisme opère un travail positif dans le sens du développement et de l'affermissement du moi. Les parents acceptent, non sans mal parfois, cette modification libidinale où l'adolescent ne veut plus être vécu comme un enfant dépendant. Les parents craignent de ne plus être aimés par leurs enfants. En écoutant des adolescents à ce sujet, il est évident que là n'est pas le problème pour eux. Ils ont besoin de la présence sécurisante et affectueuse de leurs parents, mais pas de façon infantile. De nombreux parents ne savent plus que faire et ont tendance soit à déserter la relation éducative, soit à devenir complices de tout et n'importe quoi, soit à être rigides. La relation a besoin d'être vécue et les parents ont leur rôle à tenir par rapport aux exigences éducatives de la vie familiale et scolaire. Sinon les parents affaiblis n'offrent pas une attitude structurante et se laissent mener au gré des impulsions et des désirs du jeune adolescent qui ne rencontre aucune limite à sa mégalomanie. Pour être sûrs d'être toujours aimés et reconnus par leurs enfants, des parents voire des adultes sont prêts à tous les compromis et à toutes les transgressions.

— *Le rôle structurant du narcissisme*

Le narcissisme donne le pouvoir de la séparation des représentations parentales. Il joue un rôle structurant. La découverte d'autres objets va entraîner son retrait. Il aura un double rôle vis-à-vis des relations objectales et vis-à-vis du moi afin de le maintenir dans ses frontières. Ce second aspect nous semble particulièrement important car l'adolescent aura souvent l'impression de vivre « un éclatement », un morcellement de son moi insuffisamment fortifié. Des formules sont souvent utilisées qui traduisent bien ce fait psychique : « Je vais craquer », « On va s'éclater » ont pris le relais d'autres formules à la mode dans les années 70 : « Je suis coincé », « Il faut se libérer », « Prendre son pied » qui avaient une allure plus névrotique, alors que celles d'aujourd'hui sont plus psychotiques.

Le choc du déplacement des investissements à l'adolescence et l'intensité des fantasmes ont du mal à être contrôlés par le moi. C'est pourquoi l'adolescent gagnerait à assimiler par « petites doses » les expériences affectives au lieu de vouloir obtenir tout immédiatement. Sinon les désirs risquent d'être exprimés dans leur état primaire, sans élaboration intérieure. Du même coup les transactions sociales ne se font pas, car les vies affective, subjective et intellectuelle ne sont pas enrichies pour arriver à s'exprimer et à tenir dans le monde extérieur.

Les relations entre la réalité psychique et la réalité extérieure

Fantasmes et réalité extérieure

L'adolescent est très proche de ses fantasmes, de ses perceptions internes qui peuvent se confondre avec le monde extérieur. Il retrouve un état semblable à celui de la petite enfance où le moi et le non-moi n'étaient pas encore différenciés. Il a tendance à projeter à l'extérieur de lui ce qu'il ressent au plus profond de lui-même. Combien de jeunes (et d'adultes) rationalisent-ils leurs conflits internes en nommant à l'extérieur d'eux-mêmes des victimes et des coupables qui n'ont de sens que par rapport à leurs fantasmes inconscients et aux conflits de leurs instances psychiques (une rivalité entre le ça, le surmoi et le moi) ? En voulant éviter les prétendues erreurs de leurs aînés qu'ils dénoncent, ils en commettent d'autres aussi graves.

En projetant le conflit psychologique hors de soi, l'adolescent se donne aussi une prise sur le monde objectal pour affermir son moi. Les conflits sont plus supportables s'ils apparaissent dans le champ de la vie sociale : ce sont les autres, la société, une classe donnée ou une race, qui deviennent la cause de tous les maux. L'adolescent peut se laisser prendre au système du solipsisme qui est une théorie idéaliste affirmant que rien n'existe en dehors de la pensée individuelle et que tout ce que l'on perçoit n'est qu'une sorte de rêve que l'on fait. Cette théorie appliquée à l'adolescence rend compte d'un état d'esprit fréquent où le fantasme se confond avec la réalité ; au point que l'un comme l'autre ne peuvent être reconnus pour eux-mêmes dans leur autonomie respective et structurale.

Le jeu et le rôle des situations imaginaires

L'adolescent voit en partie le monde extérieur à la lueur de ce qu'il imagine de lui, ces productions imaginaires lui paraissant parfois plus réelles, plus belles et plus importantes que la réalité. Si la réalité est décevante ou frustrante, plus qu'il ne peut assumer, il sera enclin à se tenir proche de ses fantasmes sans chercher à les métaboliser pour les utiliser à travers des besoins dans le monde extérieur. Il voudra, dans certains cas, les réaliser en tant que tels.

Le journal intime aide souvent l'adolescent à verbaliser ses personnages imaginaires, ses scénarios et ses sentiments cachés. Il a besoin de développer toutes les tonalités de ses émotions et de son affectivité dans sa vie psychique, comme il a besoin également d'exprimer ses conflits sous un mode « transférentiel », afin de les vivre symboliquement. A travers l'écriture, certains se plaisent à mettre en scène leurs conflits instinctuels qui ont plus intérêt à rester dans le domaine de l'imaginaire et du langage qu'à se réaliser. Une mère avait été horrifiée en lisant dans le journal de sa fille de quinze ans que celle-ci souhaitait sa mort. Elle décrivait son désir de mort maternelle avec une haine que rien dans la réalité quotidienne ne laissait deviner. Par contre, elle se complaisait à faire l'éloge de son père en souhaitant une relation privilégiée avec lui qui était le seul à la comprendre. Un scénario œdipien tout à fait classique. Pris au premier degré, on comprend qu'il pouvait être douloureusement angoissant pour la mère qui, retrouvant sans doute un vœu de sa propre adolescence, avec une bonne culpabilité se demandait ce qu'elle avait bien pu faire à sa fille pour être ainsi rejetée de son affection.

L'écriture permet à l'adolescent de jouer avec ses objets mentaux, de les faire travailler avec des mots donc en un lieu qui les met à distance des réalités. Le langage l'aide à traiter ses interrogations et les mouvements de la libido sans avoir à les agir. C'est un gage de la consolidation du moi à venir, même si au moment où il vit ce qu'il exprime il passe par des expériences subjectives difficiles à assumer. Il travaille à sa propre intériorisation, il apprend à s'habiter, à prendre possession de lui-même. L'activité fantasmatique se développe comme une relation d'objet provisoire et intermédiaire. C'est comme s'il il parlait à quelqu'un. Il se parle à lui-même, comme il parle aux personnes qui sont en lui : son père, sa mère plus tous les personnages composites créés selon les circonstances pulsionnelles à représenter.

Il est important de favoriser cette expression par le langage de ce que ressent l'adolescent. Il n'est pas juste de laisser entendre que la parole est trop limitée pour dire les pensées et les émotions que chacun porte en soi et que la musique et le corps seraient plus compétents pour exprimer les réalités les plus profondes de sa personnalité. Comment s'étonner de l'aphasie dans laquelle se tiennent de nombreux jeunes, incapables d'utiliser correctement les mots pour se dire ? La musique et le corps isolés de la parole ne sont pas toujours capables d'accéder au sens des choses. Des modes de communication psycho-sensoriels vont être privilégiés au détriment de la parole, alors qu'il lui revient d'unifier, de coordonner, tous les champs de l'expression. La personnalité privée du primat de la parole se condamne à restreindre le développement des fonctions spécifiques de la raison et demeure relativement handicapée pour accéder à l'intelligence formelle, celle qui permet la connaissance. L'enfant a besoin de toucher et de voir pour comprendre. L'adolescent qui entre dans le processus de maturation de son intelligence doit devenir capable d'abstraction et apte à faire fonctionner son intelligence autrement que par le vu et le senti. L'environnement est loin de favoriser cette opération chez les enfants et les adolescents.

Les poèmes, les journaux intimes ou de bord, les lettres et les confidences d'adolescents quand on les laisse parler en les écoutant disent les affects, les troubles, les angoisses, les fantasmes, les haines, les amours, les espoirs et les peines. Les vivre à travers l'expérience de la parole évite le passage à l'acte. L'écriture, ou la parole, permet de tenir des rôles sans pour autant passer à l'action dans la réalité. Le processus d'identification est fortement secondé et ce travail exerce à l'introspection et, par là même, il aide le moi à remplir ses fonctions de contrôle et de synthèse.

Le journal intime, comme parfois le confident, joue une fonction de moi auxiliaire par lequel peuvent se vivre, en les disant, les diverses tendances conflictuelles et les désirs polymorphes. Toutes les représentations ne sont pas à entendre au sens premier, mais par rapport à leur signification symbolique. La plupart des adolescents qui entrent dans cette démarche de prise de parole sur eux-mêmes cherchent à accéder au sens du symbole en traduisant dans des mots tout ce qu'ils éprouvent. Le travail de sublimation est à l'œuvre à l'intérieur d'une « certaine » relation transférentielle où l'on fait comme si. Après coup, une modification des objets internes s'effectue et libère les conflits infantiles sous-jacents à toutes les intrigues émotionnelles dans l'adolescence.

Cependant une autre conduite apparaît aujourd'hui qui ne va pas manquer de poser de sérieux problèmes. Nous l'évoquons ici sans trop l'approfondir, mais déjà des éducateurs s'inquiètent de l'extension des *jeux de rôles* qui sont vécus par des adolescents dans leur vie réelle pendant plusieurs jours et parfois des mois.

Ces scénarios ressemblent aux grands jeux que l'on pratiquait autrefois dans les colonies de vacances ou dans les camps scouts. Pendant le temps d'une journée ou sur toute la durée du séjour, un thème général était donné autour duquel se bâtissaient des activités. L'activité ludique permettait d'éveiller divers aspects de la personnalité, elle se présentait sous une forme bien adaptée aux besoins psychiques du moment, limitée dans le temps et dans un cadre qui se distinguait de la vie quotidienne. Un moment et un lieu que certains qualifiaient à tort à l'époque d'artificiels, car dès les années 60 une mode commençait à se développer pour impliquer les enfants et les adolescents dans la vie des adultes. A l'époque, tout dans la démarche pédagogique évitait une confusion entre des activités imaginées et les exigences de la vie quotidienne. Il est utile de rappeler que l'imaginaire de l'enfant et de l'adolescent a besoin d'être nourri pour développer leur intériorité.

Aujourd'hui, les jeux de rôles, qui sont présentés à l'aide de scénarios construits dans des livres et soutenus par des associations qui prolifèrent dans l'ouest de la France, ont un profil bien différent dans la mesure où ils vont envahir psychologiquement et matériellement l'ensemble de la vie de ceux qui les incarnent. Déjà, on a pu constater des débordements chez des jeunes qui, ne parvenant pas à contrôler le mouvement qu'ils provoquaient, se retrouvaient perdus avec eux-mêmes sans vraiment s'en rendre compte. Les psychologies juvéniles sont moins organisées, plus morcelées, on risque donc des accidents schizoïdes. Des garçons ou des filles se renferment sur eux-mêmes, se désocialisent, deviennent agressifs ou passifs et adoptent des conduites additives — de dépendance — dans la toxicomanie ou prédélirantes.

Une question se pose. Comment se fait-il que les « jeux de rôles » suscitent autant d'intérêt aujourd'hui ? Est-ce un phénomène de mode ou le reflet d'une attitude et d'une demande plus profondes ?

L'analyse de l'évolution de cette conduite le dira. En attendant, nous pouvons faire un constat et souligner combien certains jeunes se présentent comme des carencés de l'imaginaire. Leur attrait vers le jeu de rôles n'est pas tant le signe d'une richesse imaginative que le besoin de trouver un objet satisfaisant pour construire et animer son intériorité. Nous croyons un peu trop facilement que la musique, la télévision, le cinéma, sont pour les jeunes des espaces où ils développent leur imaginaire. Ils voient, ils entendent, ils s'expriment par l'intermédiaire d'un moyen et d'une production qui restent extérieurs à leur vie psychique. Ils peuvent plus ou moins chercher à s'approprier des représentations issues des images et du son, mais c'est inefficace pour habiter réellement leur intériorité. Manquant d'images guides et d'objets mentaux avec lesquels travailler, ils vont se donner des rôles à travers des personnages introduits dans la vie psychique qui serviront de nourriture aux structures de l'intériorisation. De nombreux jeunes, dominés par le narcissisme, ont du mal à faire fonctionner leur idéal du moi. L'idéal du moi reste dans bien des cas une fonction handicapée. C'est grâce à cette instance que l'individu se représente lui-même d'une façon valorisante. Tant que l'économie narcissique maintient son régime, le sujet n'a pas besoin de modèles ou de références puisqu'il est tout. Le dialogue interne est restreint entre ce qu'il est et ce qu'il espère devenir. C'est un peu comme s'il était déjà arrivé. Mais le contrecoup est important car la vie subjective est pauvre et insignifiante. Cependant, durant l'adolescence, la vie psychique qui met en place ses fonctions dans un régime d'économie nouvelle va provoquer des réactions de structure et entraîner des comportements symptomatiques. C'est sans doute ce qui se passe avec le jeu de rôles. Il apparaît comme une nourriture salvatrice pour faire naître un imaginaire en danger de mort. Mais une chose est de reconnaître ce besoin et une autre est de savoir si le jeu de rôles est vraiment adapté à la situation. Nous pensons que son maniement est dangereux et fait l'impasse sur le problème réel. Nous risquons d'assister avec ce genre de méthode à une exploitation des prolétaires de l'imaginaire, c'est-à-dire des individus qui manquent de ressources et d'autonomie.

De nombreux jeunes sont des carencés de l'imaginaire. A la suite d'une rupture de la transmission culturelle, ils sont également les carencés d'une intériorité qui n'a pas été nourrie et cultivée. Une perversion de l'imaginaire se développe aussi bien dans les jeux de rôles, dans la toxicomanie, que dans des sectes à leaders charismatiques. A la base, ce sont les mêmes motivations psychologiques qui sous-tendent ces conduites.

Parmi de nombreuses attitudes éducatives à promouvoir pour essayer d'éviter une telle dérive, nous devrions restaurer un enseignement du langage plus cohérent, donner également un enseignement plus riche et plus soutenu sur l'histoire de l'art et la musique et enfin ouvrir l'intelligence à l'histoire religieuse. L'enfant, pas plus que l'adolescent, n'est un être achevé. Si l'environnement n'assure pas ces tâches, il est à craindre que de nombreux jeunes, faute de ravitaillement symbolique pour construire leur vie psychique, ne prennent la route d'un délire, certes, civilisé, mais qui les écartera de leur propre imaginaire.

La quête d'objets et de l'autre

Les relations de l'adolescent sont vécues dans la proximité de ses fantasmes. Il attribue aux autres des qualités et des défauts sur lesquels il dirige ses besoins libidinaux et agressifs. Il manque à ces relations une qualité d'authenticité. L'adolescent le perçoit et s'en défend ; ce qui explique les longs débats au sujet de la sincérité qui envahissent également les adultes. La sincérité est entendue comme une attitude authentique. La période de quinze à vingt ans est l'âge des pseudos : pseudo-hétérosexuel, pseudo-homosexuel, pseudo-mature, pseudo-autonome, etc. et l'on confond facilement sincérité et vérité. On peut être sincère sans être vrai. La valorisation de la sincérité au détriment de la vérité est inquiétante au point de laisser croire que tout se vaut, que toutes les idées ont la même valeur, que l'opinion est nécessairement une vérité à reconnaître en tant que telle alors que P. Bourdieu a montré avec juste raison que les sondages d'opinion sont une fausse science[8]. Dans le climat, non pas de création mais de confusion culturelle, dans lequel nous sommes, il est utile de rappeler que la sincérité n'est pas l'instrument de mesure de la vérité et encore moins l'expression d'une vérité. De nombreux jeunes admirent plus volontiers des personnages dits sincères que vrais. Prenons un exemple frappant volontairement outré et caricatural pour mieux faire comprendre cette idée. Hitler, criminel devant l'humanité, se croyait sincère en pensant et en agissant comme il le faisait, était-il authentique pour autant ? Certainement pas. Nous avons assisté, ces dernières années, à une perversion du jugement moral laissant entendre que chacun est libre de penser et d'agir comme bon lui semble. Toutes les opinions sont bonnes ou la bonne opinion est celle du grand nombre. Au nom d'une certaine liberté, on perd le sens de la loi, celui de la recherche de la vérité et celui de la responsabilité. Les sociétés occidentales, taraudées par un fort complexe de culpabilité, au risque de se perdre veulent se présenter comme des affranchies de la loi. Cette attitude se retourne contre elles car, n'ayant plus le sens de l'autre et de son devenir social, elles organisent non seulement leur suicide, mais également une perte de leur identité en demandant à d'autres groupes ethniques de leur pardonner d'être ce qu'elles sont au prix d'un renoncement à leurs traditions culturelles et spirituelles. La sincérité pas plus que la conviction ne sont synonymes de vérité. On peut être sincèrement dans l'erreur sans le savoir. Freud parlait à ce sujet de « mauvaise foi ». Les adolescents dépendant d'une pensée égocentrique confondent souvent sincérité et vérité. Le conflit entre sincérité et vérité est un débat juvénile et l'effet d'un self encore ambivalent.

Les expériences relationnelles que l'adolescent veut « sincères » représentent des liens objectaux qui l'aident à se détacher de ses premiers objets d'amour et à éveiller son affectivité vis-à-vis des autres. Il devrait pouvoir entrer dans le processus de socialisation de son affectivité pour lui donner toute sa dimension et non pas la limiter à la simple élection immédiatement

8. Pierre BOURDIEU, *Choses dites,* Paris, Éd. de Minuit, 1987.

amoureuse. Les relations dites « amoureuses » de cette période sont le plus souvent des relations passagères qui se font et se défont et où les sujets se retrouvent sur la base d'intérêts personnels très narcissiques. Il s'agit surtout de s'éprouver soi-même à travers l'autre plus que de le rencontrer véritablement.

L'identification joue un rôle, dans la vie amoureuse de l'adolescent, semblable à celui du jeune enfant qui construit son moi en s'appropriant l'autre. Dans cette période, le moi se trouve affaibli étant donné qu'il s'est désengagé de ses parents et que ses relations avec le surmoi se sont relâchées. L'adolescent éprouve un vide, un appauvrissement. Il cherche à compenser ce vide. Les relations « amoureuses » ne peuvent pas être entendues, lors de cette période, comme des relations objectales ; elles ont une fonction pré-objectale. Ces attachements parfois passionnés l'aident à ne pas régresser complètement avec une libido narcissique. Ce sont des relations de *restitution ;* elles ont une valeur réactionnelle, elles l'aident à se détacher de ses parents et à modifier son affectivité : un travail qui devrait s'accomplir plus psychiquement que dans l'agir. Il sent qu'à travers ses relations, il quitte, il se sépare de ses parents. Parfois, il le fait bruyamment. Les relations dites amoureuses sont d'un caractère particulier. Elles sont inauthentiques dans la mesure où la personne aimée est davantage perçue comme une représentation imagée du soi idéalisé, de son manque, plus que comme une personne. Elles l'aident à se récupérer. L'objet est assimilé pour enrichir le moi appauvri de l'adolescent. L'objet a un rôle essentiellement narcissique. Cette expérience relationnelle vient comme fortifier le moi en exerçant une partie de la libido objectale pour apprendre à s'adapter à l'autre, aux autres.

La relation de couple a été naïvement valorisée au cours de ces quinze dernières années comme la solution aux problèmes affectifs de l'adolescence et comme le moyen d'acquérir son autonomie psychique vis-à-vis de ses parents. L'expérience est venue confirmer ce que l'on savait déjà. Le processus psychique de l'adolescence provoque des effets dans la vie de celui qui le vit, mais son traitement ne relève pas de l'ordre de l'agir. Créer ou provoquer des situations dans l'espoir de résoudre un problème, une tension, un réaménagement de sa personnalité, est toujours une fausse solution. Les adolescents n'ont pas intérêt à commencer trop tôt leur vie amoureuse. Leur affectivité a d'abord besoin de se développer, de s'enrichir, dans l'éveil de la diversité de leurs émotions grâce à une vie sociale et culturelle soutenue. Sinon, confondant l'émotion intense et le sentiment amoureux, ils finiront par vivre leur relation d'une façon superficielle sans avoir accédé aux conditions psychologiques de l'amour humain.

Les états de conscience induits

Le moi ayant perdu ses objets d'amour (en réalité ce sont les représentations parentales qui sont désinvesties) est donc appauvri. L'adolescent va non seulement s'éprouver (se sentir exister) à travers un système relationnel, mais aussi par l'intermédiaire d'états de conscience du moi.

Le moi corporel va être mis à profit grâce aux activités physiques, comme le moi qui tente des expériences tous azimuts ou le moi qui perçoit avec intensité sa vie intérieure en écoutant une musique en rapport avec ses rythmes pulsionnels mouvementés.

Ces divers états de conscience organisent progressivement l'économie pulsionnelle. Ce sont des états auto-induits qui lui donnent un sentiment d'identité et aident le moi à situer sa cohésion et ses frontières. Une étape déterminante car certains adolescents vivent une crainte de perdre leur unité, de se morceler. Nous retrouvons ici un risque de régression à l'auto-érotisme duquel il essaye de se dégager.

En jouant avec ses états de conscience, l'adolescent apprend le contrôle de ses pulsions. Il cherche à situer les limites de ses angoisses et les limites de ses plaisirs. Il organise aussi des modes de compromis dans l'expression de ses pulsions pour s'adapter à la réalité extérieure. Les pulsions peuvent apparaître pour elles-mêmes, à l'état brut, et ce sera le conflit avec l'entourage.

Nous l'avons déjà évoqué, le moi reçoit toute la libido qui a été retirée des objets. L'adolescent acquiert du même coup un faux sentiment de puissance. Sa perception et son jugement sont faussés et peuvent l'entraîner dans des conduites erronées.

Les exigences pulsionnelles de l'adolescent affaiblissent le moi. Le moi s'affermit lorsqu'il parvient à canaliser ses pulsions grâce à son enrichissement qui ne peut venir que du monde extérieur, d'où l'importance des transmissions culturelles.

La richesse des objets culturels aide le moi à développer ses possibilités. La cohérence affective de son milieu facilite également l'organisation de son économie libidinale.

Les vicissitudes du détachement œdipien

Cette étape de l'adolescence ne peut être franchie si la relation aux premiers objets d'amour persiste et si le complexe d'Œdipe perpétue ses effets.

Deux réalités sont en jeu : le réveil du complexe d'Œdipe et le détachement des premiers objets d'amour. Abandon d'un objet, découverte d'un autre objet, deux séquences d'un même processus qui va préparer et engager la vie affective de l'adulte.

L'adolescent, dans ce processus, alterne entre deux états affectifs : le deuil et l'état amoureux. Le deuil de ses parents œdipiens dont il ressent la perte à travers une expérience de vide intérieur et parfois d'accablement. C'est, sans doute, ce qui explique les sentiments de tristesse, de mélancolie, de détresse qui l'habitent sans qu'il puisse identifier leur origine réelle. Il ne sait pas pourquoi il est subitement triste et pourquoi la mélancolie l'envahit avec une cohorte d'autoreproches et de pensées dévalorisantes. Habituellement, on parle peu de cet état de deuil qui est une des tâches psychologiques de l'adolescence et qui peut, dans bien des cas, se transformer en idée de suicide. Le suicide des 15-25 ans est en constante augmentation chaque année. Il est important que ce travail psychique de deuil soit accompli jusqu'au bout. La séparation d'avec le parent œdipien qui se fait progressivement doit être menée à son terme pour que la libido parvienne à la maturité objectale.

Les partenaires d'un couple adulte devraient avoir résolu le conflit œdipien lorsqu'ils se rencontrent et décident de s'associer, sinon le désir incestueux réapparaîtra de façon masquée et perturbante. De nombreux couples juvéniles inscrivent, bien souvent, leurs relations sur la base d'une situation œdipienne qui se prolonge sans se clore réellement. Il n'y a pas de travail de deuil, simplement des manifestations dépressives qui se répètent. Les partenaires utilisent plusieurs stratégies pour en limiter les effets. Cela va de la dispute à propos de tout et de rien en passant par des épisodes de tristesse individuelle que les sujets tentent de vaincre par une demande ou un rejet de tendresse.

L'état amoureux

Il est vrai, l'adolescence est la période privilégiée de la tendresse, mais la tendresse n'est pas l'amour au sens objectal.

L'adolescent définit l'amour par rapport à la tendresse car il cherche des relations de protection, des relations d'autoconservation en reproduisant le premier mode de la relation amoureuse de l'enfant.

L'adulte intègre la tendresse dans l'amour génital, ce qui suppose l'accès au stade génital, mais aussi le dépassement du complexe d'Œdipe pour développer sa relation d'objet qui restera, bien entendu, marquée du narcissisme originaire.

L'enfant a besoin de recevoir de la tendresse, mais les adultes se partagent de l'amour. Tant que le mouvement de la tendresse reste dissocié de la génitalité, le sujet n'accède pas à la maturité des conditions psychologiques de l'amour humain. Une quête incessante de tendresse et de protection affective[9] est le signe que la sexualité infantile domine toujours la vie affective qui ne parvient pas à progresser jusqu'au stade génital. Une fois de plus, rappelons qu'atteindre cette maturité n'implique pas d'abord le recours à des expériences sexuelles. On peut avoir vécu de nombreuses relations sexuelles sans être pour autant parvenu au stade de la maturité génitale. Elle est essentiellement le résultat d'un processus psychique, d'un travail de remaniement interne et non pas la conséquence d'un agir.

Le destin de la tendresse est de devenir secondaire dans la vie affective. Lorsque la tendresse est intégrée à la génitalité, elle se transforme en sentiments individuels et sociaux qui sont la délicatesse, l'attention à l'autre, la courtoisie, le respect et la volonté d'exprimer une qualité de sentiments. Autrement dit, le sens de l'autre devient une réalité importante et significative en dehors de quoi la relation reste primaire.

Lorsque l'on parle de l'adolescence, l'état amoureux est souvent évoqué. Il est le signe que la libido s'oriente vers de nouveaux objets. L'individu devient capable d'un abandon de soi à l'autre avec des sentiments ambivalents de plénitude et de crainte de perdre son identité. L'amour objectal hétérosexuel va donner une issue à la position bisexuelle qui menaçait, au stade antérieur, l'unité du moi avec des tendances appartenant à l'autre sexe. L'accès à des relations hétérosexuelles fait ressortir les traits masculins du garçon et les traits féminins de la fille. Les traits étrangers à son sexe, de l'hésitation bisexuelle, sont attribués à l'autre en conformité avec son sexe. Le garçon renonce à porter des enfants, la fille accepte le manque de pénis. L'un comme l'autre entrent dans une vision positive de la

9. Cf. Le film, *Et la tendresse bordel !*

sexualité qui n'est plus sous le signe du manque, mais de la complémentarité. Dans la confusion des images masculines et féminines actuelle, il n'est pas toujours facile pour des adolescents de trouver leur identité.

L'amour tendre domine à l'adolescence et précède souvent l'expérimentation hétérosexuelle. Dans les relations sexuelles précoces, les jeux sexuels des stades précédents n'intègrent pas la tendresse puisque le plaisir préliminaire domine. Il peut y avoir la recherche d'une intimité physique, d'être ou de sortir avec tel ou telle du fait de la compétition qui existe parfois à se montrer aux autres avec quelqu'un. Le conformisme des groupes d'adolescents pousse à ces relations valorisantes aux yeux des autres, ce qui en un sens n'est pas nouveau, mais il ne favorise pas toujours le développement de l'individuation, la capacité à être soi-même. Les couples pubertaires miment les clichés conjugaux de Dallas et résistent rarement à l'épreuve du réel. Ces pseudo-couples ne connaissent pas le travail du désir qui fonde la richesse de l'imaginaire et de la vie affective. Le désir amoureux est mort-né au sein de relations peut-être émotionnellement fortes, mais superficielles et pauvres. L'amour conjugal n'a rien à voir avec ces relations de copinages fraternels où le fantasme amoureux n'a pas la possibilité de se développer. Les adultes complices naïfs de ces impasses relationnelles, sous couvert de modernité, ont une attitude très voyeuriste vis-à-vis des amours régressifs et clivés sur des représentations conformistes de leurs enfants. Le copain remplace la peluche que l'on serre encore dans ses bras le soir pour s'endormir. Ces couples sont le fruit d'une illusion qui empêche le travail psychique de faire son œuvre. La plupart sont voués à l'échec et au divorce par un manque de fondation dans la personnalité. On n'est pas adulte à dix-sept, dix-huit ans et laisser croire que l'affectivité non mature de cet âge est en mesure de faire vivre réellement une relation amoureuse est une duperie et de la mauvaise foi. Dans le couple juvénile, ou plus précisément en reprenant la façon dont les adolescents et les jeunes s'interpellent dans leur relation (« bébé »), parlons donc de « bébés couples », chacun risque de demeurer en deçà de son évolution affective et de ne pas favoriser la réunion dans sa vie psychique de l'affectivité avec la sexualité. Il y a, en effet, le danger de se maintenir dans l'économie de la sexualité infantile, c'est-à-dire, à l'adolescence, d'une relation de protection érotisée. De nombreux films mettent en scène actuellement des amours pubertaires. La sexualité des tendances polymorphes et œdipiennes de la puberté semble davantage retenir l'attention que celle des adolescents dans les années 70-80. Le modèle affectif qui devient dominant est celui des ambivalences de la transformation corporelle et relationnelle de la puberté. Il envahit la publicité, la chanson, le cinéma, parce qu'il est de plus en plus vécu. Les hommes et les femmes sont tiraillés, divisés, morcelés à l'image des peintures de Picasso, comme des enfants pubères qui sont partagés entre leur sexualité et leur affectivité.

L'association de la tendresse et de la sensualité est une des tâches de l'adolescence. A la différence de la sexualité infantile, l'affectivité et la sexualité vont progressivement s'associer au cours des étapes de l'adolescence. Ce processus de connexion est long et il exige le passage de différentes étapes, comme nous les soulignons, pour parvenir aux conditions d'une réelle affectivité sexuée [10].

L'adolescent peut rester fixé au stade d'une sexualité non reliée à l'affectivité, d'une sensualité sans tendresse. Lorsque la tendresse apparaît, le partenaire ne représente pas uniquement une source de plaisir sexuel, mais aussi un ensemble relationnel fait de respect, de souci, de crainte de l'autre. Cette expérience nouvelle est vécue par le garçon comme la menace d'une emprise, d'une dépendance, d'une soumission identique à celle à l'égard de la mère phallique. La fille investit complètement la relation et sollicite de nombreuses gratifications et marques d'attachement. L'amour passif chez la fille (être aimée) demeure pendant très longtemps même si, aujourd'hui, sous l'effet d'un certain féminisme, cette attitude prend une nouvelle forme au sein de conduites qui se veulent plus assurées et fières de leurs initiatives.

L'association de la tendresse et de la sensualité (affectivité et sexualité) facilite la maturation de l'amour génital. Des difficultés affectives et sexuelles peuvent surgir à l'adolescence. Elles proviennent des conflits infantiles ou du développement inachevé de la puberté et de l'adolescence.

Œdipe et le premier choix amoureux

Le choix du premier objet d'amour hétérosexuel n'est pas étranger aux diverses caractéristiques du parent du sexe opposé. Nous avons souvent observé que des garçons vivant une relation

10. Tony ANATRELLA, « L'acquisition de l'identité sexuelle à l'adolescence », in *Le Supplément*, n° 151, Paris, Cerf, 1984.

de dépendance à la mère phallique pouvaient être séduits par des filles aussi fortes et aussi dynamiques et qu'à l'inverse des filles dont l'image du père paraissait dominatrice et distante recherchaient des garçons timides et sensibles pour maîtriser à l'intérieur d'elles-mêmes une image masculine trop puissante.

Le détachement des images parentales doit être réalisé pour que puisse se faire un choix d'objet relativement libre des intérêts œdipiens. Lorsque des jeunes font des choix dans le but de blesser leurs parents, de les attaquer, c'est le signe que le statut de l'enfant se maintient encore. Les critiques que l'adolescent adresse à son père ou à sa mère révèlent les influences persistantes du conflit œdipien. La fille va, par exemple, vivement attaquer sa mère. Elle pense que sa mère comprend mal son père. Si elle reste sur ce registre, elle pourra devenir « amoureuse » d'un garçon qui n'est ni compris ni estimé par les autres et elle se mettra en peine de l'aider et de le mettre en valeur.

Des choix d'objets s'inscrivent ainsi sur le registre œdipien de la revanche ou des représailles. Les sentiments de culpabilité qui ne manquent pas de se manifester se transforment chez certains en états dépressifs.

La plupart des conduites sous la forme de « passage à l'acte » si fréquentes à l'adolescence consistent à décharger sur le monde extérieur un conflit endopsychique pour ne plus le vivre comme une crise interne au moi. Un partenaire peut être aimé parce que l'adolescent ne supporte plus sa relation parentale sans que, pour autant, le remaniement des images conflictuelles en lui puisse s'opérer.

Nous avons également observé des adolescents qui s'engagent précocement dans une activité professionnelle en réaction à leur vie scolaire. Ils pourraient très bien poursuivre leur scolarité, mais le mouvement pulsionnel, trop angoissant, ne parvient pas à être utilisé dans le travail de la pensée. L'objet de la culture devient inhibant et provoque les échecs scolaires si souvent remarqués. Un jeune homme de vingt-quatre ans nous disait combien il regrettait son interruption scolaire à l'âge de seize ans. A présent, il se sentait limité pour organiser son avenir autrement que par rapport au déterminisme qui l'avait fait s'engager à l'époque dans une banque. Au cours de sa psychothérapie, il a un peu mieux compris pourquoi il a vécu cette rupture alors qu'il avait de bonnes possibilités. Il n'arrivait pas à se supporter dans toutes ses contradictions et les examiner pour de bon lui semblait impossible. Cependant, comme il n'est pas sans ressources personnelles, il commence à s'organiser pour se donner les moyens de trouver un travail qui corresponde à ses désirs.

La résolution œdipienne chez la fille et chez le garçon

La résolution du conflit œdipien chez le garçon et chez la fille est différente. La situation œdipienne du garçon s'achève avec l'angoisse de castration alors que c'est par cette même angoisse que la phase œdipienne commence chez la fille. Elle utilise dans la préadolescence une défense hétérosexuelle et cherche à affirmer son « complexe masculin » (H. Deutsch). Le garçon refoule avec force ses tendances œdipiennes au seuil de l'adolescence, la fille les laisse transparaître. Lorsque l'adolescent, des deux sexes, parvient à ne plus être dépendant du complexe d'Œdipe, il s'achemine vers l'amour d'objets extérieurs à la famille et au clan et utilise ses énergies avec plus de liberté.

La fille s'affirme dans sa féminité, notamment lors de l'apparition des menstruations. Elle peut renoncer à la dépendance maternelle et s'identifier à la mère comme prototype de la maternité.

Le garçon pour conjurer ses tendances féminines œdipiennes s'affiche avec des garçons en groupe comme pour s'initier à un code de virilité. Il apprend à être un homme entre garçons.

Le développement de la libido suscite une angoisse et va développer des mécanismes de défense. L'ascétisme et l'intellectualisation [11] seront particulièrement recherchés pour empêcher les pulsions de s'exprimer dans le champ de la conscience. La défense interdit tout travail d'élaboration de la pulsion qui demeure à l'état brut exactement de la même façon que chez l'adolescent impulsif, qui lui, l'exprimera en tant que telle. On a raison de dire que, parfois, la vertu cache le vice. Une attitude rigide favorise le développement de conduites perverses.

L'ascétisme exerce une action restrictive du moi, alors que l'intellectualisation bien que défensive a un caractère plus positif. Elle permet la maîtrise des pulsions et une décharge déplacée sur des idées, des réflexions, des jugements critiques. Plus un adolescent développe des idées critiques et plus il a un potentiel pulsionnel important à contrôler.

L'adolescent reste inquiet à l'idée de se détacher de sa famille. La mélancolie qu'il exprime ou les remords qu'il éprouve

11. Anna Freud, *Le Moi et les mécanismes de défense,* Paris, PUF (1946) 1949.

révèlent des sentiments œdipiens inconscients de culpabilité.

La résolution œdipienne développe des sentiments d'amour tendre, mais aussi des fantasmes troublants et des actes sexuels compulsifs vécus par défis dans de nombreux cas.

La vie sexuelle est souvent vécue sur un mode dissocié entre l'activité physique qu'elle implique et le contenu affectif et idéal qu'elle suppose. Le refus de l'amour dans l'acte sexuel, chez certains adolescents, apparaît quelquefois comme le rejet des liens objectaux de l'enfance et de la culpabilité œdipienne, l'expression sexuelle étant entendue comme un acte « hygiénique ». Cette étape représente pour quelques sujets une période expérimentale. Il n'est pas souhaitable qu'elle se prolonge, surtout si ce sont les aspects du plaisir préliminaire qui sont utilisés comme source d'assouvissement. Dans de nombreux cas observés, nous avons constaté une fixation aux sensations sexuelles pubertaires qui se prolonge par la suite.

Les relations sexuelles précoces n'apportent pas automatiquement une solution au conflit émotionnel de l'adolescent et ne favorisent pas magiquement le remaniement de l'appareil psychique de la sexualité infantile en sexualité de relation d'objet. Tout au plus, il s'agit surtout d'un acte d'affirmation sexuelle. Il ne parvient pas pour autant à opérer la séparation des liens d'objets infantiles. L'expérience sexuelle n'amène pas la découverte de nouveaux objets d'amour, à travers des visages nouveaux ce sont des relations anciennes avec leurs intérêts qui sont reconduites.

Le conformisme des groupes d'adolescents

Depuis plusieurs années, les groupes juvéniles jouent un rôle très conformiste sur les attitudes des adolescents. Le besoin d'être comme les autres deviendrait plus important que d'être soi-même. Sous le couvert d'une pseudo-originalité, il y a peut-être là une défense contre sa propre individuation au bénéfice d'une conduite standardisée. La stratégie pourrait être la suivante : le moi vit un conflit entre ses pulsions nouvelles et les liens de l'enfance. La défense consiste à utiliser un code de conduite qui le sépare de ses pressions affectives internes, ce qui donne bien souvent des adolescents qui se montrent distants dans la relation. La pulsion sexuelle est reconnue, mais elle va être très rapidement codifiée à travers des conduites (imaginées ou réelles) standardisées par le groupe auquel il faut se référer. La mode du vrai, de l'authentique, que nous avons déjà évoquée, est sans doute le contrecoup des conditionnements de groupes dominants. Chacun veut être égal et semblable à l'autre en conformité au modèle du groupe. Nous sommes sur le registre de l'identification et non pas de la simple imitation. La relation à soi est complètement modifiée dans la mesure où le moi perd son instance d'idéal du moi au profit de l'idéal du moi groupal. Dans un univers culturel où l'idéal du moi est perturbé, « les modes » se présentent comme du « prêt-à-porter » de ce qu'il faut penser et de ce qu'il faut faire ; elles se substituent au travail de l'idéal du moi. Les références métaphysiques ont été remplacées par des normes de groupe afin de se sentir normal. Ce conformisme protège l'individu contre toutes les angoisses. Le jeune, ou l'adulte, qui ne parvient pas à se personnaliser aura ce recours culturel défensif.

Les adolescents et les jeunes adultes dépendants de ce système ne parviennent que très difficilement, lorsque cela est possible, à se différencier individuellement et se heurtent à toute la gamme des problèmes d'identité. Le développement du moi est fragile et offre peu de résistances aux difficultés de l'existence. Le besoin quasi immédiat de s'aligner ainsi sur les autres donne une impression de maturité précoce, mais, à l'analyse, elle se révèle fausse. La plupart des enfants et des adolescents précoces deviennent des immatures.

Cette conduite devrait faire réfléchir les adultes et les éducateurs car elle est en contradiction avec la période de mutation que représente l'adolescence. Le besoin d'apprendre, de s'individualiser, de devenir davantage soi-même, la recherche d'un idéal comme le besoin de rendre meilleur le monde sont autant de réalités à mettre en œuvre qui peuvent être réduites au minimum vital. Le conformisme du groupe s'installe comme le garant de la sécurité. Il vient mettre de l'ordre là où la confusion risque d'être vécue comme une atteinte à l'unité du moi. L'adhésion à un gourou ou à un leader charismatique peut jouer la même fonction.

Le processus qui achemine vers la relation d'objet et l'hétérosexualité est lent dans nos sociétés actuelles. L'angoisse que l'adolescent peut éprouver à se différencier l'amène à prendre des mesures défensives. Le contexte socio-culturel expose l'adolescent à deux dangers : la précipitation dans l'hétérosexualité au détriment d'une réelle différenciation de la personnalité et la régression massive des impulsions sexuelles, avec pour conséquence une déformation du caractère et une déviation du développement affectif.

Le travail de différenciation de soi peut être dénié de la façon suivante : comme je ne parviens pas à devenir moi-même, je me « transfère » dans une personnalité collective en revendiquant l'égalité pour tous, nous sommes tous pareils. On voit comment une noble idée philosophique de l'égalité en dignité de tout homme, quelle que soit sa race, sa couleur et ses croyances, se pervertit dans une récupération psychologique qui signe l'incapacité d'accéder à un self authentique. La génération des SOS est bien étrange. Nous ne voudrions pas que l'on se méprenne sur notre propos : le racisme est une maladie sociale contre laquelle tout honnête homme doit lutter.

Cependant, il serait intéressant de savoir à quoi correspond le relatif succès d'une association comme « SOS Racisme » qui participe au conformisme des groupes juvéniles et si les attitudes qui sont parfois dénoncées relèvent effectivement du racisme ou d'un autre phénomène psycho-culturel. La simplification des débats fait que l'on ne sait plus très bien de quoi l'on parle en séparant d'une façon naïve les bons des méchants. Il y a bien souvent des effets de saturation, de confusion socio-culturelle, un rapport à la loi perverti et une exploitation de la culpabilité des sociétés démocratiques occidentales qui se cachent derrière des revendications qui demanderaient à être davantage examinées.

C'est pourquoi, face à ce constat, notre hypothèse serait la suivante au sujet de la résonance de SOS Racisme. Son importance s'explique surtout par le fait que son combat répond aux besoins psychologiques de jeunes qui, dans un monde éclaté, divisé, déraciné, souhaitent vivre des expériences d'unité. La période de l'adolescence est, précisément, le moment de l'unification de la personnalité. A cet âge, mais parfois à un autre aussi, la façon de s'habiller, de porter un foulard, un badge, une coupe de cheveux, donne le sentiment d'être quelqu'un. En défendant la peau des autres, c'est d'abord leur peau qu'ils défendent, sans toujours saisir d'ailleurs le sens des réalités en jeu. Les adultes eux-mêmes, dont la plupart font partie de la génération des « yéyés » et qui ont rompu d'une certaine façon avec la transmission de l'héritage culturel, éthique et spirituel, perdus par rapport aux valeurs et à la loi à dire aux jeunes se retournent vers ces derniers pour la recevoir. Un monde à l'envers dans lequel ce seront bientôt les adolescents qui feront la loi ou qui la rappelleront à leurs aînés. La société devient de plus en plus adolescentrique. Les adultes sont partagés entre la séduction démagogique des jeunes et l'identification à leurs comportements. Il se joue à travers SOS Racisme un immense psychodrame dont il est, d'ailleurs, tabou de parler, au risque, effectivement, pour celui qui l'évoque d'être emporté dans la censure la plus refoulante pour haute trahison de dire l'implicite. Le rôle symbolique de cette association est, sans doute, de permettre à quelques adolescents de trouver une certaine cohérence autour d'une loi qu'ils brandissent, en prétextant défendre l'autre.

Les adultes sont-ils à ce point sans références et impuissants à jouer leur rôle pour laisser entre les mains des adolescents la responsabilité de choix qui engagent la société sans que ceux-ci soient évalués ou fondés au-delà des *a priori* émotionnels et des idéaux défensifs ?

Au cours du processus de réorganisation du moi, le destin de l'individuation de l'adolescent est en question. De la réussite de cette opération dépend la maturation de ses fonctions psychiques. La maturité affective progresse si les pulsions prégénitales (de la petite enfance avant le complexe d'Œdipe) laissent la première place à la sexualité génitale dans la position hétérosexuelle. L'économie pulsionnelle autoérotique de la puberté sera progressivement abandonnée, facilitant ainsi une réorganisation : les pulsions génitales dominent et intègrent les pulsions prégénitales. Des postadolescents, voire des adultes, tout en vivant une relation amoureuse satisfaisante à laquelle ils tiennent, vivent parfois des relations sexuelles avec des partenaires occasionnels ou des prostituées sans qu'il y ait une véritable dimension affective. La sexualité est clivée entre une sexualité infantile et une sexualité génitale.

En même temps apparaît une réorganisation des fonctions du moi. La pensée devient conceptuelle et apte à mieux exercer la réflexion et le discernement si l'apport socio-culturel l'a nourrie. La préparation de l'insertion sociale et professionnelle devient une exigence perçue par le moi. Un conflit entre les idéaux du moi et la réalité aura besoin d'être régulé.

Des études comparatives portant sur la vie affective et les processus cognitifs, selon les théories de Piaget et de Freud, ont montré que chaque fois qu'un échec ou un retard affecte l'organisation en hiérarchie des pulsions sexuelles se produit un échec ou un retard correspondant dans le moi et dans la maturation des processus cognitifs [12]. Piaget a décrit comment l'adolescent passe d'une pensée égocentrique à une pensée

12. Georges MAUCO, « Freud et Piaget », in *Le Psychologue,* Paris, PUF, 1970, IDEM, *Psychanalyse et éducation,* Paris Aubier-Montaigne, 1968.

décentrée qui est celle des structures formelles. Ce passage correspond et confirme la transformation de la libido en relation d'objet. Cet équilibre entre la vie affective et la pensée est fragile. Par ailleurs, on observe également comment des mécanismes de défense classiques (l'identification, le déni, l'isolation, l'intellectualisation, l'ascétisme) peuvent mettre à distance l'affectivité de l'intelligence. Les grandes écoles rassemblent souvent des garçons et des filles qui ont un excellent niveau intellectuel, mais qui, dans le domaine affectif, demeurent immatures et parviennent difficilement à traiter les tâches de la postadolescence. Leurs conduites dépressives sont fréquentes[13].

Le processus de la réorganisation du moi arrive à son terme lorsque les conflits de la personnalité et la variété des pulsions ont été bien délimités afin d'être remaniés dans un système intégré et unifié pendant la postadolescence.

LA CONSTRUCTION DE L'IDENTITÉ

Au cours de cette phase, les fonctions et les intérêts du moi se consolident, le caractère se forme et c'est alors que se structure la représentation de soi, dans le sens où le soi désigne la totalité de la personne, autant son corps que les parties de celui-ci (le soi corporel) que son organisation psychique et ses constituants (le soi psychique).

Le moi se forme bien avant l'adolescence, mais, selon P. Blos et E. Jacobson[14], il acquiert au cours de cette période une qualité distincte qu'il ne possédait pas jusque-là, relative à l'abandon de la mégalomanie et des puissances magiques infantiles. Ce processus, qui peut être vu comme une objectivation progressive, permet à l'adolescent de se sentir « lui-même » et d'avoir le sentiment d'une unité de ses expériences internes et externes qui a pris la place des excès anarchiques du début de son adolescence.

La fin de l'adolescence peut être comparable au déclin du complexe d'Œdipe. Ce sont des caractéristiques psychologiques précises qui vont nous indiquer la conclusion de cette période.

13. En particulier : Polytechnique, Centrale, Les Ponts, H.E.C., E.N.A., etc.

14. Peter BLOS, *op. cit.* ; JACOBSON, *Le Soi et le monde objectal,* Paris, PUF, 1975.

Leur discernement est plus difficile à opérer que le début de la puberté.

L'unification, et l'unité, du moi autour de l'identité sexuelle et de la filiation est la tâche de cette période. Les progrès réalisés se vérifient lorsque l'individu devient plus efficace vis-à-vis de lui-même et dans ses relations sociales. Il devient capable d'action concertée et non plus éparpillée et inachevée. Il cherche à inscrire ses intentions dans un projet et dans le futur, il supporte les échéances. Il a une certaine constance dans ses émotions et il stabilise son estime de soi. Cet équilibre fragile tient compte aussi d'une capacité à faire face à ses obligations, à ce qui est exigé par la réalité des choses même si cela entraîne des frustrations, des efforts, des souffrances. Il se reconnaît dans des choix qui vont exiger de lui et dans lesquels il pense se réaliser pleinement.

Le processus d'individuation renforce le moi

L'adolescence est la période de la mise en place d'une nouvelle économie des pulsions et des découvertes qui engagent la personnalité. La continuité, traversée par des discontinuités, des pôles d'intérêts va être le fil conducteur de l'adolescence à la maturité.

Par quels processus la personnalité va-t-elle acquérir son unité et sa cohérence ? Cinq critères (P. Blos) peuvent être retenus pour reconnaître la consolidation du moi :

1. Les fonctions et les intérêts du moi se sont stabilisés dans une individuation singulière, propre au sujet.
2. Le sujet est devenu « autonome », il n'est plus soumis à des luttes internes inhibantes. Le moi n'utilise plus son potentiel énergétique à résoudre ses conflits pulsionnels.
3. L'identité sexuelle est acquise et constante dans la primauté génitale.
4. La représentation de soi et des relations objectales est relativement constante.
5. Les appareils mentaux sont stabilisés et protègent l'intégrité des structures de la personnalité.

Ce processus de consolidation est dynamique, il est la conséquence d'un échange à l'intérieur des structures de la personnalité si les affects circulent. Toutes ces réalités ne se mettent pas en place en même temps et elles sont sujettes à des régressions, comme on le remarque dans des conduites de postadolescents qui donnaient l'impression d'être parvenus à une certaine maturité et qui, à la suite d'événements marquants, se retrouvent à la case départ. Nous avons observé dans notre expérience clinique que les postadolescents de vingt-quatre, vingt-huit ans sont souvent coutumiers de ce fait. Certains, pour se sortir d'une séquence difficile, dépressive, trouvent une planche de salut grâce à une relation vécue comme amoureuse ; pensant avoir trouvé la solution à leur désarroi juvénile, ils se marient, font des enfants, se déclarent les plus heureux du monde. Et quelques courtes années après, c'est à nouveau « la chute » au moindre événement de la réalité qui vient contrarier le faux équilibre auquel ils étaient parvenus. Ils remettent en question leur relation conjugale et prouvent par là combien leur choix était, en réalité, une fuite d'eux-mêmes. On observe ainsi chez de jeunes sportifs, des chanteurs ou des artistes de cinéma ces conduites hypomaniaques pour se dégager sans réussite dans l'agir de leurs problèmes d'adolescents. Comme ils ne parviennent pas à accéder à un self authentique d'eux-mêmes, ils créent des situations dans la réalité afin de se donner des raisons d'agir faute de raisons de vivre et faute de se donner les moyens réels de travailler au destin de leur personnalité : « Ça faisait longtemps que je cherchais un sens à ma vie, dit le personnage principal du film *37°2* de Jean-Jacques Beineix. Betty était la chose la plus importante qui me soit arrivée » ; mais ce n'était qu'une relation folle où le morbide de la vie sentimentale se mêle sous le couvert de générosité à la perversité d'une relation d'un amour souffrant et mortifère. Il est assez curieux de se complaire dans certaines formules du genre : « Aimer, c'est avoir mal à l'autre. » Une vision de l'amour sadomasochiste qui se termine souvent par la mort.

Il y a erreur de destin. Les pulsions partielles que connaît le jeune enfant à travers, par exemple, le sado-masochisme ne sont pas transformées ici dans la primauté du génital. L'affectivité se déploie dans un univers souffrant et toujours enclin à la plainte : « Allô maman, bobo ! » Cependant, lorsque les pulsions partielles sont hiérarchisées dans le moi, le sado-masochisme se métabolise en capacité à comprendre la souffrance d'autrui et à mettre en œuvre tous les moyens pour la supprimer. Tant qu'une pulsion partielle vit de façon autonome, elle ne peut pas être finalisée en contribuant au devenir de la personnalité. Sa destinée est de s'inscrire dans cet ensemble pendant le travail psychique de l'adolescence et de la postadolescence. Bien des conduites excellent à organiser des motivations et des attitudes à partir d'un moi qui n'a pas réussi à intégrer des pulsions partielles. Elles réclament leurs gratifications onéreuses qui déséquilibrent l'économie générale de la personnalité. Une vie affective dont la référence inconsciente est la pulsion partielle sado-masochiste induira des comportements qui iront de la culpabilité morbide à des relations bien difficiles avec les autres en passant par toute une gamme de réflexes pervers allant de la méchanceté jusqu'à la charité narcissique encombrante.

L'univers de la chanson, du cinéma, du sport et, en particulier, celui du tennis rassemblent beaucoup d'adolescents et de post-adolescents immatures au narcissisme fragile. Il est tout de même assez curieux de voir qu'ils occupent habituellement les ondes pour se raconter, dire combien ils ont travaillé dur pour composer une chanson, pour faire leur film ou préparer une compétition. Leur narcissisme est tellement envahissant que le reste est négligé ou dévalorisé ; on oublie le travail de nuit du boulanger, du professeur qui prépare ses cours, du médecin qui ne ménage pas son temps, du routier qui affronte tous les climats et du lycéen qui sèche sur sa copie. Cette inflation narcissique des vedettes des médias est le signe que nous avons affaire à une population juvénile mal étayée psychologiquement sous le couvert d'une pseudo-assurance difficilement cachée par des attitudes euphoriques. L'euphorie est la défense des dépressions masquées. Nous pouvons être inquiets lorsque nous savons que ces jeunes sont vécus par d'autres comme des modèles. Ils cherchent à travers une certaine identification à s'approprier leur façon d'être et surtout leur façon de « résoudre » les difficultés de l'existence. Mais ces personnalités sont tellement problématiques qu'elles risquent de contrarier leur développement psychologique, leur maturation affective et intellectuelle.

Ce processus de consolidation varie donc, bien sûr, en fonction des individus et de leur capacité à faire face aux conflits. Mais il agit sur l'unification du moi et préserve la continuité interne. L'angoisse va jouer, à présent, un rôle non plus inhibant, révoltant et mortifère, mais positif dans l'organisation du moi en stimulant la personnalité à travailler à sa formation. La maturité toute relative de cette période ne doit pas faire oublier que des vestiges des stades antérieurs peuvent rester en dehors de l'élaboration du moi. Cette période juvénile est un temps de crise (ce qui ne veut pas nécessairement dire une crise au sens tragique et dramatique du terme, mais plutôt au sens de passage d'un état à un autre) d'identité. L'issue de ce travail va faciliter l'identité de soi et l'identité de son moi social [15].

15. E. H. Erikson, *Adolescence et crise,* Paris, Flammarion (1968), 1972.

Le processus d'individuation et de différenciation est au cœur de la crise juvénile d'identité. Il débouche sur la capacité à exister par soi-même en devenant autonome par rapport aux objets primitifs.

L'adolescence est le temps du deuil du statut de l'enfance. Ce renoncement, l'adolescent peut le refuser partiellement ou en totalité et maintenir, du moins en fantasmes si ce n'est en réalité, les privilèges de l'enfance à travers les modes de gratification qui lui sont propres. Pour un enfant, tout est dû alors que l'adulte sait que ce qu'il a obtenu il l'a gagné grâce à ses efforts et à son travail. Ainsi les fixations infantiles vont aller à l'encontre de la consolidation de la personnalité en raison des fixations pulsionnelles prégénitales, des discontinuités dans le développement du moi qui vit sur des incohérences, des problèmes d'identification et de la bisexualité. Cependant, même lorsque le moi parvient à intégrer dans une nouvelle économie pulsionnelle tous ces éléments, des restes demeurent. Le problème de la bisexualité ne disparaît pas complètement. Il se retrouve dans l'inconscient de l'adulte à travers ses rêves ou dans des conduites symboliques.

L'intégration de l'excitation pulsionnelle

L'adolescent a dû faire face depuis le début de sa puberté à une pression pulsionnelle par un afflux d'excitations excessif auquel il n'était pas habitué. A l'époque, il n'avait pas encore la capacité de l'assumer psychiquement. Il va devoir apprendre à réguler les excitations endogènes et les représentations qui les accompagnent. Ce travail de contrôle (et non pas d'inhibition) sera permanent durant toute la vie.

Pour désigner cet état, certains auteurs ont parlé de « traumatisme pulsionnel » (Blos, Kestemberg). Dans sa théorie sur l'angoisse, Freud[16] précise cette notion de traumatisme à partir de laquelle le moi va travailler. Le moi, en déclenchant le signal d'angoisse, cherche à éviter d'être débordé par le surgissement de l'angoisse automatique qui définit la situation traumatique dans laquelle le moi est sans recours. Il y a une sorte de symétrie entre le danger externe et le danger interne : le moi est attaqué du dedans, c'est-à-dire par les excitations pulsionnelles, comme il

16. Sigmund FREUD, *Inhibition, symptôme et angoisse,* Paris, PUF, 1968.

l'est du dehors. Nous retenons ici la seconde signification donnée par Freud au traumatisme. Elle se distingue de sa conception liée à un événement accidentel qui provoque un choc psychique. Mais elle garde la même structure : afflux d'excitations et travail urgent de l'appareil psychique pour lier et préparer la décharge des excitations. Tout le problème réside dans l'examen des modes de décharge à l'adolescence, celle-ci ne pouvant pas se faire n'importe comment. La compulsion de répétition peut être utilisée dans une tentative de maîtrise du contenu du traumatisme : en attribuant aux autres les mêmes sentiments que les siens et en voulant les entraîner dans ce qu'il ressent ; ou sur le registre de l'événement accidentel, c'est le cas du sujet qui va faire revivre à d'autres ce qu'il a vécu lui-même. Des enfants battus pourront devenir des parents agressifs vis-à-vis de leurs enfants, ou encore des enfants victimes de sévices sexuels une fois adultes chercheront à passer à l'acte avec des enfants ; l'observation clinique de l'augmentation des incestes familiaux hétérosexuels et homosexuels le confirme. Une jeune femme de trente-cinq ans eut à douze ans des rapports sexuels avec son père puis avec son frère de dix-neuf ans et, depuis, bien qu'elle se dise très attirée par les jeunes garçons avec lesquels rien ne s'était passé, il lui était impossible d'approcher un homme et elle cherchait des contacts sexuels avec des chiens. Pendant plus de vingt ans, elle chercha à travers de tels passages à l'acte à liquider le traumatisme pulsionnel en le déviant sur l'érozoophilie. Sa tentative de maîtriser à travers l'animal un érotisme incestueux et psychologiquement dissociant était vaine.

Au sein de la crise juvénile d'identité, le travail sur l'intégration de l'excitation pulsionnelle est vécu comme une réaction à un danger interne. Le sujet va s'employer à neutraliser cette menace dans un comportement jugé par lui nécessaire et satisfaisant au sein d'une interaction entre le moi et le monde extérieur. Ce travail a un aspect dynamique. Il incite constamment le sujet à négocier ce qui reste de ses demandes primitives pour les confronter à la réalité et à l'environnement. Il provoquera, plus tard, le postadolescent à travers les transformations affectives de l'adolescence à préciser et à affiner ses choix et à trouver un mode de vie reconnu comme sien. La personnalité pourra, de cette façon, s'inscrire dans la continuité historique du moi. Il s'organisera dans un sens déterminé et ses actes seront en harmonie avec ce qu'il découvrira de lui-même.

Le travail d'intégration du moi

Le moi est au centre du processus de consolidation. Il fait œuvre de maîtrise et d'intégration de l'héritage mental et physique en interaction avec le milieu socio-culturel. Les conflits infantiles se résolvent dans leurs données de base, mais ils ne sont pas oubliés avec la fin de l'adolescence. Dans le meilleur des cas, ils ne seront plus un handicap dans la personnalité pour penser, aimer et agir. Les résultats obtenus dans la résolution de ces conflits de base seront rendus conformes aux intérêts du moi et assumés sous la forme de tâches vitales à réaliser. L'estime de soi est renforcée dans le sens où le sujet cherche à établir un accord entre ce qu'il veut être et ses représentations de soi.

Ce processus de consolidation aboutira à une individualisation et à une différenciation du jeune avec le sentiment d'être enfin soi. Le conflit œdipien, les pulsions partielles et le plaisir préliminaire réactualisés à l'adolescence laissent des traces. Ce sont les reliquats de ces conflits qui vont agir sur le moi et l'effort de ce dernier pour les neutraliser va amplifier l'individualisation. La personnalité va acquérir une certaine capacité à résister et son effort va déboucher sur des choix de vie, des choix professionnels, des choix de valeurs.

La fin de l'adolescence se caractérise donc par l'acquisition du sens des limites qui ouvre le champ des possibles. La première phase œdipienne de l'enfance s'est achevée par la structuration d'une instance psychique déterminante, le surmoi. A la fin de l'adolescence, le conflit œdipien se résout dans la génitalité par l'accession à l'hétérosexualité non incestueuse. Cependant, si des reliquats œdipiens n'ont pas été modifiés par le courant de l'amour objectal, la crise juvénile se charge de les transformer en modalités du moi et en traits de caractère. En cas d'échecs, ce sont des solutions pathologiques qui vont limiter le fonctionnement de la personnalité et perturber l'intégration sociale.

La tâche d'acceptation de la réalité extérieure est longue, difficile, coûteuse. L'adolescent, à la fin de son itinéraire, doit être parvenu à « séparer la réalité interne de la réalité externe tout en les maintenant en relation l'une avec l'autre », pense Winnicott. Ce travail est sans doute rendu difficile dans le monde socio-culturel actuel où l'imaginaire est en partie limité par le réel et déplacé sur un moi auxiliaire qui devient le suppléant de l'individu ; la télévision ou l'artiste adulé jouent cette fonction. On imagine à travers l'imaginaire de l'autre, mais le sien est pauvre et superficiel. Les sociétés technologiques sont frustrantes et, du même coup, ce contexte réactive des demandes de satisfactions primaires. Les jeunes, mais aussi les adultes, se donnent des zones intermédiaires pour se reposer d'une contrainte relationnelle entre le dehors et le dedans à travers des activités ludiques, culturelles, artistiques, religieuses. Des zones comparables à des « objets transitionnels » (Winnicott), c'est-à-dire un lieu d'expérience, un espace en dehors des règlements et des exigences inhérentes à la réalité, à l'image des immenses aires de jeux, du temps des vacances, des grands rassemblements à l'occasion d'un concert rock par exemple. Un champ transitionnel sans conflits, comme sont absents les problèmes relationnels entre l'animal en peluche et l'enfant dans lequel on voudrait bien se récupérer soi-même.

Identité sexuelle et différence des sexes

L'identité sexuelle va prendre sa forme relativement définitive au cours de l'adolescence. Nous l'avons déjà évoqué, la précocité des couples juvéniles n'est pas toujours facteur de maturation affective. La relation affective s'articule dans le cadre du stade où elle se développe et utilise l'économie pulsionnelle du plaisir préliminaire, des pulsions partielles ou de la situation œdipienne. La vie amoureuse des adolescents reconduit souvent une affectivité œdipienne sans clore le complexe œdipien. Le changement d'objet ou le besoin de l'autre pour parer à sa solitude ou à ses manques, la dissociation entre affectivité et sexualité sont autant de facteurs qui entretiennent une position infantile. L'image du couple idéalisée dans nos sociétés s'offre comme la seule possibilité pour des adolescents de distribuer leur libido au moment de leur transformation. Si bien que cette relation est souvent vécue dans un double mouvement d'identification et de contre-identification ; elle est souhaitée et redoutée. Durant cette période, la libido devrait pouvoir se diversifier sur des objets culturels variés et limiter la libido génitale à la relation amoureuse.

La différenciation sexuelle est difficile à effectuer dans le contexte socio-culturel de l'époque. Les images masculines et féminines sont brouillées et la mixité n'a pas contribué à améliorer les relations entre les hommes et les femmes. Bien au contraire. Nous avons vu que la mode unisexe et celle de l'androgyne viennent confirmer un certain déni de la différence sexuelle au bénéfice de l'égalité d'un sexe unique. Il serait sans doute souhaitable de remettre en question une certaine forme de mixité dans la mesure où elle n'aide pas à la découverte de l'altérité, mais se réduit simplement à gérer une relation de camaraderie entre garçons et filles. Il ne suffit pas de mettre ensemble des garçons et des filles pour favoriser une meilleure interaction. Une banalisation de la différence des sexes domine ne facilitant pas l'intériorisation des identités respectives. Là encore, nous avons plus agi par mode que par réalisme. Les changements de mode sont intéressants à souligner : nous avons connu la mode de la mixité, puis celle de l'unisexe et celle de l'androgyne va se développer. La mixité a des limites et elle n'est pas bénéfique à tous les âges, car elle peut aboutir à l'opposé des résultats escomptés. La mixité à l'école a contribué à banaliser la différence des sexes. Les enseignants ne se situent pas par rapport à des garçons et à des filles, mais par rapport à des élèves. Autrement dit, l'école s'adresse à des asexués qui se retrouvent sur la base d'un dénominateur minimal, la relation copain/copine. Si l'on comprenait mieux la psychologie différentielle des garçons et des filles, on s'enfermerait moins dans des positions stéréotypées. Nous sommes souvent bloqués dans une mixité stérile des identités. Nous devrions adopter une attitude plus mobile et, au lieu de parler de mixité, qui n'est pas en soi opérante, nous devrions promouvoir une relation de coéducation qui prendrait en compte les différences de l'évolution psychologique des garçons et des filles. Il est important de décloisonner la mixité et de favoriser des activités par sexe et d'autres qui rassemblent les garçons et les filles. Sinon, la femme risque de s'enfermer dans son « complexe de masculinité » et l'homme d'alterner entre l'intériorisation de normes féminines et le rejet d'une relation à la mère phallique. L'un comme l'autre cherchent leur identité plus dans la ressemblance que dans la différence.

H. Deutsch fait observer que la pseudo-modernité dans les normes sexuelles est dans une large mesure responsable des nombreuses complications observées dans le développement de la féminité. Elle pense qu'en renonçant au « double standard », c'est-à-dire au système des normes sociales différentes pour chacun des deux sexes, la société moderne n'a pas donné à la jeune fille la liberté dont elle espérait bénéficier. Ce développement social ne tient pas compte du fait que la pulsion sexuelle féminine est beaucoup plus rattachée aux intérêts du moi et aux attributs de la personnalité que ne l'est la pulsion masculine. Chez le garçon, dit H. Deutsch, la pulsion sexuelle émerge largement indépendante de ses sublimations.

L'organisation de la personnalité de la femme moderne se rapproche de celle de l'homme. Elle devient plus masculine et plus austère en se chargeant du surmoi de l'autre sexe. Elle vit plus mal, du moins pour certaines et pendant un temps, la régression biologique que représente la maternité et qui déclenche des réactions de culpabilité. Les personnages féminins des bandes dessinées de Claire Bretecher, *Les Frustrés,* illustrent bien cette attitude. Elles répriment très fortement leurs besoins dépendants qui sont encore associés à une relation maternelle. Si elles n'arrivent pas à se détacher de l'image maternelle, elles vont projeter sur les hommes l'hostilité vis-à-vis de cette dernière.

Le féminisme de Simone de Beauvoir masque avec beaucoup de talent et de sécheresse des affects de nombreuses interrogations inhérentes au développement psychologique d'une personnalité féminine ou masculine. Les problèmes évoqués dans son livre *Le Deuxième Sexe* sont ceux de la génération de l'après-guerre qui ne sont plus d'actualité en ces termes. L'approche doit être plus psychologique et moins rationalisée afin de mieux rendre compte des réels enjeux. Lors de récentes émissions de télévision à l'occasion de l'anniversaire de sa mort, des jeunes étudiantes participaient à un débat à propos de son œuvre. L'une d'entre elles, suivie par d'autres (filles et garçons), interpella le ministre de la Condition féminine (qui présente sur le plateau s'efforçait de démontrer que son action était inspirée par S. de Beauvoir) en expliquant que ce n'était pas son problème de fille à elle, que c'était peut-être le problème des femmes de la génération de sa mère et qu'elle avait l'impression que ces femmes n'aimaient pas les hommes. « Et puis pour finir, dit-elle, je ne vous reconnais pas comme " ma ministre ", les femmes pas plus que les hommes n'ont besoin d'un ministre spécial, côté garçons, moi, vous savez, ça va plutôt bien. »

L'identité sexuelle n'est pas donnée à la naissance, elle s'acquiert : une tâche psychologique qui va mobiliser les premières années de la vie puis celles de l'adolescence. Freud a décrit la dynamique de ce long travail dans *Trois Essais sur la théorie de la sexualité.* Plus de cinquante ans après, S. de Beauvoir a affirmé au plan philosophique : « On ne naît pas femme, on le devient. » La psychanalyse, sans en faire un slogan, l'avait déjà dit en complétant cette observation par l'autre aspect du réel : « On ne naît pas homme, on le devient. »

Autrement dit, le garçon comme la fille, pendant l'enfance et l'adolescence, ont des tâches psychologiques à effectuer d'une façon singulière. Le destin de leur personnalité en dépend. Les générations actuelles sont déstabilisées dans la confusion de la différence des sexes. Une confusion qui facilite le développement des solitudes, un peu comme si un individu pouvait se suffire à lui-même. Le mythe de la femme mère sans père en est un exemple et réactualise celui des Amazones, tribu de femmes qui partaient en chasse d'hommes pour se faire faire des enfants puis les tuaient ainsi que les mâles qui naissaient de ces unions forcées.

Dans de nombreux témoignages « d'amour adolescent », on observe la volonté de jeunes filles qui recherchent l'égalité masculine, un peu comme deux garçons qui s'aiment. La mode vestimentaire où les partenaires sont identiques est bien significative : le même « jean », le même « sweat-shirt » et le même « blouson ». Le besoin de se mesurer, qui provoque de multiples jalousies vis-à-vis de son partenaire, le besoin d'une égalité féminine du stade pubertaire — le complexe de masculinité — qui se traduit par une quête d'égalité et de ressemblance masculine sur le mode de l'identification c'est-à-dire de l'appropriation. Pour exemple, une publicité de sous-vêtements masculins mettant en scène une jeune femme nue, les bras croisés, les jambes écartées, portant un caleçon et qui proclame : « Je lui ai tout piqué, même son caleçon. »

Par ailleurs se développe à nouveau, comme en réaction à cette tendance, une féminisation de la femme à la surprise déconcertée de certaines mères qui avaient voulu éduquer les garçons et les filles en cherchant surtout à éviter qu'ils se cantonnent dans des rôles dits traditionnels en proposant aux garçons de jouer avec des poupées et aux filles de jouer avec des voitures. Une attitude pédagogique bien naïve, comme si l'éducation avait une fonction magique. Ces pédagogues de l'unisexe sont découragés lorsqu'ils s'aperçoivent que les garçons cherchent à s'affirmer et que les filles coquettes et charmantes s'affinent dans leur relation et expriment le besoin d'une relation masculine sécurisante. Les hommes comme les femmes doivent, sans doute, trouver leur compte dans d'autres publicités également de sous-vêtements masculins des années 85-87. Des hommes dans la force de l'âge, et non plus les jeunes éphèbes asexués, posent sur une ligne avec plusieurs modèles de slip bien moulants ou des caleçons bien portés accompagnés du slogan qui suit le titre de la marque : « Très mâle, très bien. » La lingerie féminine se vend bien à nouveau et l'essor de ces vêtements est peut-être significatif d'un besoin de se situer par rapport à la réalité d'une identité ? Le déni de la différence des sexes fait partie des théories sexuelles infantiles auxquelles le pubère doit apprendre à renoncer, à faire le deuil. Le modèle de la sexualité infantile est actif dans la sexualité des adultes depuis près de vingt-cinq ans. La révolution sexuelle des années 70 n'a pas eu lieu, on a surtout cherché à libérer la sexualité infantile, celle des pulsions partielles et des ambivalences de l'identité. Nous sommes dans l'impasse de ce modèle, car il ne débouche sur rien. La sexualité infantile n'a pas d'avenir si elle n'est pas transformée dans la relation d'objet. Le machisme pas plus que le féminisme ne concourent à favoriser au plan individuel comme dans le champ social la maturation de la sexualité primitive. Bien au contraire, ils développent des conduites et des pratiques pour mettre en œuvre simplement la sexualité prégénitale de la différence négative des sexes. Le besoin qui se manifeste aujourd'hui de trouver le sens de relations affectives avant d'être des relations sexuelles est une tentative de réconciliation psychologique entre l'affectivité et la sexualité. L'éducation affective devrait avoir une priorité sur l'éducation sexuelle car c'est elle qui qualifie, signifie et valorise la relation sexuelle dans l'amour humain.

La bisexualité psychique, la transformation des relations de l'enfance, la reconnaissance de la différence des sexes sont autant de questions à résoudre pour accéder à une identité de soi qui va orienter la vie affective et donner un sentiment de confiance et de continuité avec soi-même. Les revendications pubertaires d'égalité et de ressemblance sexuelles dans lesquelles se perd la génération des « yéyés » au sein d'une relation de rivalités devraient se transformer lorsque l'affectivité est positivement engagée dans le travail de reconnaissance de la différence des sexes[17]. Sa négation provoque des déviations qui retardent la maturation. Enfin, la personne arrivée à la maturité de son identité doit savoir et pouvoir aimer l'autre pour sa valeur personnelle et originale et non pas pour la fonction d'amour, de sécurité, de valorisation que peut remplir cet autre.

La résolution du conflit œdipien qui permet l'accès à l'identité sexuelle donne un sens aux efforts de la vie adulte. Le travail de la pensée et de l'action s'unifient et la capacité du sujet à appliquer son intelligence au réel donne de la consistance à la personnalité juvénile. La communication strictement émotionnelle sur le mode de l'effusion n'aide pas l'adolescent à prendre possession de son intériorité tout occupé qu'il est à trouver

17. Il s'agit d'une rivalité entre le masculin et le féminin.

encore à l'extérieur de lui des situations et des relations qui le maintiennent dans une relation œdipienne. La réorganisation du moi a du mal à s'effectuer et il demeure, par conséquent, fragile aux pressions pulsionnelles qui ne sont pas encore hiérarchisées et fragile aux exigences de la réalité. Engagés dans cette situation, des postadolescents, après avoir connu une relative confiance en eux-mêmes dans leur adolescence, se retrouvent incertains dans leur projet, imprécis à se situer, instables et indéterminés, remettant en question des choix de vie déjà engagés, retournant chez leurs parents après un essai d'habitation seul, extra-familial, se sentant mal dans leur peau, ne sachant plus très bien où ils en sont. C'est le résumé de ce que vivent, pour une part, beaucoup de jeunes entre vingt-quatre et trente ans : ceux que l'on peut appeler à juste titre les postadolescents.

Chapitre III

LE PROCESSUS PSYCHOLOGIQUE DE LA POSTADOLESCENCE

LA POSTADOLESCENCE : UNE APPLICATION NOUVELLE DU CONCEPT

L'allongement de l'adolescence est un phénomène récent. Depuis la fin du XVIIIe siècle, un mouvement socio-culturel a inauguré le développement progressif d'un espace psychologique entre la période de l'enfance et celle de l'âge adulte, alors que l'on avait connu un écart plus faible du passage de l'une à l'autre. Un nouvel âge de la vie s'est instauré que l'on a appelé adolescence.

L'âge de l'obligation scolaire fut reculé en fonction des exigences sociales : à la fin du XIXe siècle, il était de treize ans, puis de quatorze ans au début de ce siècle et, depuis 1959, il est de seize ans. Après cet âge de nombreux jeunes poursuivent leurs études jusqu'à vingt-deux, vingt-quatre ans et bien au-delà. Le temps de formation et de préparation se prolonge considérablement et atteint toutes les couches de la population à quelques variantes près.

L'adolescence puis, maintenant, la postadolescence ne sont pas le résultat de la crise que vivent la plupart des sociétés contemporaines. Ce nouvel âge est une conséquence historique de la modification des conditions de vie inaugurée à partir de la fin du XVIIIe siècle. Nous sommes donc à la fois devant un fait social d'une classe d'âge et un fait psychique qui ouvre des perspectives nouvelles de recherche sur la psychologie humaine.

Ce nouvel âge de la vie peut durer plus ou moins longtemps en fonction des contraintes du milieu et de celles du destin singulier de chaque personnalité. Nous devons donc tenir compte d'une double interaction, celle des influences de l'environnement socioculturel et celle des influences psychologiques que chacun a sur lui-même. Le milieu peut favoriser ou contrarier le développement des structures vitales dans la vie psychique, mais des tendances psychologiques retenues comme telles ou conflictualisées peuvent avoir des influences dans la vie sociale. Nous avons évoqué à ce sujet que l'une des images guides des modèles sexuels actuels s'articule sur la sexualité pubertaire et la sexualité prégénitale.

Cette période est parfois marquée par l'attente et l'incertitude, mais aussi par la détermination à préparer un avenir. Chacun se trouve confronté à un ensemble de questions personnelles et sociales auxquelles il aura à répondre par des choix qui engageront son existence. Les choix de vie au moment de l'adolescence, puis de la postadolescence, posent de nombreux problèmes.

L'adolescence est donc apparue à la suite d'une double influence : temps de préparation à l'insertion sociale, processus psychologique relativement nouveau qui implique des tâches psychiques à effectuer pour favoriser la maturité de la personnalité.

La postadolescence est une situation particulière qui s'inscrit dans la suite de l'adolescence. Le statut psychique de l'une et de l'autre est quelque peu différent. Elles participent au même processus général de l'adolescence, mais elles ont aussi des tâches singulières à accomplir dans le travail de réaménagement de la personnalité.

L'adoption précoce de conduites juvéniles, avant même les transformations de la puberté, est fréquente aujourd'hui chez de nombreux enfants. La difficulté pour certains de mettre un terme aux conflits de base inhérents à l'adolescence et qui s'attardent dans l'indétermination des choix ou dans une affectivité infantile donne l'impression d'être en présence de grands enfants qui ont du mal à grandir, bien souvent après avoir fait preuve de précocité. Enfin, d'autres jeunes, se refusant à entrer dans le processus même de l'adolescence trop angoissant, cherchent à vivre des relations de *protectorat* dans leur vie familiale, sociale et affective ou passent par toute une gamme de troubles psychosomatiques et de perturbations psychiques qui ont donné naissance à la médecine de l'adolescence. Cependant, cette démarche médicale risque de s'égarer et de passer à côté des problèmes réels en soignant seulement le symptôme organique. Des analyses de laboratoire, des examens affinés et spécialisés jusqu'à l'utilisation du scanner dans certains cas ne servent à rien et coûtent cher à la collectivité, alors qu'après s'être assuré de l'état de santé général et des risques d'altération organique il serait plus opérant de s'orienter vers un examen psychique afin de mesurer la situation réelle de l'adolescent qui « tombe » malade en présentant des symptômes psychosomatiques. L'adolescent qui souffre dans son corps a besoin d'être soigné, car l'angoisse peut provoquer des désordres organiques réels. Mais la plupart des praticiens de l'adolescence et de la postadolescence savent bien à partir de leur expérience clinique combien les difficultés psychologiques qui ne parviennent pas à être reconnues pour elles-mêmes se traduisent inconsciemment à travers des troubles organiques ou du comportement. Le jeune ne parvenant pas à parler de ce qu'il ressent exprime ses troubles en présentant un corps souffrant.

La précocité de conduites juvéniles chez des enfants, la puberté, l'adolescence et la postadolescence sont autant de réalités qui indiquent non seulement la longue durée de cette période de transformation, mais aussi l'attraction qu'exerce l'adolescence comme modèle de référence : il faut y entrer de plus en plus tôt pour en sortir le plus tard possible. Elle sert de modèle à des enfants qui commencent artificiellement leur entrée dans cette période sans avoir les moyens de l'assumer et se prolonge chez des postadolescents qui ne parviennent pas à clore cette étape. Si la fin de l'adolescence peut être considérée, d'une certaine façon, comme un faux problème, nous aurions tort de penser que nous sommes promis à une adolescence éternelle, rejoignant par là les vieux mythes de l'éternelle jeunesse et confirmant un déni culturel contemporain, celui du refus de la maturité. Il faut rester jeune, et vieillir serait une maladie. Le rapport au temps est vécu sur un modèle juvénile : celui de l'instant qui dure, et non pas sur celui d'une temporalité où se conjuguent le passé, le présent et le futur. Dès lors, ce qui compte c'est le moment, l'immédiat, l'actuel et tout doit être vécu sur le registre de la nouveauté permanente. Le refus qui se cache derrière ces attitudes est celui de la maturité, c'est se vivre dans l'inachèvement et choisir le non-engagement. L'idée d'avoir à choisir ou à s'engager angoisse tellement que l'on diffère le plus loin possible cette échéance en se réveillant entre trente-cinq et quarante ans avec le besoin de clore sa postadolescence dans des passages à l'acte, pour se rassurer, en faisant un enfant, en arrêtant son errance affective et sexuelle qui ne débouche sur rien, voire en se mariant. Cet itinéraire ne représente pas « la fin de l'adolescence » car les conflits de base sont escamotés au lieu d'être métabolisés dans une économie nouvelle.

Cependant, la postadolescence n'est pas le résultat d'un échec des remaniements de l'adolescence (qui doivent déboucher, répétons-le, sur la résolution des conflits de base pour accéder aux nouvelles tâches du psychisme arrivé à maturité et qui l'occuperont toute sa vie) mais un nouveau processus de transformation et d'intégration continu dans la personnalité. La tâche du processus de la postadolescence est de réorganiser la personnalité à la suite des modifications de l'adolescence. L'essentiel de son travail s'effectue dans l'articulation de la vie psychique avec l'environnement. Si les conflits de base ne sont pas résolus, le moi limité ne pourra que proposer des adaptations symptomatiques dans des engagements amoureux et socio-professionnels entre autres. Le moi répercute les soubresauts des conflits d'adolescence et le sujet revit dans son insertion sociale toutes les difficultés inhérentes à son économie interne, ce qui explique que des événements sans doute difficiles à vivre, mais relativement sans portée désastreuse, serviront de déclenchement pour faire apparaître les failles dans le système d'organisation de la personnalité. Nous le savons bien, le moi s'affermit en traitant les conflits de base ; lorsqu'ils sont restés sans solution, la personnalité est plus fragile et moins mobile. La violence qui se développe dans la conduite de jeunes en bande de *skinheads* est typique de cette position dépressive juvénile. Ils ne parviennent pas à organiser leur vie pulsionnelle autour d'un idéal du moi et restent sous l'emprise d'un surmoi primaire au point de se faire les justiciers criminels contre « les maghrébins, les drogués et les homosexuels » qui sont la cause des maux sociaux. Ces personnalités sont dangereuses et, socialement, il n'est pas possible de rester indifférent devant les positions d'un moi rigide qui ne sait pas faire fonctionner la raison (le sens des choses est perverti). Il est à craindre que ce type de violence ne se développe alors que les sociétés de droit hésitent à prendre les moyens pour comprendre et enrayer ce phénomène.

La postadolescence est un concept qui sera de plus en plus utilisé pour désigner la période qui se situe entre l'adolescence et l'achèvement de la maturité psychique et sociale. La postadolescence n'est pas la conséquence d'un prolongement problématique d'une adolescence qui aurait du mal à se clore, mais un nouvel âge de la vie aux tâches bien spécifiques pour mettre en place une vie psychique qui s'est complexifiée au fil du temps. La puberté, l'adolescence et la postadolescence sont les trois temps d'un processus à la fois identique et différencié selon les étapes.

Les vingt-deux - vingt-quatre/trente ans se situent dans cette période dont nous allons examiner les tâches qui peuvent contribuer à la stabilisation des fonctions psychiques.

LE PROCESSUS DE LA POSTADOLESCENCE DANS LA STABILISATION DES FONCTIONS PSYCHIQUES

Après le développement de la puberté, une fois la maturité physique atteinte, il reste à effectuer un travail psychologique qui se déroule actuellement sur plusieurs années. Nous avons pu observer que le développement physique et psychologique ne s'arrête pas à la puberté. C'est après cette période que s'accomplit l'essentiel de la mise en place des structures de la personnalité.

Nous avons distingué les diverses tâches psychiques de l'adolescence. Elles ne sont pas isolées les unes des autres, mais articulées dans des mouvements dynamiques et relativement réversibles. Cependant, un conflit non résolu détermine une solution identique, en partie ou en totalité, dans la phase suivante. Le moment viendra où le moi opérant son travail de synthèse intégrera aussi bien les reliquats conflictuels que les acquis psychiques. Le moi devenu stable et relativement disponible pourra chercher à travailler à l'harmonisation des divers composants de la personnalité.

La postadolescence est un processus et une période pendant lesquels l'individu doit faire face :

— à la prise de conscience de soi et de ses limites ;

— à engager une relation positive et non pas dépressive avec la réalité, ce qui implique une acceptation du réel ;

— à entrer dans un travail de stabilisation des fonctions psychiques.

PÉRIODE D'ORIENTATION

Le jeune « adulte » se situe à la postadolescence dans une « phase intermédiaire » entre le processus de l'adolescence et celui de l'âge adulte. Une période d'orientation et de choix se poursuit sur tous les plans. Le rôle que le jeune se donne peut occulter, masquer, ce qui reste incomplet dans la formation de sa personnalité. C'est le cas de sujets non assurés qui parviennent à se construire un personnage standard servant, en quelque sorte, de prothèse au moi. Le rôle que l'on se donne en imitant un personnage social, en s'habillant comme lui ; le rôle professionnel ou le rôle amoureux vont construire des pôles d'intérêts dans la réalité sous la forme de la relation par étayage avec le moi : une dépendance qui est source d'être. Ils auront une fonction d'autoconservation, d'autoprotection du moi qui les utilisera également comme moi auxiliaires. Cela signifie que le moi n'est pas encore parvenu à intégrer les besoins pulsionnels et ses propres intérêts qui sont, il est vrai, souvent instables et contradictoires. Durant cette phase, le postadolescent a, sans doute, besoin d'élaborer de quoi sauvegarder et protéger son équilibre narcissique pour s'auto-évaluer et faciliter le passage du surmoi à l'idéal du moi. Cet équilibre sera le résultat de la résolution œdipienne et du travail de synthèse du moi. Il conditionnera la qualité de confiance que le sujet aura ou pas vis-à-vis de lui-même. Il est important de souligner, afin de comprendre certaines attitudes sociales, que moins on a confiance en soi et plus on doute des autres. Les conduites de violence brutale qui se développent chez certains jeunes sont souvent significatives d'un manque de confiance et de ressources en soi-même, d'un manque de vision cohérente et constructive du réel. Avant d'être un problème moral, ces violences qui sont, certes fort heureusement, le lot d'une minorité active sont auparavant le reflet de l'état des personnalités juvéniles. Elles expriment dans une pathologie sociale des structures psychiques narcissiques de personnalités insécurisées. La plupart des jeunes trouvent des modes de régulation à leur psychologie morcelée, ce que n'arrivent pas à faire d'autres insuffisamment symbolisés.

Une organisation des pulsions a pu se faire progressivement au cours de l'adolescence, elle va devenir relativement stable. Cela ne veut pas dire que le moi soit parvenu au terme de son travail d'intégration. Des modifications psychiques sont encore possibles et même des revirements importants.

L'adolescence arrive à son terme lorsque les conflits de base sont résorbés, que la personnalité est parvenue à une unité interne et à une relation non conflictuelle au sein de l'appareil psychique. Le surmoi, par exemple, n'exerce plus une force coercitive sur le moi, mais, avec la résolution œdipienne, l'idéal du moi prend le relais ; de plus, la personnalité morale apparaît, intériorisant les normes, les consensus et les valeurs facilitant l'exercice critique de la responsabilité personnelle et sociale.

L'adolescence est une phase singulière du développement de la personnalité dans ses réalités physiques et psychiques. Elle se définit plus comme un processus psychique, un travail de remaniement et d'intégration du mouvement pulsionnel commencé lors de la puberté que comme un âge. Les transformations corporelles vont provoquer une expérience psychologique intense que l'adolescent et le postadolescent mettront des années à intégrer et à intérioriser afin de réduire ce sentiment d'étrangeté pubertaire vis-à-vis de soi et qui peut rester vivace au cœur de la personnalité la vie durant. Nous en retrouvons des traces dans de nombreuses productions littéraires, cinématographiques et musicales. Mais si l'adolescence ne se réduit pas à un âge (et une fois franchi cet âge les problèmes seraient dépassés comme sur une route on dépasse un lieu dangereux), elle est également une étape spécifique et limitée dans le temps, avec un commencement et une fin puisque sa tâche essentielle est de favoriser l'acceptation de son corps sexué, de renoncer aux images infantiles parentales, de résoudre le conflit œdipien dans sa forme hétérosexuelle et homosexuelle, d'accéder à l'autonomie psychique dans la capacité à exister par lui-même dans son individuation, de renoncer à son image de toute-puissance narcissique — je peux tout, je veux tout —, de renoncer à l'ambiguïté de la bisexualité psychique et de se reconnaître comme homme ou comme femme et, enfin, de renoncer aux modes de gratification infantile de la masturbation, des conduites impulsives et des réalisations immédiates des désirs sans pouvoir les différer.

Nous l'avons déjà dit, le processus de l'adolescence a quelques difficultés à se clore dans le contexte socio-culturel actuel. Le sujet se maintient dans les hésitations et les ambiguïtés de l'adolescence par rapport à la bisexualité, aux objets primitifs, à l'autoérotisme (toxicomanie) et aux conflits des identifications. Le principe de plaisir ne parvient pas à se référer au principe de réalité et les frontières du moi sont mal délimitées laissant ouverte et sans lien la relation avec les intérêts du moi, souvent multiples, différents et même contradictoires.

PÉRIODE D'AMBIVALENCE

Le postadolescent va éventuellement s'essayer dans plusieurs directions à travers des expériences diverses. Cette expérimentation va parfois conjuguer toute une gamme de conduites allant dans des directions opposées. Le sublime ira ainsi côtoyer le pervers. La distinction encore inachevée entre des relations sexuelles et des relations désexualisées entraînera parfois des conduites où des objets de différentes catégories pourront être associés : de l'érotisme impulsif à l'amour idéalisé, de la sensualité à la tendresse, de l'hétérosexualité à l'homosexualité.

Les expériences relationnelles et amoureuses, parfois passagères ou se déroulant sur une période plus ou moins longue, expriment les ambivalences et le besoin d'expérimentation liés à cette période. Le jeune adulte dans la postadolescence s'engage en même temps et avec un égal sérieux dans de nombreux projets divergents et aussi contradictoires. Cette attitude est variable en fonction des individus ; tout dépend de l'harmonisation pulsionnelle avec les intérêts du moi et ses capacités à contrôler les passages à l'acte éventuels. Le besoin d'expérimenter des intérêts différents, à travers les situations les plus variables, est le signe que l'adolescent dans sa phase terminale cherche à élaborer le style de vie qui sera le sien. De nombreux jeunes au cours de cette phase éprouvent la nécessité de réfléchir sur eux-mêmes et de se faire aider pour clarifier ce qui se passe en eux. Leur demande ne relève pas d'un traitement lié à une pathologie quelconque, mais d'une clarification de leur personnalité. Il y a chez la plupart des postadolescents un effort d'intégration, plus ou moins réussi, des essais expérimentaux éclatés à la poursuite d'un but unifié.

PÉRIODE D'AUTOLIMITATION

Si l'adolescence est sans but, et parfois pour certains sans limite, la postadolescence inaugure un processus d'autolimitation. Le postadolescent va adopter des attitudes et en sacrifier d'autres grâce à un renoncement, un deuil consenti afin de retenir celles qui pourront lui servir dans son existence orientée vers un but précis. Il abandonne des conduites impulsives et ses inclinations multiples au bénéfice de limites qu'il se donne dans le cadre de la recherche des buts qu'il veut et qu'il peut atteindre. Il va apprendre à s'évaluer et à identifier ce qu'il désire et ce qu'il peut mettre en œuvre. Il apprendra également à accorder la relation entre le soi et le monde extérieur dans une interaction efficace.

Le besoin d'être efficace et d'inscrire son existence au sein d'un rôle lui donnant une reconnaissance sociale permet à la libido narcissique de se modifier en libido d'objets. La confiance en soi facilite le dégagement de l'énergie psychique pour l'investir sur des réalités avec lesquelles il va travailler. Dans ce système économique, le plaisir n'est plus recherché pour lui-même comme le souhaite l'enfant, mais à travers des médiations, des objets tiers. Le plaisir est trouvé comme conséquence. Il est la conséquence d'un travail réussi et gratifiant, il est la conséquence de relations adaptées, il est la conséquence d'une solitude assumée, il est aussi la conséquence du plaisir sexuel obtenu par l'autre. Cependant, il est important que soit maintenu un équilibre entre les efforts fournis, les frustrations inhérentes à la contingence de l'existence et les gratifications, les plaisirs obtenus ; sinon le sujet devra avoir recours à ses ressources intérieures pour maintenir sa relation objectale. Les personnalités fortes sont celles qui sont capables de résister aux frustrations sans être inhibées ni résignées, mais en s'appliquant à trouver des solutions pour les réduire.

La conduite sociale relative à sa structure personnelle dans laquelle il s'engage participe d'un modèle bien précis. N'importe qui ne s'empare pas de n'importe quoi, fût-ce une idée, un métier, une croyance, une personne. Ce qui est choisi a une utilité à l'intérieur de la personnalité de celui qui choisit.

Les buts qui sont donnés à travers des relations, des rôles, des choix permanents, se réalisent en extension aux conflits intrapsychiques résolus ou non. Le moi, dégagé des tensions conflictuelles du mouvement pulsionnel, s'engage de plus en plus dans ce travail. Dans des périodes harmonieuses et stables, le sujet se sentira bien et en accord avec lui-même. Une impression de puissance narcissique le stimulera à agir. Par contre, à d'autres moments, lorsque le moi faiblit dans l'exercice de son travail d'unification vers le but à atteindre parce qu'il se heurte à une résistance interne, les satisfactions en moindre quantité déclenchent ce que nous appelons des ambiances dépressives manifestes ou masquées par des conduites hypomaniaques. Certains se lanceront dans une démultiplication d'activités ou de relations pour s'empêcher d'être débordés par leurs tendances dépressives. D'autres se laisseront aller à de la tristesse, de la nonchalance, se diront paumés, ne sachant plus très bien où ils en sont. Nous constatons souvent cette attitude chez des postadolescents entre vingt-quatre et trente ans et plus précisément dans la séquence d'âge de vingt-cinq, vingt-huit ans. Ils ont le sentiment que le réel est déprimant alors que le problème est ailleurs. Nous pensons qu'il s'agit là d'une constante dans la postadolescence apparaissant pour elle-même ou dans le contenu psychique de comportements de « mauvaise foi » qui tentent de camoufler des pulsions non métabolisées ou une difficulté du moi qui, dans son entreprise d'intégration d'un conflit, ne parvient pas à se transformer.

AUTONOMIE PSYCHIQUE INDÉPENDANCE ET DÉPENDANCE AVEC LA VIE PARENTALE

Si certains adolescents revendiquent le besoin de s'assumer et d'être indépendants, d'autres ne souhaitent pas précipiter leur départ et continuent de vivre avec leurs parents. Ils reconnaissent qu'ils commenceront à sortir de l'adolescence le jour où ils vivront chez eux. Mais étant donné que la relation familiale, passés les conflits pubertaires et ceux du début de l'adolescence, est harmonieuse et que les vicissitudes du monde extérieur sont telles pour s'installer, ils préfèrent à la précarité des premières installations prolonger leur existence chez leurs parents. C'est affectivement et matériellement plus nourrissant et plus sécurisant.

Les jeunes en question ne sont pas forcément des sujets à problèmes. Il s'agit plutôt d'un comportement conjoncturel. A l'incertitude du monde extérieur répondent toujours des défenses vitales et des satisfactions sécurisantes. Le fait de demeurer chez leurs parents n'empêche pas ces jeunes de travailler, de vivre des expériences amoureuses, mais toujours dans la dépendance de l'habitat familial.

Souvent des jeunes font des tentatives d'indépendance pendant quelques mois, puis ils reviennent pour une durée indéterminée chez leurs parents avant de repartir et de revenir à nouveau jusqu'au moment de s'établir définitivement. D'autres ne cessent de faire des aller et retour sans parvenir à décrocher pour de bon de l'habitat parental. Des parents s'en étonnent, habitués qu'ils furent à l'idée de voir s'éloigner d'eux leurs enfants au seuil de l'adolescence. Il s'agit surtout d'un cliché, d'un stéréotype d'une représentation sociale de l'adolescence qui est en décalage avec la pratique réelle. Il est fréquent de constater, par ailleurs, que les enfants ayant quitté l'habitat parental reviennent plus souvent chez leurs parents et font davantage acte de présence que lorsqu'ils vivaient avec eux.

La famille devient un lieu de référence historique et affectif qui donne un sentiment de continuité avec soi-même. Il est encore possible de vivre et d'agir sur ce groupe restreint alors que la maîtrise du monde extérieur s'éloigne de plus en plus des capacités individuelles de chacun. Le sentiment d'impuissance à faire face aux nombreuses situations du monde extérieur dont on est informé immédiatement grâce à la radio et à la télévision provoque une désertion du champ social car on n'a pas les moyens de les résoudre. Les journalistes oublient souvent comment fonctionne psychologiquement la réception de l'information lorsque le lecteur, l'auditeur ou le téléspectateur ne sont pas vigilants ou critiques : écouter un récit ou un commentaire ou voir des images suscitent une identification ou une contre-identification. L'auditeur est impliqué dans ce qu'il reçoit, c'est comme si la chose lui arrivait à lui, c'est comme si la pensée émise était sienne. L'attitude sera soit le rejet, soit l'identification. Une telle situation devenant angoissante est déniée au bénéfice de la banalisation. Si bien que pour attirer de plus en plus l'intérêt de l'auditeur, du téléspectateur ou du lecteur, il faudra de plus en plus forcer sur le chapitre de l'émotion. C'est le maître mot de certains journalistes : plus l'émotion est intense et plus l'événement est perçu comme vrai. L'information n'est pas transmise en tant que telle, mais elle est reconstruite, mise en scène et surtout chargée émotionnellement. Cette inflation émotionnelle sert surtout le narcissisme et même si, pour les besoins de la cause, les émotions sont mises au service de gestes de générosité, abusivement nommée solidarité, la relation n'acquiert pas une dimension sociale.

Le sentiment d'impuissance (de castration) à faire face au monde extérieur et la frustration due aux contraintes d'une société technologique où la machine se substitue à la relation humaine, le besoin de faire circuler ses affects et d'obtenir une réussite satisfaisante, accentuent la privatisation de l'existence en valorisant la vie familiale et les relations dites de couple sous toutes leurs formes.

Dans ce contexte, le processus psychologique de l'adolescence se prolonge parfois en confondant deux réalités : l'autonomie et l'indépendance.

L'autonomie psychologique correspond à la capacité psychique à exister par soi-même. Des postadolescents peuvent commencer à la vivre tout en étant dépendants matériellement de leurs parents. A l'inverse, être indépendant matériellement de ses parents ne débouche pas nécessairement sur une réelle autonomie psychique.

L'indépendance est surtout relative aux moyens matériels que le postadolescent se donne pour organiser son existence quotidienne en assumant son habitat, sa nourriture, son entretien, son travail, ses loisirs et ses relations amicales et sociales. Il peut être indépendant et gérer relativement à peu près son existence tout en ayant des difficultés à exister par lui-même. Des adolescents ont parfois quitté leurs parents dans l'espoir d'être enfin libres et indépendants chez eux sans pouvoir atteindre l'autonomie psychique. Ils étaient certains de résoudre leurs problèmes et leurs conflits en partant loin de chez leurs parents. Ils les emportaient en réalité avec eux, dans leurs bagages ; en espérant les éliminer dans l'agir, ils ne se rendaient pas compte qu'ils empêchaient leur personnalité d'effectuer son travail interne de réaménagement des fonctions psychiques. L'Ardèche, les Cévennes et la Corse ont vu, encore à une époque récente, déferler des postadolescents de vingt à trente ans qui voulaient organiser une vie nouvelle parce qu'ils ne parvenaient pas à être eux-mêmes.

> Je voulais changer le monde et changer la vie parce que je n'arrivais pas à me transformer moi-même, nous disait récemment un jeune adulte de trente-trois ans en poursuivant, en 1981, le maître mot avec l'élection de Mitterrand ; c'était « le changement ». Je pensais que l'on allait tout refaire et que la loi n'existait plus. A Paris, je garais ma voiture n'importe où et j'étais surpris de voir arriver les contraventions quelques semaines après. Je ne comprenais plus. Je crois que j'ai commencé à me réveiller à vingt-neuf ans lorsque j'ai pris conscience que je vieillissais à l'aube de mes trente ans et que ma femme était avec un autre type. Je me suis retrouvé comme à dix-huit ans. J'ai l'impression de ne pas avoir bougé depuis. J'ai fait des choses et je ne sais pas très bien après quoi je courais. J'ai été abusé ou je me suis abusé et ce qui m'intéresse maintenant ce n'est pas tellement

de changer le monde, mais de me changer. J'aurais dû commencer par là. Pourquoi personne n'a su me le dire lorsque j'ai commencé ma déroute à dix-neuf ans ? Les aurais-je seulement écoutés ? Je suis séparé de ma femme. J'ai deux gosses et pour eux je dois être un homme et un père. Je dois grandir et cesser de jouer au grand gosse. J'ai l'impression d'être resté un adolescent parce que j'avais peur de devenir un adulte.

Une insertion sociale dans un travail et dans une vie de couple n'est pas un critère de maturité. Très souvent, la maturité ou la fin de l'adolescence sont signifiées en termes sociaux. Une distinction importante s'impose entre le fait d'être adulte et celui d'être mature, car il est évident qu'être adulte ce n'est pas obligatoirement être mature. La notion d'adulte peut être entendue soit pour rendre compte d'un statut social d'une personne qui est insérée à plus d'un titre dans la vie sociale (par rapport à l'enfant et à l'adolescent), soit pour parler d'une personne parvenue à un stade de maturité affective et relationnelle.

Nous l'avons déjà évoqué, la maturité est le résultat de l'achèvement des fonctions principales du psychisme et la conséquence de la résolution des conflits de base. Une fois assuré de l'un et de l'autre, un dialogue permanent s'opère à l'intérieur de l'individu dont il est le sujet et non plus le simple écho en lui de la parole parentale. Un dialogue entre le moi et l'idéal du moi qui est l'héritier du narcissisme primaire[1] devient possible. Le postadolescent se dit : « Je me parle et ce n'est pas uniquement papa et maman qui parlent en moi. » L'élaboration permanente des faits psychiques et la circulation interne des affects sont facilitées grâce à ce dialogue interne. A l'inverse, nous avons souvent observé que l'idéal du moi, considéré dans son autre aspect comme la conséquence de l'intériorisation des images parentales idéalisées, est figé ; le sujet a du mal à devenir réellement autonome même s'il s'engage dans des choix de vie affectifs, professionnels et culturels qui seraient censés le libérer de la tutelle parentale. Dans la réalité, il est indépendant de son univers parental sur le plan matériel, mais psychologiquement il n'est pas parvenu, pour autant, à l'autonomie. Le self n'a pas encore les moyens de s'individualiser et le postadolescent a tendance à se donner ou à s'appuyer sur un (ou des) moi auxiliaire. Il vit à travers les autres ou à travers des identifications

1. Dans le narcissisme primaire, le sujet se prend comme unique objet d'intérêt.

de personnages sociaux. La « fin » de l'adolescence psychique est ainsi repoussée dans des stratégies du retardement. Les conditions socio-culturelles ont également une incidence dans la mesure où elles valorisent la période juvénile, une période sans fin qui donne naissance à une société adolescentrique.

LES DIFFICULTÉS CULTURELLES À CLORE L'ADOLESCENCE

Une tâche difficile à effectuer aujourd'hui dans la mesure où les jeunes ne trouvent pas souvent de place pour s'insérer socialement. Ils ont l'impression d'arriver dans une société où l'horizon est limité et dans laquelle ils n'ont rien à faire. Leurs aînés ont eu un monde à reconstruire à l'image de l'idéal de chaque génération. Cet idéal ne semble plus fonctionner. Le travail risque du même coup d'être dévalorisé et les personnalités avec. Mais la période des années 70 de « l'allergie au travail » est dépassée et dans les années 80 la « boss génération » est d'actualité [2].

L'achèvement de l'adolescence sur le plan social est perturbé et sape progressivement la confiance et le consensus social. Le besoin de se dire que la vraie vie est ailleurs grandit et développe des modes de satisfaction primaires. On entend souvent dire, surtout de la part des postadolescents, après une expérience agréable et réussie : « J'ai vécu la vraie vie. » Une telle conception les maintient parfois dans un rapport dépressif au réel. Le réel déprime.

La confiance dans une identification sociale est importante lorsque l'on sait que le moi est aussi le résultat d'un compromis et d'un équilibre plus ou moins facilement acquis entre les pulsions inconscientes et les exigences de la réalité extérieure. Lorsqu'une des données vient à faillir dans le cours de la personnalité en formation, des dispositions dépressives sont à craindre. Dans le contexte d'un milieu insécurisant, les attitudes régressives et les pulsions non élaborées sont réactivées car le moi ne parvient pas à faire son travail d'intégration en relation avec l'environnement.

2. Dominique GLOCHEUX, *La Boss Génération,* Paris, Dunod, 1987 ; Jean ROUSSELET, *L'Allergie au travail,* Paris, Seuil, 1978 ; Olivier GALLAND, *Les jeunes,* Paris, La découverte, 1985.

Des personnalités rigides et paranoïdes comme les *skinheads* (les crânes rasés), les *punks* (les sans-avenir) ou les *junkies* (les déchets) ne vont pas manquer d'éclore. Psychologiquement et socialement nous les fabriquons sans nous en apercevoir. Ils expriment, à travers leur personnalité fragile et pathologiquement rigide, les maladies sociales de nos sociétés contemporaines. Tous les pays sont et seront touchés. D'autre part, des jeunes qui n'appartiennent pas à ces catégories s'en vont également le soir casser des magasins ou faire le coup de poing avec des personnes rencontrées sur leur chemin. Quand la police leur demande d'expliquer leurs gestes, ils ne savent pas les justifier, si ce n'est par le fait qu'ils s'ennuient.

Dans bien des pays, il manque une réelle politique de la jeunesse pour préparer l'avenir. Aujourd'hui, pour l'économie d'un pays, les hommes représentent un capital important. Des hommes confiants dans ce qu'ils vivent et attachés à leur société d'appartenance sont capables d'œuvrer efficacement. Saper ce capital c'est commencer le déclin d'un groupe humain et d'une culture. L'histoire est là pour nous le rappeler.

Une des tâches de la postadolescence est de travailler à l'intégration des pulsions dans les fonctions du moi en relation avec l'environnement. Le jeune adulte va s'occuper à trouver des voies spécifiques dans lesquelles les conflits résolus et leurs résidus intégrés dans le champ du moi pourront être appliqués au monde extérieur. Les personnalités dysharmonieuses exprimeront leurs conflits à travers les désordres ethniques d'une société et révéleront, non seulement leur propre pathologie, mais aussi la maladie sociale. Si jusqu'à une période récente un certain nombre de conduites sociales évoluaient dans le cadre de la névrose obsessionnelle, actuellement elles se déploient dans celui d'un noyau psychotique qui donne naissance à des attitudes schizoïdes de personnalités éclatées. La relation se développe sur le mode du délire civilisé, du non-sens. Les modes vestimentaires bigarrées et incohérentes, les chevelures électriquement hérissées et une affectivité sexuelle partagée entre la brutalité de la pulsion primaire dominatrice et un manque de relation objectale démontrent l'inorganisation de ces personnalités et l'état de violence dans lequel elles s'installent pour se défendre d'un danger intérieur de morcellement, tout en l'exprimant, en le projetant à l'extérieur de soi sur les autres.

Le processus d'individuation au bénéfice du moi social effectue difficilement son travail en raison de deux facteurs :

La société du désir immédiat

La société du désir de posséder, de consommer, a développé le besoin d'obtenir des satisfactions immédiates. Le désir à peine naissant doit être satisfait. Freud et la plupart des auteurs mettent en évidence la nécessité de différer la réalisation du désir pour qu'il se développe, se structure et parvienne à maturité. Sinon le moi devient de moins en moins vigoureux et capable de résister à la frustration par contrecoup à la satisfaction immédiate. Si dans certains cas de névrose la défense se substitue à la pulsion, dans d'autres cas la pulsion est exacerbée et envahit le moi dans des demandes éparpillées. La pulsion devient moi. Le moi est handicapé dans sa tâche car sans opérer d'élaboration il ne se construit pas. La moindre frustration est vécue comme un danger auquel le moi ne peut pas faire face étant donné sa fragilité. Le moi névrosé donne des personnalités qui ne cessent de se plaindre à propos de tout et de rien. Le réel le déprime à la moindre contrariété.

L'absence de projet social

L'absence de projet de vie sociale cohérent laisse supposer un avenir limité ou de toute façon sans lendemain. Un slogan publicitaire de vêtements multicolores et multiformes à la mode est bien significatif de cet état d'esprit : « La vie est trop courte pour s'habiller triste. » A l'inverse des jeunes des années 60 qui vivaient dans l'espoir de multiples buts à réaliser, ceux des années 80 ont également envie d'étudier et de travailler, mais avec le sentiment de buts limités et incertains.

Les mythes de l'angoisse des fins de siècles s'associent avec un climat de crise économique, politique et philosophique. Il ne faudra pas s'étonner de voir se développer le parareligieux dans une multiplication de sectes aux croyances les plus surprenantes. Ce religieux sauvage est l'expression du narcissisme dominant qui privilégie les émotions, la dépendance aux leaders charismatiques, à l'effusion, à l'imaginaire au détriment de la parole. Les sectes sont les religions du narcissisme ; par contre, les religions du Livre comme le judaïsme et le christianisme sont des religions œdipiennes. Dans un univers qui dénie le complexe d'Œdipe, la relation a du mal à accéder au sens de la parole. La relation en symbiose des sectes ou de certains mouvements spirituels apparus récemment dans les diverses confessions va se nourrir de l'immédiat et des émotions prises en tant que signes de la présence de Dieu, alors que pour les religions du Livre où Dieu est médiatisé dans l'objet-tiers de la parole, un long et patient apprentissage spirituel va se faire pour inscrire le croyant dans une histoire relationnelle avec Dieu au sein d'une communauté. Il n'est pas certain que les Églises aient pris conscience des véritables enjeux spirituels de l'époque. Nous n'allons pas assister à un déclin du religieux comme le prétend Bourdieu, mais, au contraire, à un surenvahissement. Ce religieux sauvage est l'expression avant tout d'une pauvreté de la subjectivité contemporaine. La difficulté de s'intérioriser faute d'objets mentaux structurants conduit des jeunes et des adultes à se tourner vers ceux qui se présentent comme des références de l'irrationnel. Mais ces nouveaux gourous sont un danger pour la santé mentale d'un pays. *Nous avons tort de ne pas offrir une réelle éducation religieuse aux enfants.* Sans cette connaissance, ils deviendront vite incapables de se situer par rapport à l'enracinement judéo-chrétien de la vie sociale, culturelle, festive et religieuse des sociétés occidentales. La dimension religieuse fait partie de l'existence et il est dommage de se priver de cette recherche spirituelle. Sans connaître quelques points de repères à ce sujet, des jeunes se tourneront vers n'importe quelle croyance pour nourrir une fonction qui a besoin d'être reconnue. Le religieux devient de nos jours une dimension où l'on espère trouver de quoi organiser et faire vivre son intériorité. Mais, nous l'avons souligné par ailleurs, tout dépend de l'angle sous lequel ce religieux est appréhendé. Le risque des psychologies contemporaines morcelées et déracinées consiste à ne pas savoir hiérarchiser les vérités et les valeurs, et à convenir que tout se vaut au nom de la sincérité comme nous l'avons déjà évoqué. A partir de là, on cherchera à composer son unité spirituelle avec un *digest* syncrétiste de diverses religions. Œdipe et sa parole ne parviennent pas à déloger Narcisse et son aphasie puisque ce dernier ne peut pas accéder au langage et au sens du symbole.

Cette absence de projet de vie cohérent et de valeurs auxquelles se référer n'aident pas le moi à trouver dans le monde extérieur de quoi nourrir ses fonctions et ne facilite pas toujours l'insertion sociale. Cependant, le désir de s'insérer socialement existe, mais il ne parvient pas à s'articuler sur la réalité dont les formes sociales sont difficilement maîtrisables. La réalité échappe au désir de trouver sa place. Une fois de plus, le moi a de sérieuses difficultés à se consolider, ce qui ajoute à sa fragilité.

LE PROCESSUS DE CONSOLIDATION DU MOI ET L'ESTIME DE SOI

La consolidation du moi, dans une perspective psychanalytique, n'est pas d'abord le résultat d'influences externes considérées, à juste raison, comme positives ou négatives à l'exemple des deux facteurs que nous venons d'évoquer. Les incidences externes sur le moi sont effectivement importantes ; mais chaque sujet aura une attitude tout à fait singulière pour aborder ces deux problèmes en fonction de son organisation interne. Le moi se trouvera conforté si l'individu obtient une réussite dans la réalisation d'un projet ; ce qui lui donnera un sentiment de continuité entre sa vie psychique et la réalité extérieure. Un étudiant obtint dans la même semaine sa maîtrise, son concours d'entrée dans une grande école et son permis de conduire et il s'exclama : « C'est le plus beau jour de ma vie. » Il n'en finissait plus de contenir sa satisfaction débordante qui se transforma en quelques semaines en « confiance de soi ». Ce cas illustre bien que le moi se confirme grâce à l'apport de la réalité extérieure dans le sens où il trouve la confirmation positive de son travail d'intégration.

La postadolescence est une période à travers laquelle le sujet reçoit aussi l'estime de soi de l'extérieur et maintient de cette façon l'équilibre narcissique. Le besoin d'être reconnu socialement par l'intermédiaire d'un statut et d'un rôle assure le moi de l'efficacité de son travail. *Mais en aucun cas le processus d'intégration ne tire son origine, ni ne dépend du monde extérieur ;* il peut être stimulé, encouragé par des réussites. L'organisation de soi est la conséquence de l'articulation des diverses instances psychiques (moi, ça, surmoi), l'intégration progressive des pulsions dans les intérêts du moi donne à ce dernier une capacité singulière à penser, à agir et à utiliser les objets externes. L'idéal du moi a récupéré la libido narcissique par de multiples identifications. Au moment de la postadolescence, la personnalité morale se développe et elle s'appuie davantage sur le sens de soi, de sa dignité personnelle (le sujet respecte et veut être respecté) et l'estime de soi (auto-évaluation) que sur la satisfaction immédiate des pulsions et l'obéissance au surmoi.

L'idéal du moi a une fonction régulatrice et prend ainsi le relais du surmoi. Ce que faisaient ses parents pour lui, autrefois, il le fait lui-même. Il est capable de nombreux renoncements et sacrifices pour entretenir son estime de soi et les buts qu'il s'est donnés. Au mieux de cette période, les choix ne sont plus éparpillés mais reflètent le travail de synthèse du moi. A d'autres moments, des abandons peuvent se présenter. Une « démission » qui suscite un sentiment de culpabilité de façon directe ou masquée. Des fatigues, des lourdeurs, des pertes de forme, des agitations, des attitudes désinvoltes ou de dérision qui traduisent une dévalorisation de soi accompagnée d'angoisses culpabilisantes.

Le travail d'intégration du moi utilise beaucoup d'énergie. Des périodes d'anxiété ou d'angoisse, voire d'hésitations, alternent avec le sentiment de confiance en soi chez les vingt-cinq - tente-cinq ans. Elles sont souvent le symptôme d'un conflit d'une phase précédente qui ne parvient pas à être intégré au moi. La postadolescence risque de connaître des déviations en maintenant des tendances diverses et contradictoires de quantité de voies possibles à réaliser en même temps. Si tout est pensable, tout n'est pas réalisable. La résolution du conflit et la formation du compromis sont rendues difficiles en s'installant dans le fantasme de vivre toutes les tendances divergentes. Il est à craindre que le conflit, facteur d'immaturité, se perpétue à travers des troubles caractériels ou névrotiques. La difficulté d'inscrire son existence dans des choix stables est aussi le signe que le postadolescent ne parvient pas à renoncer, à faire le deuil de son adolescence. L'adolescence est la période illusoire et magique du « tout est possible », celle du non-choix qui laisse supposer que les choses s'obtiennent selon son bon vouloir et non pas comme le fruit d'un travail grâce auquel on fait ses preuves. Ils sont nombreux à penser que les examens, les concours sont injustes pour obtenir des diplômes ou une admission. Le diplôme serait un dû, un droit trouvé par chacun à la naissance dans son berceau. Si rien ne vient limiter dans la réalité cette inflation narcissique par une image paternelle vigoureuse et un environnement cohérent, l'adolescent risque de se maintenir dans une errance inefficace. Il reprochera aux adultes, à la société, d'être la victime d'un système méchant, injuste, oubliant qu'à travers ce stratagème il projette sur les autres ce qu'il ne parvient pas à mettre en œuvre en lui-même. Il devra abandonner cette idée de toute-puissance narcissique en faisant des choix. Mais ces choix à effectuer l'angoissent car il a l'impression d'une limite insupportable qui lui sera imposée. Or la vie n'est possible que par des choix lorsque l'on accède à la relation objectale ; le moi, loin d'être limité, en tire vigueur et estime de soi.

LE PROTECTORAT

Le processus de la postadolescence peut être limité ou tout simplement arrêté par le besoin de protection et le besoin d'intervention magique. Au lieu de s'adonner à ses tâches vitales, l'adolescent pense que les choses s'arrangeront d'elles-mêmes avec le temps ; il n'y a rien à faire, les événements et les circonstances de la vie transformeront à sa place ce qu'il ne peut pas faire et assumer lui-même. Il y a ainsi, par exemple, des situations affectives conflictuelles qui demeurent dans l'espoir qu'elles se régleront sans en prendre les moyens. Dans bien des cas, lorsqu'un problème n'est pas traité, le temps n'est pas facteur de maturation, mais d'aggravation.

De nombreux postadolescents après avoir goûté à une certaine indépendance parentale sans une réelle autonomie psychique et par défaut de sécurité et de continuité avec soi recherchent une forme de protectorat. La génération des SOS est plus une génération qui appelle au secours qu'une génération qui porte secours à autrui, comme nous l'avons déjà évoqué. Des jeunes ont souvent recours à la formule « Au secours » pour exprimer ce qu'ils pensent d'une situation difficile ou entonnent le son de la sirène des pompiers ou de l'ambulance.

Un manque de confiance en soi et une incertitude de l'environnement donnent naissance à un besoin de protection, un appel lancé à quelqu'un ou à quelque chose pour réduire un danger, résoudre un problème. Un peu comme l'enfant qui compte, à juste titre, sur ses parents pour l'aider à traiter les diverses réalités de son existence dont il n'a pas encore la maîtrise.

Le postadolescent voudrait ainsi se reposer sur les services de son environnement pour faciliter ou escamoter la solution d'un conflit. Que signifie une telle attitude ? L'individu continue de dépendre, comme à l'origine, de sa mère, c'est-à-dire celle qui réconfortait, soulageait la tension et contrôlait l'estime de soi. L'environnement comme les événements ont pris le relais de la « surestimation des parents » et ce protectorat serait doté de tous les pouvoirs magiques au bénéfice de l'élu privilégié. Ce fantasme s'inscrit d'ailleurs dans la tradition du « roman familial » au sens où Freud le définit. L'enfant modifie imaginairement ses liens avec ses parents en s'inventant d'autres parents ou une autre situation que la sienne. Les contes et les légendes expriment souvent ce thème qui trouve son origine dans la relation œdipienne et dont les motivations sont multiples et complexes : désir de dévaloriser ses parents ou de les exalter, désir de grandeur, tentative d'éviter la relation incestueuse, expression de la rivalité fraternelle.

Le protectorat est une demande inconsciente qui repose sur l'oralité. La personnalité engage une relation d'avidité jamais satisfaite, une recherche de la dépendance passive pour se concilier l'autre, une certaine aversion à s'occuper de soi ; il est exigeant, mais aussi sensible à l'excès à la moindre frustration, et facilement déçu. La crainte de perdre l'autre vécu comme un objet narcissique détermine un véritable parasitisme. L'appropriation de soi est difficile et certains postadolescents éprouvant un sentiment de vide subjectif créent des situations relationnelles pour se brancher sur quelqu'un d'autre qui servira d'intériorité auxiliaire. La plupart d'entre eux éprouvent un sentiment de vide intérieur par rapport à leurs images parentales peu fiables. Ils manquent d'images-guides pour s'orienter. De plus le besoin de se raconter, de parler de soi, dénote qu'ils ne savent pas toujours quoi faire de leurs tiraillements subjectifs. Ces confidences comparées entre postadolescents, si elles apportent l'abaissement d'une tension, ne provoquent pas de transformations susceptibles d'améliorer la qualité de la personnalité et son efficacité dans la réalité. Dans bien des cas, il serait souhaitable de conseiller d'engager une psychothérapie psychanalytique pour se comprendre et résoudre des problèmes qui ne peuvent se modifier par eux-mêmes.

Le protectorat s'enracine dans la croyance que l'on doit être secouru, ou plus précisément qu'on va l'être par une personne, par un traitement privilégié, par un heureux concours de circonstances, par la chance. Quelque chose va se passer et modifier dans un sens favorable ce que l'individu ne parvenait pas à atteindre. La vie est pensée sur le mode du conditionnel et la solution est espérée dans un agir à l'extérieur de soi : « Si je déménageais », « si je changeais de métier », « si je faisais un enfant », « si j'interrompais mes études ».

Si ce besoin d'être protégé et secouru est dominant et persiste tout au long de l'adolescence, il escamote la postadolescence en établissant des arrangements prématurés qui faciliteront la survie définitive de cette attitude en empêchant le processus d'individuation d'aller jusqu'à son terme. Le sujet comptera toujours sur des circonstances extérieures pour compenser les insuffisances d'intériorisation du moi. Le moi assisté attendra tout du monde extérieur ; il se fera revendicatif, projetant dans le champ social la prise en charge et la satisfaction de ses besoins par la collectivité.

LE MOI, SES IDENTIFICATIONS ET SES CONTRE-IDENTIFICATIONS

L'adolescent maintient, grâce à ses premières identifications, sa relation d'objet infantile. Elle lui sert de référence et, en même temps, elle peut handicaper son autonomie. Le détachement des représentations parentales objectales est long et la plupart du temps il se réalise après la postadolescence. Au début de l'adolescence, les liens d'objet infantiles se défont, mais pendant la postadolescence le sujet est engagé dans un processus de réconciliation avec les images parentales. Les parents sont reconnus et respectés pour eux-mêmes. La rivalité œdipienne (amour/haine) s'estompe et les identifications sont acceptées, refusées ou suspendues.

L'origine des identifications réapparaît dans la mesure où le caractère du moi est le résultat des relations objectales que l'enfant a dû abandonner pour grandir. Il fait le deuil de ses premiers objets d'amour dans la réalité en introduisant en lui ce qui reste de la signification relationnelle vécue à travers l'autre. Dans le processus d'identification, on introduit inconsciemment en soi un sens de l'autre alors que dans l'imitation on ne fait que répéter une attitude typée. Si l'identification modifie la personnalité en profondeur, l'imitation propose simplement des aménagements du moi sans atteindre les structures de la personnalité.

Le moi est donc construit à travers le processus d'identification ; car il n'y a pas de moi sans investissement d'objet et sans abandon d'objet, étant donné que le moi se constitue dans une interaction d'échanges et d'investissements. Le moi de l'enfant apparaît progressivement et en fonction de la qualité d'incorporation de ses parents ; car la première identification est orale, ce qui revient d'une certaine façon à manger l'autre. La « pulsion cannibalique » consiste à introduire la présence de l'autre et sa puissance en soi, un peu comme dans la relation amoureuse où cette pulsion partielle est fort heureusement sublimée. D'ailleurs ne dit-on pas à l'être aimé : « Tu es à croquer ! »

Ce travail d'identification est une activité narcissique. L'autre est pris afin de servir sa propre édification. L'identification est à la fois un emprunt significatif de l'autre et une appropriation. Des enfants qui manquent de relation parentale, d'un père ou d'une mère, à se « mettre sous la dent » ont du mal à se construire. La famille dite monoparentale ou les familles dissociées n'offrent pas une image suffisamment cohérente à l'enfant, alors qu'il a besoin d'introduire en lui de la vigueur, de la cohérence, de l'unité. A l'observation, on remarque que de nombreux enfants et adolescents ont introduit dans leur personnalité la relation parentale dissociée. Ils sont divisés en eux-mêmes et ne parviennent pas toujours à faire leur unité intérieure. Une adolescente de dix-neuf ans nous disait récemment : « Pour être assurée et pour grandir, j'ai besoin de quelque chose d'immuable dans ma famille, malheureusement ce n'est pas le cas. » En effet, il est difficile de se construire en dehors d'une permanence d'être lorsque la famille et l'environnement renvoient sans cesse une incertitude relationnelle et une dévalorisation des êtres que l'enfant ne parvient pas complètement à idéaliser. Dévaloriser les siens, c'est aussi se dévaloriser. Dans une telle instabilité relationnelle parentale et une telle confusion des images parentales, les liens de parenté sont perturbés et l'enfant ne parvient pas à trouver la nourriture psychique en mesure de fortifier son capital narcissique, c'est-à-dire la capacité à avoir confiance en soi.

Le processus inconscient de l'identification a donc une fonction décisive dans la fondation de la personnalité pour le pire comme pour le meilleur. Dans l'identification, le moi et l'objet sont conservés et l'objet est vécu comme un aspect du moi à venir, un prototype du moi, mais aussi une figure originaire de l'objet. Ainsi le moi advient à la suite de l'identification à l'objet et la mort de l'être aimé donnera l'impression à celui qui reste qu'une partie de soi s'en va avec l'autre ou que sa présence en soi est plus active dans l'absence que pendant son vivant. Le deuil provoque une séquence dépressive bien compréhensible. La tristesse va progressivement s'estomper si le sujet parvient à se restaurer narcissiquement. Il va s'engager dans un travail d'intériorisation de l'autre et continuer à vivre sans être perdu. Par contre, le mélancolique reste triste car en perdant l'autre il est perdu. Dans le deuil, une personne sait ce qu'elle a perdu, mais dans la mélancolie elle ne le sait pas[3].

Le moi est le résultat des restes de relations objectales. Il est, au point de départ, l'objet secondaire de quelque chose de perdu et il peut chercher à le retrouver dans l'autoérotisme. La toxicomanie en est un des symptômes. L'adolescent introduit en lui un agent externe sur le mode oral qui a valeur objectale. Le produit est vécu comme quelqu'un qui apporte un bien-être affectif et une présence interne. Cependant, cette relation en est encore au stade autoérotique, c'est-à-dire avec une image morcelée du corps, de soi et du plaisir.

A la postadolescence, un garçon comme une fille retrouvent leurs identifications parentales. Ils passent par toute une série d'état de conscience vis-à-vis de leurs parents. Un travail d'élaboration s'amorce. Le garçon ne peut devenir un homme que par rapport à son père et la fille une femme que par rapport à sa mère ; ce qui réveille de vieilles histoires et, éventuellement, des conflits non résolus qui bloquent le dynamisme et le devenir de la personnalité. Le cas de Stéphane peut illustrer ce fait. A l'âge de quinze ans, son père vint discuter avec lui dans sa chambre en s'asseyant sur son lit alors qu'il était couché. Pendant la conversation, il éprouva une forte érection chargée d'une profonde sensualité vis-à-vis de son père. Il fit tout pour dissimuler ce qui se passait et par la suite un sentiment de honte s'empara de lui cherchant à nier de façon masochiste ce qu'il éprouvait. A l'âge de dix-neuf ans, il commença à vivre des pratiques homosexuelles sadiques. Il obligeait ses partenaires à embrasser ses pieds alors que lui se tenait debout et leur faisait subir divers sévices physiques. Il se rendait dans des lieux de dragues homosexuelles et dans un climat d'intensité émotionnelle seuls comptaient le pénis et l'anus de ses partenaires et, selon son expression, il ne voyait pas du tout le reste du corps. Ainsi il restait largement soumis aux pulsions partielles non sublimées dans le génital. Il a à présent vingt-six ans, il est déprimé, angoissé et culpabilisé par ses conduites qui se sont développées. Il ne veut plus vivre des expériences sexuelles occasionnelles.

La signification qui se dégage de cette situation est que la libido objectale sexualisée a investi les identifications au père et elle ne peut pas être transformée en libido du moi ou en libido narcissique. Le conflit œdipien inversé ne trouve pas d'autres issues que dans l'autoérotisme en cherchant à vivre une jouis-

3. Sigmund FREUD, « Deuil et mélancolie », in *Métapsychologie,* Paris, Gallimard, 1968.

sance primitive et, dans ce monde autoérotique de jouissance, l'autre ne compte pas comme tel, mais comme un double partiel du moi. En réalité, Stéphane joue les deux rôles, à la fois le sien et celui de son père dans un climat sado-masochiste. L'identification primaire au père demeure sans que le fils puisse se différencier et la conduite partielle qu'il conserve actualise de façon impulsive l'objet primaire perdu érotisé.

Il a raté son identification paternelle au seuil de l'adolescence. Il est devenu d'autant plus agressif vis-à-vis de son père qu'il attendait beaucoup de sa relation paternelle pour devenir un homme. Mais sa relation œdipienne non résolue le maintenait dans une sexualité prégénitale de recherche de puissance masculine et il fit tout pour se montrer plus fort que son père ; en vain.

Stéphane a le désir de changer et il s'est engagé dans une thérapie. Il arrive à un stade où tous les postadolescents éprouvent le besoin de se réconcilier avec leurs images parentales en modifiant leur relation infantile. Ce processus a révélé chez lui la sensibilité de son problème à résoudre.

LE MOI, LES IDENTIFICATIONS PARENTALES ET L'IDÉAL DU MOI

La transformation des liens infantiles conditionne le destin de la personnalité. Un travail de renoncement et de deuil occupe une partie de l'activité psychique. L'adolescence est donc la période où commencent à se dénouer les liens infantiles aux objets et pendant la postadolescence, dans l'autonomie trouvée, le sujet pactise, dans le meilleur des cas, avec ses identifications ou, au contraire, les refuse. Dans cette dernière perspective, la formation de l'idéal du moi ne peut s'affermir et se substituer au surmoi œdipien. Le conflit demeure. A l'inverse, lorsque le deuil s'élabore positivement, la formation de l'idéal du moi va donner forme au narcissisme et, par cette opération, le moi deviendra un autre moi distinct des autres moi.

Le moi, avons-nous dit, se trouve ainsi fondé dans sa dimension subjective à travers un processus d'identification idéale en rapport avec les identifications précoces. Cette présence de l'idéal du moi permet la différenciation du moi et des objets, et de cet espace naît la subjectivité singulière du moi qui devient sujet de sa propre unification. Autrement dit, la subjectivité, la capacité d'un dialogue intérieur avec soi-même se développent et enrichissent la personnalité dans la mesure où l'idéal du moi trouve sa place. Sans idéal du moi, il n'y a pas de subjectivité. De nombreux jeunes sont des carencés de cette dimension du travail subjectif de leur psychisme et dans cette absence structurelle ce sont les émotions, les pensées immédiates qui sont exprimées d'une façon violente. La violence juvénile qui se développe dans nos sociétés trouve pour une part son origine dans cette défaillance. L'idéal du moi est une structure aujourd'hui malade et malmenée par l'environnement. Il est assez symptomatique d'observer combien les pôles d'identification se sont modifiés en l'espace de quelques années. Il n'y a pas si longtemps le saint, l'honnête homme et celui qui avait le sens du respect de la loi servaient de modèles. Aujourd'hui, ce sont les personnages qui vont à l'inverse de ces conduites qui sont les plus valorisés tandis que les premiers paraissent ridicules.

Lorsqu'il trouve enfin sa place, l'idéal du moi devient la mesure du moi et de l'estime de soi ; en même temps, le sujet est alors capable de renoncer et de sacrifier ce qui ne va pas dans le sens de l'unité du moi.

L'issue de la position narcissique devient possible grâce à l'instauration de l'idéal du moi qui en devient son héritier. L'idéal du moi est générateur de communication, d'échange et de repérage. La libido investie dans les identifications peut être transformée sans conflits en libido du moi. Pour devenir femme, et mère potentielle, la jeune femme doit avoir accepté sa propre mère, même si elle adopte un autre style de vie. Le processus identique sera tout aussi nécessaire pour l'homme afin de s'assumer dans sa masculinité en ayant accepté son père.

Cet extrait d'une première séance de psychothérapie est significatif de ce que nous évoquons.

> Louis, trente-deux ans : Je ne me sens pas vieillir. Je ne suis pas adulte sans doute parce que je refuse mon père, je crois que je le hais. Ma façon de m'habiller et de parler est encore adolescente. Je ne me sens pas homme comme les gens de ma génération. Ils portent la cravate, ils ont les traits du visage plus marqués que les miens. Ils sont mariés et pères de famille. Moi je suis avec une amie et nous avons une petite fille, mais c'est en copains. Je ne veux pas porter de cravate ni me marier pour ne pas être comme mon père. Je me sens dans une certaine ambiguïté parce que je suis moi-même un père, mais je ne me reconnais pas encore comme un homme complet et achevé.

Louis, dans son conflit idiosyncrasique, s'est emparé d'attributs et de réalités culturels pour exprimer son conflit de contre-identification paternelle. L'image du père est ici dangereuse et devant son angoisse grandissante chargée, par ailleurs, de fantasmes suicidaires et de fantasmes de mutilation, il souhaite entreprendre une psychothérapie en se posant la question : « Comment résoudre la crainte que m'inspire mon père ? »

Il est fréquent chez des postadolescents que la crainte du parent du même sexe les empêche d'acquérir leur identité sexuelle et d'accéder à la position équivalente de celle de leur père ou de leur mère, même si dans la réalité ils sont devenus père ou mère : ils ne le vivent pas comme tel. Ils ne parleront pas de leur partenaire sur le mode conjugal, mais sur celui du copinage ou de l'amitié. Ils manifestent leur difficulté à se situer dans une relation de filiation et à se dégager d'une relation œdipienne encore basée sur la mise à distance du parent du même sexe dans une volonté de séduction du parent de l'autre sexe. Le rejet que leur inspire les vêtements « adultes » n'est qu'un prétexte pour se maintenir dans une position d'enfant. Le travail de réconciliation avec les images parentales est rendu impossible aussi longtemps que la sexualité infantile domine les représentations inconscientes des sujets et détermine leurs conduites.

ACCEPTATION ET REFUS DES IMAGES PARENTALES

Lorsque le travail de réconciliation avec les images parentales a accompli son œuvre, la plupart des sujets sont fiers de reconnaître en eux-mêmes qu'ils tiennent telle attitude, telle tendance, tel trait de la personnalité de leurs parents, grands-parents ou autres, à travers les menus faits de la vie quotidienne.

Ainsi le grand-père, homme solide du terroir breton, prenait ses repas avec un couteau Opinel, le petit-fils de vingt-quatre ans gardera cette même habitude en rappelant à qui veut l'entendre l'origine de ce « rite », auquel il faut ajouter à l'objet tel qu'il est ce qu'il symbolise dans l'inconscient du sujet. Lors de la postadolescence, des caractéristiques des parents vont devenir des attributs durables transformés dans la personnalité de leurs enfants devenant adultes.

Nous avons examiné l'activité du moi pendant l'adolescence tout occupé à contrôler l'angoisse conflictuelle liée à son dégagement des images infantiles parentales. Dans la postadolescence, la tâche est différente. Le moi s'efforce de mettre en œuvre ses fonctions intégratives en hiérarchisant les pulsions et ses fonctions adaptatives de lui-même à la réalité, qui lui donneront une prise sur le réel à partir de ses choix de vie.

Nous avons vu que pour parvenir à la maturité le jeune homme doit se réconcilier avec l'image du père, la fille avec l'image de la mère. Une fixation dans le refus de ce développement favorise des positions régressives, des déformations du moi ou encore un divorce avec la réalité. Lorsque le travail de la postadolescence se heurte à l'incapacité d'intégrer les attitudes et les intérêts du moi du parent du même sexe, l'adolescence ne peut pas se clore. Les conflits sous-jacents non résolus demeurent. Le sujet se donne des conditions de vie pour les supporter jusqu'au moment où des événements déclenchent la remise en question d'une pseudo-harmonie. Si le sujet a un enfant de même sexe que lui, il ne peut que revivre à travers lui, pour une part, le conflit de ses images parentales. Nous rejoignons la pensée de H. E. Richter :

> Plus les parents souffrent de leurs propres conflits non résolus et plus généralement ils aspirent, fût-ce inconsciemment, à prescrire à l'enfant un rôle orienté vers le soulagement de leur propre conflit. Sans bien s'en rendre compte, ils chargent l'enfant des problèmes non résolus de leur existence et espèrent avec son aide adoucir leur sort[4].

L'enfant stimulé par le fantasme inconscient du parent sera comme invité à s'identifier à la contre-identification du père ou de la mère.

Richter poursuit :

> L'identification fait non seulement passer des parents à l'enfant des symptômes isolés, mais encore l'enfant peut élaborer tout son système de défense sur le modèle des parents... S'arroge-t-il, par identification, des traits acceptés par les parents ou jugés par eux hautement désirables en fonction de leur idéal du moi, ils l'encourageront. Mais ils seront enclins à punir l'enfant s'il copie des traits que ses parents ne veulent pas voir en eux-mêmes ou qu'ils s'efforceront peut-être de réprimer. Ainsi selon que l'enfant reflète un aspect positif ou négatif de leur propre personnalité, ils

4. H. E. RICHTER, *Parents, enfants et névrose*, Paris, Mercure de France, 1972.

> renforceront ou inhiberont sa fonction d'identification... plus les parents accablent l'enfant de leurs attentes affectives personnelles, plus ils guideront ses identifications dans des voies étroites[5].

Certes, le fait que des parents tentent de modeler l'enfant à leur image n'est pas néfaste en soi. C'est, au contraire, l'une des tendances communes aux images-guides éducatives de la plupart des parents, et l'on ne peut nier son influence positive sur l'enfant à condition qu'il dispose d'une liberté suffisante pour son développement personnel, et que ses parents aient eux-mêmes des personnalités intégrées, affectivement équilibrées et socialement adaptées. Mais si ces conditions ne sont pas remplies, si la prescription de rôle a pour principale motivation de surmonter avec l'aide de l'enfant un conflit non résolu, alors ce rôle comportera inévitablement des risques. L'enfant sera comme dans l'impossibilité de former un idéal du moi puisqu'il doit devenir lui-même parfait. Ce qui est un déni de l'idéal du moi. Seul celui qui s'est soustrait à son propre idéal du moi, au profit de désirs narcissiques d'omnipotence, peut demander à l'enfant d'être son double en ne lui laissant aucune possibilité de suivre une autre voie. Les parents tentent, dans ce cas, de freiner chez l'enfant sa capacité à subir l'épreuve de la réalité tout autant qu'ils l'ont fait pour eux-mêmes. L'enfant devient un auxiliaire dans le conflit avec l'entourage ou avec la société. La femme qui souffre de son complexe de masculinité en étant en conflit avec son mari attend de sa fille qu'elle soit son alliée. L'homme qui souffre d'un sentiment d'infériorité par rapport à la mère phallique favorisera le comportement viril de son fils et sous-estimera sa fille.

Un exemple clinique va nous permettre d'observer ce comportement. « Ce sont les femmes qui servent à table, pas les hommes ! », déclara récemment un jeune père de trente et un ans à sa fille de huit ans qui dut s'exécuter alors que le jeune frère de six ans s'apprêtait à se lever pour aller chercher du pain. Depuis quelques mois, le couple rencontrait des difficultés. Le mari entretenait une relation extra-conjugale comme un grand adolescent de dix-huit ans. Les relations sexuelles avec sa femme ne furent jamais satisfaisantes. Il exigeait d'elle une hygiène stricte et soignée avant chaque rapport, alors que de son côté il n'avait pas la même rigueur de propreté. Nous connaissions son histoire

5. *Op. cit.*

personnelle et familiale et un contentieux avec les images maternelles n'avait jamais été résolu, de plus il parlait difficilement de sa sexualité. Ce qui était révélateur de la gêne et des inhibitions sous-jacentes dans ses rapports avec sa femme, il ne pratiquait jamais une pénétration complète, se contentant de rester à l'entrée du vagin. Des identifications maternelles rendaient incertaine la séparation avec la mère. Le « retour » au ventre maternel impliqué dans l'acte sexuel était inconsciemment insoutenable dans la mesure où à travers ces symptômes le père se trouvait encore présent dans la mère. En effet, une jalousie soupçonneuse et sans rapport avec la réalité l'entraînait à se saisir de n'importe quel indice pour conclure qu'il y avait un autre homme dans la vie de sa femme. Il projetait sur sa femme le reproche qu'il adressait à sa mère d'avoir une relation privilégiée avec son père et il éprouvait dans cette relation actuelle une angoisse de castration. Les diverses relations féminines qu'il entretenait dans sa vie avaient un double rôle : les unes représentaient sa préhistoire affective maternelle, la femme d'hiers et l'autre sa relation conjugale à laquelle il tenait, sa femme contemporaine. Lui se donnait le droit d'avoir une maîtresse qui jouait le rôle de femme contre-phobique, les femmes qu'il choisissait avaient toute une allure hystérique et sa femme devait rester épouse et mère fidèle.

Il se refusait à réfléchir à sa situation, préférant la vivre sur le mode du passage à l'acte et ventilant du même coup ses fantasmes œdipiens dans l'agir sans les élaborer. Dans son clivage, il a fini par basculer dans une position franchement œdipienne en s'installant dans une relation avec une femme beaucoup plus âgée que lui et grand-mère de plusieurs petits-enfants ; alors que sa propre mère veuve, femme exigeante, catholique pratiquante et très engagée socialement changea de vie en l'espace de quelques mois en s'installant avec un homme de l'âge de son fils aîné. Elle qui n'était pas particulièrement coquette le devint en fréquentant une fois par semaine l'institut de beauté et en prenant soin de sa façon de se vêtir. Elle devint très agressive vis-à-vis de sa belle-fille. Son rapport à l'argent se modifia en même temps qu'elle abandonna toute pratique religieuse et sa participation à des groupes d'animation sociale. Cette transformation symétrique est bien révélatrice de la nature de la relation fortement œdipienne qui existait entre l'un et l'autre et qui se déplaçait sur d'autres partenaires.

Une longue période amoureuse avait masqué ce conflit chez cet homme et la pseudo-maturité de la relation conjugale éclata lorsque la présence des enfants se faisant de plus en plus importante révéla le contenu implicite de la relation œdipienne qu'il revivait à travers ses enfants. Il continuait à se vivre comme un rival vis-à-vis de son père en cherchant à prendre un avantage auprès de sa mère. Bien plus, le père était escamoté et dénié. L'intériorisation d'une réelle image paternelle n'a pu se faire laissant le champ libre au narcissisme et, ainsi déterminée, la personnalité de ce jeune adulte attend une réparation du monde extérieur dans son champ de vie conjugale, sociale et professionnelle.

La tâche de la postadolescence concourt à mettre un terme à l'adolescence en renonçant au lien sexuel infantile, aux premiers objets d'amour. L'achèvement de la personnalité dépend de cette rupture en même temps que de la réconciliation avec les attitudes et les intérêts du moi des parents. Beaucoup de parents et de jeunes observent, souvent avec un certain étonnement, qu'après avoir quitté le domicile parental, les enfants, devenus indépendants et autonomes, sont heureux d'y revenir de façon fréquente et régulière. Les relations se sont modifiées car les images parentales ne sont plus l'occasion de conflits ouverts. Ils se sont progressivement résolus. Les relations peuvent à présent s'inscrire dans le sens de la différence des générations où chaque partenaire est accepté et reconnu dans l'ordre de la filiation, dans le meilleur des cas. Les enfants auront alors, de plus en plus, le souci de leurs parents vieillissants.

A ce stade, les conflits pulsionnels diminuent et passent progressivement au second plan pour laisser agir les processus intégratifs du moi. La personnalité, en se différenciant dans sa structure psychique et dans son organisation, va atteindre un état de stabilité et adopter une relation qui l'engagera de plus — avec un style de vie singulier — dans la vie sociale.

la vie sociale est vécue aujourd'hui d'une façon plus individualiste que collective. Le sujet s'affirme dans son autonomie. L'individu cherche dans ce champ les intérêts qu'il peut obtenir à son avantage plutôt que de participer au bien commun. Une sociabilité, par certains aspects, narcissique qui débouche sur une société qui s'identifie de plus en plus à la période juvénile. C'est pourquoi nous parlons de société adolescentrique.

Chapitre IV

LA SOCIÉTÉ ADOLESCENTRIQUE

HISTOIRE DE L'ÉVOLUTION DE LA REPRÉSENTATION SOCIALE DE L'ENFANCE ET DE L'ADOLESCENCE

Vers la représentation de l'enfant reconnu pour lui-même

Pendant très longtemps, les enfants ont été associés à la vie des adultes [1]. Dès qu'ils commençaient à ne plus avoir besoin de leur mère pour les soins primaires ou d'une assistance motrice, ils évoluaient parmi les adultes sans grande distinction.

Au XIIIe siècle, l'enfant est représenté dans l'iconographie comme un adulte en réduction. Ses vêtements ne sont pas différents de ceux des adultes. A partir du XIVe siècle, sous l'influence des pédagogues et des philosophes, un mouvement va s'amorcer pour donner une place à l'enfant, différente de celle des adultes. Au XVe et XVIe siècle, on se plaît à souligner « l'enfance mignonne » dont la présence est remarquée parmi les adultes. L'enfant va être peint à travers des sentiments tendres, gracieux et naïfs, puis comme quelqu'un qui a besoin d'être éduqué.

Vers la fin du XVIIe siècle, l'enfant va devenir un modèle favori et représenté pour lui-même. On va s'intéresser à ce qu'il est et développer des conduites éducatives. Les idées du XIVe siècle vont inspirer et développer celles du XIXe et du XXe siècle que nous connaissons aujourd'hui avec le souci de mieux comprendre

1. Philippe ARIÈS, L'*Enfant et la vie familiale sous l'Ancien Régime,* Paris, Seuil, 1973.

la psychologie de l'enfant et de l'adolescent et d'engager une relation éducative adaptée à leurs besoins.

Alors que l'enfant était mêlé aux adultes jusqu'au XIVe siècle, progressivement il va être séparé de ce monde adulte et de façon notable au XIXe siècle avec le développement institutionnel des relations éducatives et des lieux d'éducation.

L'enfant apparaît de moins en moins comme un adulte en miniature. Il est reconnu comme un être en devenir, à éduquer. Ces sentiments se sont accentués et ont donné naissance à l'idée moderne de l'enfant reconnu pour lui-même avec ses caractéristiques affectives et intellectuelles.

L'enfant comme objet de distraction

La réforme des mœurs éducatives au XVIIe siècle inspira les comportements jusqu'au XIXe siècle où l'enfant reconnu pour lui-même prit de plus en plus de valeur sociale et affective au point de devenir, à la fin du XXe siècle, une référence autour de laquelle la vie des adultes s'ordonne. Au bout de six siècles d'évolution, ce modèle est dans l'impasse car nous sommes passés de l'enfant représenté comme un petit adulte à l'enfant conçu comme un petit d'homme et investi d'un capital affectif et d'un capital narcissique au point de devenir un pôle d'identification engageant le destin psychique des adultes.

L'éducation, au XVIIe siècle, commençait à partir de l'âge de sept ans. Avant cet âge, les adultes s'amusaient avec les enfants sans autres préoccupations que de se distraire. L'enfant était une occasion de jeux, sans plus. On imposait à l'enfant de dix ans une retenue et un contrôle dans sa conduite que l'on ne demandait pas à un enfant de cinq ans. Les attouchements sexuels auxquels se livraient des adultes sur de jeunes enfants et réciproquement, et qui pourraient nous paraître, avec juste raison, déplacés aujourd'hui, étaient admis. A cette époque, on pensait que l'enfant impubère était étranger à la sexualité et que ces comportements étaient sans conséquence sur l'enfant. Freud dans les *Trois Essais sur la théorie de la sexualité* a montré les effets d'une érotisation précoce dans le devenir de la personnalité. A partir de sept, dix ans, ces pratiques cessaient.

Si ces conduites sont encore fréquentes au XVIIe siècle des modifications se préparent. De nombreux auteurs ont commencé, à partir du XVe siècle, à s'élever contre une trop grande promiscuité entre les enfants et les adultes et à mettre de plus en plus en valeur « l'innocence » liée à l'enfance. La plupart des textes des éducateurs et des moralistes vont dans le même sens : dégager l'enfant d'une relation trop « impudique » avec les adultes.

Des philosophes et des éducateurs s'appliquent à mieux connaître l'enfant dans son inachèvement par rapport aux adultes. Ils pensent que l'enfant n'est pas un adulte en réduction. Ils cherchent à définir l'originalité de la période enfantine et à mesurer les conséquences des attitudes des adultes sur le développement de la personnalité.

Un mouvement d'idées commence au XVe siècle avec Gerson. Dans son traité : *De confessione mollicei,* il étudie le comportement sexuel des enfants. Il reconnaît que la masturbation est inévitable et qu'elle est l'expression d'une sexualité infantile ; cependant, il recommande aux adultes de ne pas être complices et d'éviter de valoriser cette pratique car elle n'est pas l'aboutissement de l'évolution sexuelle. Ce texte replacé dans les nécessités du contexte de l'époque est tout à fait adapté.

Les écrits pédagogiques de Gerson inaugurent des exigences nouvelles qui deviendront institutionnelles à partir du XVIIIe siècle, notamment en ce qui concerne la rigueur avec laquelle les maîtres d'école et d'internat faisaient régner une stricte discipline dans les collèges.

Si, au XVIe siècle, les éducateurs sont plus tolérants dans leurs propos et leurs conduites avec leurs élèves, en prenant soin de ne pas dépasser certaines limites, à la fin de cette période les éducateurs vont gagner de l'autorité et le modèle de Gerson va s'imposer.

L'éducation morale devient rigoureuse vers la fin du XVIe siècle. La notion « du respect de l'enfant »[2] fait son apparition. A la cour du roi Louis XIV, Madame de Maintenon, chargée de l'éducation des enfants du roi, s'inspira de ce changement de mœurs. Les idées de Gerson n'étaient plus celles d'un moraliste isolé, mais un grand mouvement social se dessinait.

Un vif intérêt se développe au XVIIe siècle, à propos de l'éducation. De nombreux ouvrages sont publiés à l'intention des parents et des éducateurs. Une idée importante domine : « l'innocence enfantine ». C'est l'époque où « l'ange » sert de modèle pour concevoir et valoriser l'enfance. L'enfant appelle respect et attention. On assiste à une vaste réaction contre la façon dont les adultes s'amusaient avec les enfants. Un sentiment d'agacement

2. Françoise CHANDERNAGOR, *L'Allée du roi,* Paris, Julliard, 1981.

devant les enfantillages des adultes et un certain mépris de l'état d'enfance se développent. Montaigne réagit vivement contre l'idée de faiblesse et d'imbécillité de l'enfance. Monsieur de Saint-Cyran estimait l'éducation de la jeunesse comme importante. En 1616, dans son traité sur l'éducation, De Varet souligne que « l'éducation des enfants est une des choses du monde la plus importante ». Cette idée sous-tend l'action pédagogique et explique l'extension des institutions éducatives. Une discipline fondée sur des principes énoncés dans la littérature du XVe siècle s'affirme, c'est l'éducation et la pédagogie qui vont prendre de plus en plus d'importance.

Au XVe siècle est née l'idée de l'enfant reconnu pour lui-même. Il faudra près de quatre à cinq siècles pour que cette idée devienne peu à peu réalité dans la vie quotidienne. Cette conception est générale et populaire au XVIIe siècle. Elle s'exprime à travers un double sentiment.

— Le premier s'est développé dans la vie familiale avec le « mignotage ». L'enfant était reconnu comme une source d'amusement et de détente pour l'adulte. Sa naïveté réjouissait l'adulte.

— Le deuxième est corrélatif au précédent. Beaucoup sont exaspérés par cette promiscuité entre enfants et adultes et insistent sur une nécessaire séparation des uns et des autres. Ce sentiment est extérieur à la famille et se déploie surtout dans la vie sociale. Les pédagogues sont sensibles à la négligence avec laquelle on se comporte vis-à-vis des enfants. Ils ont un souci éducatif et ne veulent pas que les enfants soient considérés comme les jouets des adultes. Ils voient en eux des êtres à « préserver » et à « assagir ». A l'encontre des adultes, Montaigne n'hésite pas à écrire : « On aime les enfants pour notre passe-temps [...] Les enfants distraient les adultes comme les singes[3]. »

Ce deuxième sentiment s'exprime surtout dans le domaine scolaire où le monde des enfants devient différent de celui des adultes. Cette différenciation passera progressivement dans la vie familiale qui développera également, à l'image de la pédagogie scolaire, une relation volontairement éducative.

3. MONTAIGNE, *Essais,* IIe part., chap. V.

L'enfant est à éduquer

Les éducateurs et les moralistes du XVIIe siècle passent du sentiment de l'amusement à l'intérêt psychologique et au souci de la formation de l'enfant.

La jeunesse est l'âge de « l'imperfection » (au sens d'inachèvement). C'est sans aucun doute le début d'un sentiment sérieux et authentique de l'enfance qui n'avait pas la même valeur qu'aujourd'hui. Jusqu'à saint Vincent de Paul les enfants étaient abandonnés, voire tués accidentellement pour s'en débarrasser sans que cela puisse poser des problèmes moraux ou judiciaires à la société de l'époque.

La plupart des textes de la fin du XVIe et du XVIIe siècle sont riches d'observations de la psychologie enfantine. Un effort est effectivement réalisé pour mieux connaître la psychologie et les besoins de l'enfant. Dans les siècles passés, on s'accoutumait à l'ignorance et à la naïveté de l'enfant. Dès les XVIe-XVIIe siècle, la vie de l'enfant est de moins en moins banalisée. Elle n'est plus considérée avec légèreté et indifférence. Les éducateurs souhaitent développer la raison chez l'enfant, d'où la rigueur et, parfois, l'austérité de leur attitude qui tranchent avec un certain laisser-faire d'autrefois. Mais on tente tout de même de concilier la raison et la douceur.

Le XVIIe siècle va retenir quatre règles éducatives :

1. Il faut éviter de laisser les enfants livrés à eux-mêmes. La psychologie de l'enfant est un peu mieux connue par les éducateurs dans les écoles. L'enfant a besoin d'apprendre et d'être contrôlé pour éviter un mauvais développement.

2. Il n'est pas souhaitable de se complaire à uniquement « cajoler » les enfants. Il est préférable d'avoir un souci éducatif précoce. Jusqu'à sept, huit ans, on ne reprenait pas les enfants. On attendait qu'ils soient plus âgés pour intervenir, mais sans succès. A cette époque, on voulait réagir contre une indifférence éducative.

3. Une grande modestie dans la tenue et dans les relations est conseillée. On tente de modifier la promiscuité dans les habitudes du coucher. Chacun doit dormir dans un lit individuel et non plus à plusieurs. Il est recommandé de ne pas laisser les enfants en compagnie de n'importe qui et notamment de serviteurs qui pratiquent sur les enfants « des gestes déshonnêtes ».

4. Une grande réserve dans les manières et dans le langage. Là

encore, en réaction, semble-t-il, à une trop grande familiarité, le tutoiement est proscrit entre les élèves et les maîtres. De nombreux ouvrages pédagogiques reconnaissent le bien-fondé de cette attitude. Jean-Baptiste de la Salle (1713) déconseille aux maîtres le tutoiement. Il faut parler aux enfants avec respect, réserve et sans familiarité. Cet état d'esprit culminera surtout au XIXe siècle.

Ainsi, au XVIIe siècle, la relation éducative prend de plus en plus d'importance avec sa double caractéristique de douceur et de raison. En voici une description de l'époque :

> Se familiariser souvent avec ses enfants, les faire parler sur toutes choses, les traiter en gens raisonnables et les gagner par la douceur est un secret infaillible pour en faire ce que l'on veut [4].

A cet intérêt pédagogique vient s'ajouter le souci grandissant de l'hygiène et de la santé physique. Le corps est soigné, des conseils sont donnés à cet égard dans la perspective d'une formation morale.

Au XVIIIe siècle, l'accent est mis sur l'enfant lui-même qui commence à occuper une place centrale dans la famille. Les idées éducatives vont passer de la vie sociale dans la vie familiale. L'enfant est devenu un sujet qui mérite attention, non seulement pour l'aider à préparer un avenir, mais aussi par sa présence et son existence en tant que telles. Il devient un capital à développer, gage d'une bonne réussite sociale. Il va également commencer à représenter un intérêt affectif et non plus économique pour assurer la survie du groupe familial au moment où les nouvelles technologies créent des industries qui vont occuper loin de leurs terres les nouvelles générations.

Vers l'adolescence

Les étapes historiques

L'adolescence est un fait récent. Jusqu'au XVIIIe siècle, l'adolescence se confondait avec l'enfance. Il n'y avait pas de période d'adolescence au sens moderne du terme.

Au XVIIe siècle, l'attention nouvelle portée à l'enfant va

4. GOUSSAULT, *Le Portrait d'une honnête femme* (1693), cité par Ariès.

restreindre l'utilisation du concept d'enfance au sens où nous l'entendons aujourd'hui, c'est-à-dire la dépendance.

La représentation de l'adolescence va donc se distinguer de celle de l'enfance. A chaque époque, et ceci depuis le XVIe siècle, un âge a été privilégié.

— A la fin du XVIe siècle, dans la vie sociale les éducateurs et les pédagogues manifestent de l'intérêt pour l'éducation des enfants.

— Au début du XVIIe siècle, l'enfant est considéré pour lui-même. La vie familiale intègre le souci de l'éducation morale et de la formation de la raison et du caractère.

— Au milieu du XVIIe siècle, le thème dominant est celui de la jeunesse représentée par l'image de l'homme complet du XVIe et du XVIIe siècle, qui est un jeune homme, « l'officier à l'écharpe ».

— Au XVIIIe siècle, l'adolescence n'est plus tout à fait liée à l'enfance. Deux personnages l'illustrent : Le chérubin qui est surtout mis en scène dans la littérature. Ses traits efféminés dus à l'ambiguïté de la puberté sont soulignés, mais ce modèle n'aura pas de suite. Le modèle du conscrit va, en réalité, dominer la vie sociale. Sa force virile sera valorisée.

— Le XIXe siècle est le siècle de l'enfance. Il va consacrer les idées du XIVe siècle. Alors que les enfants étaient mêlés à la vie des adultes, ils sont désormais séparés et considérés pour eux-mêmes. L'enfant est également représenté par sa grâce et son charme. Ce sentiment est devenu moderne. Il fait partie des clichés actuels.

— Au XXe siècle, après avoir été très nettement séparé de la vie des adultes, de la vie familiale, l'enfant, dans nos sociétés modernes, s'y trouve très impliqué. A nouveau il est vécu comme un adulte en réduction au sein d'une relation de vis-à-vis et très souvent de couple enfant/adulte.

La deuxième partie du XXe siècle restera l'âge de l'adolescence. La notion de jeunesse a surtout été utilisée pour désigner ce nouvel âge dont l'apparition s'est faite simultanément avec celle de la famille moderne : la famille mononucléaire qui regroupe les parents et les enfants.

Au Moyen Âge, et dans certaines familles plus populaires jusqu'à la fin du XVIIIe siècle, l'attention à l'enfant était faible et la famille n'était pas organisée autour de sa personne. Dans d'autres milieux, l'enfance se déroulait généralement à la campagne chez une nourrice et donc loin de sa famille.

Le passage de l'enfance à l'âge adulte se faisait quasiment sans transition. Si dans les sociétés traditionnelles (en particulier en

France avant l'époque industrielle) le passage entre ces deux états se faisait par l'intermédiaire de rites d'initiation, dont la durée ne dépassait pas une semaine, sous l'Ancien Régime et au XXe siècle, dans les classes populaires, le passage à l'âge adulte se faisait vers dix ans (entre huit et douze ans suivant les périodes) alors que la transformation de la puberté était plus tardive à cette époque qu'aujourd'hui. Au XIIIe siècle, dans la noblesse, la majorité était à douze ans car c'était l'âge où l'enfant était capable de se battre, et l'enfant devenu adulte entrait dans le monde du travail : page, apprenti, petit clerc ou aide à la ferme, ouvrier dans les industries naissantes du XIXe siècle : mines et soieries.

Donc, progressivement, la famille s'est centrée autour de l'enfant pour donner naissance à la famille moderne, cellule familiale réduite aux parents et aux enfants. Philippe Ariès note que dans ce passage il y a eu une perte de sociabilité, l'homme devenant isolé, reclus, d'une part dans sa famille, d'autre part, dans sa profession. En revanche, il y a eu, quelles que soient les relations parents-enfants, gain de l'affectivité et à l'intérieur du couple les relations psychologiques et sentimentales ont atteint une importance, un degré et une recherche de qualité affective qui n'existaient pas auparavant.

Cette apparition de l'enfant au centre de la famille et la protection éducative qui s'est ensuivie ont repoussé l'âge où l'enfant va être confronté à la réalité de la vie. Le développement du lycée napoléonien tout au long du XIXe siècle, l'obligation des études jusqu'à quatorze ans puis jusqu'à seize ans, ainsi que les législations sur le travail des enfants vont contribuer à créer un espace entre le moment où le jeune quitte l'enfance et l'instant où il entrera dans le monde du travail, instant qui caractérisera son passage à l'état adulte social.

Cette notion sociologique d'adulte social utilisée pour désigner le nouvel état dans lequel le jeune se trouve ne correspond pas systématiquement à l'accession de la maturité psychologique. De plus en plus, la maturation des diverses fonctions ne sera plus synchronisée entre le développement corporel, la maturation affective et les remaniements de la personnalité, l'accès à la pensée formelle, l'insertion professionnelle et la conscience de ses responsabilités.

L'achèvement de l'adolescence — tout au moins au sens psychanalytique — ne coïncide pas automatiquement avec l'insertion des jeunes dans le travail, dans la société des adultes. Car dans une perspective sociologique on peut penser que l'adolescence (au sens de catégorie sociale) est terminée lorsqu'un individu travaille et se trouve inséré socialement à la façon des adultes. C'est un aspect de la situation, mais qui, à lui seul, ne rend pas compte des délais de maturation psychique vécus par chaque adolescent. Un nouvel espace psychique s'est développé qui ouvre des perspectives non seulement pour mesurer l'influence culturelle sur le développement humain, mais aussi pour élargir et affiner le travail des instances psychiques, duquel dépend la maturité. La maturité, qui est, nous le rappelons une fois de plus, le résultat du dénouement des conflits de base et des tâches psychiques traitées durant la puberté, l'adolescence et la postadolescence. L'adolescence va devenir de plus en plus un phénomène culturel, mais aussi une expérience psychique d'un genre tout particulier. Nous pensons qu'elle sera non seulement, d'une certaine façon, la répétition de l'enfance, mais aussi le développement d'un processus psychique inédit dans lequel l'individu devra intégrer des réalités jusqu'alors inexistantes en lui.

Un nouvel âge de la vie s'est donc établi par l'éloignement de deux pôles entre la période de la dépendance enfantine et celle de l'insertion sociale de l'adulte. Dans ce nouvel espace, nous assistons à un affinement de la psychologie humaine de plus en plus complexe et à des délais de maturation plus longs qu'autrefois. L'adolescence a été confondue pendant longtemps avec la puberté, puis la jeunesse avec la notion de jeune adulte. Cette conception n'est plus tout à fait adéquate pour parler de l'ensemble du développement psychologique qui va de la puberté à la stabilisation des fonctions mentales.

La puberté, l'adolescence et la postadolescence vont désigner les diverses étapes du processus psychique qui va, dans le contexte actuel, de douze à trente ans comme nous l'avons montré dans les chapitres précédents. La notion de puberté se substitue à celle d'adolescence et décrit les modifications physiques et leurs répercussions psychiques. La notion d'adolescence se substitue à celle de jeunesse, elle commence vers seize, dix-sept ans et introduit à une expérience psychique relativement inédite qui va, à la suite du traitement de tâches psychiques, fonder la personnalité dans ses structures de fonctionnement interne. Enfin, la notion de postadolescence se substitue à celle de jeune adulte et va de vingt-deux, vingt-trois ans jusqu'à trente ans et elle tente d'exprimer le travail de consolidation du moi en relation avec la réalité extérieure ; un travail qui consiste à intégrer de façon hiérarchisée les pulsions qui se sont éveillées lors de l'adolescence.

L'enfant est au centre des préoccupations contemporaines. L'alignement sur l'enfant et l'adolescent

Aujourd'hui, l'enfant est mêlé à la vie des adultes au point parfois de s'y confondre. Il en est bien souvent le centre des préoccupations. Il est devenu un symbole de réussite affective individuelle ou de réussite du couple plutôt que le signe de la pérennité du groupe et de son essor économique. Dans bien des cas, l'enfant est devenu « l'enfant objet » qui fait « la loi » au nom d'une idéologie éducative qui a sans doute quelque chose à voir avec les idées de Jean-Jacques Rousseau et les avatars d'une certaine non-directivité. Il est vrai que beaucoup d'adultes ne savent plus très bien comment se situer vis-à-vis de l'enfant ; et dans la crainte d'avoir « une influence néfaste » sur sa psychologie, ils répugnent à proposer des exigences. Est-ce, là encore, une revanche de l'adulte sur sa propre éducation vécue comme trop contraignante ? Selon des formules stéréotypées du genre : « Il faut laisser les enfants libres », « Il ne faut pas les influencer ». Ces affirmations, ces dogmes de la non-intervention laissent de nombreux parents et éducateurs en deçà d'une relation éducative. Cette attitude soulève un double problème qui est non seulement psychologique : une revanche sur son éducation, mais qui est aussi éthique, en fonction de quelles valeurs agir et intervenir ?

Une incertitude domine dans les relations entre les enfants et les adultes. Un peu comme si ces derniers ne connaissaient plus les règles de l'initiation à la vie. Le recours fréquent et souligné à la liberté de l'enfant est moins l'expression d'un souci d'éducation à son autonomie qu'une certaine incapacité à se situer vis-à-vis de ses demandes et de ses conduites. On ne veut rien lui imposer et, en un sens, il est vrai qu'il n'est pas souhaitable de désirer à la place d'autrui, mais, en revanche, l'enfant risque d'être « laissé » à lui-même dans l'inexistence d'une relation éducative, la parole de l'adulte est passée sous silence.

Le sentiment de l'enfance est tel que les adultes sont concernés dans leur propre enfance. Elle réapparaît à propos de celle de leurs enfants. Parfois, on tente de laisser entendre qu'il n'y a pas de différence entre les enfants et les adultes pour légitimer une proximité affective fusionnelle et inscrire la relation dans une dénégation de la loi de la différence des générations. Si les parents, les éducateurs, ne se situent pas comme adultes, avec leur propre histoire personnelle vis-à-vis des enfants, mais se situent comme des enfants se débrouillant seuls, sans tiers ou avec un tiers réel, mais rendu absent, la relation reste effectivement confuse, elle n'est pas différenciée. La communication n'est pas possible. Des groupes antagonistes peuvent se former. Les enfants devenus adolescents rejettent les adultes et les adultes ont le sentiment d'un échec éducatif. Cette exclusion affective prend, dans certaines familles, des dimensions dramatiques. Dans un tel contexte, nous savons que les adultes revivent inconsciemment encore plus des aspects de leur propre enfance et qu'ils sont relativement en attente de satisfactions liées à la préhistoire de leur personnalité dont la mémoire est conservée dans leur inconscient.

Un des rôles de la relation éducative est de nommer les limites du réel, de proposer des objets culturels et d'offrir un système de valeurs. Devant un tel objectif, beaucoup d'adultes sont incertains. Ils finissent par transmettre leur propre doute. Le développement technologique et les modifications qu'il implique à la conscience humaine, les fragilités du système économique et des relations internationales ne favorisent pas un environnement rassurant et pour des sujets à l'idéal du moi fragile le monde extérieur est vécu comme déprimant.

La vulgarisation des découvertes de la psychanalyse et de la psychologie a sensibilisé le monde moderne aux divers aspects de la psychologie de l'enfant. Les médias se sont souvent emparés de ces informations en les diffusant de façon parfois simpliste, mais surtout en donnant l'illusion qu'il suffisait d'avoir des connaissances psychologiques pour résoudre les problèmes vécus dans le quotidien. Le savoir-faire est ainsi remplacé par des connaissances livresques et inopérantes, ou faussant la relation à la réalité des situations. Certes, il y a un intérêt et une attention plus marqués au sujet du développement psychologique et social de l'enfant. La sensibilité psychologique s'est affinée, mais de nouvelles défenses psychologiques se sont aussi affirmées. Ce nouveau conditionnement a créé une ouverture et une autre façon de se situer plus narcissique dans la relation à l'enfant et à l'adolescent.

Les conduites éducatives des adultes sont en rapport avec les contraintes et les limites sur lesquelles ils ont à intervenir. Ils éprouvent une difficulté à parler, à agir. Au nom de quoi dire et faire ? Cette question n'implique-t-elle pas une interrogation à propos de l'équilibre entre le principe de plaisir et le principe de réalité ? Plus précisément, cette question ne renvoie-t-elle pas à une ambivalence entre le surmoi et l'idéal du moi à l'intérieur du moi ? Une ambivalence vis-à-vis de la loi œdipienne et une difficulté à résoudre le conflit œdipien ? Une ambivalence vis-à-vis du modèle et des valeurs vécus par les adultes et de la difficulté à les transmettre ?

L'IMAGE DE L'ADOLESCENCE AUJOURD'HUI

Un âge privilégié

L'adolescence est devenue l'âge privilégié au XXe siècle. La non-insertion sociale des jeunes, contrairement à autrefois, dans le travail et leur poids démographique rendent compte de leur plus grande visibilité comme groupe d'âge et de la valorisation dont jouit actuellement la notion de jeunesse. Selon une récente étude de l'INSEE[5], jusqu'en 1930 la France compte une proportion élevée de jeunes : 16 à 18 %. Puis c'est la baisse et un renversement de tendance après la guerre : de 6,1 millions en 1962 les 15-24 ans passent à près de 8,6 millions en 1982, soit 15,9 % de la population totale. La représentation qu'une société se fait d'une classe d'âge, note l'auteur du rapport, et de son rôle est, en effet, partiellement liée à son poids numérique. L'espérance de vie ne cessant de s'accroître, les projections démographiques annoncent toutes une diminution de la proportion des jeunes, quelles que soient les hypothèses de fécondité retenues. Si, par exemple, la fécondité actuelle se maintient, les 15-24 ans ne représenteront plus que 11,6 % de la population totale en 2025, pourcentage qui n'a jamais été aussi faible. La population vieillissante, qui sera plus importante que la population active, représentera peut-être « un modèle juvénilisant » du troisième âge.

L'adolescence est l'âge favori et un âge de référence pour tous les âges de la vie. On s'intéresse et on se demande ce que pensent les jeunes dans l'espoir d'une nouveauté inédite alors qu'ils ne font que refléter l'univers auquel ils appartiennent. Un journal télévisé, à l'occasion de la rentrée scolaire, a présenté un

5. M. FERRANDON, « De l'adolescence à la vie adulte, les 15-24 ans », *Écoflash* (INSEE), n° 20, août 1987.

reportage sur les enseignants. Les journalistes ont interviewé les enfants des enseignants pour leur demander de parler du métier de leurs parents, de l'intérêt et des difficultés liés à cette profession. Le résultat obtenu de cet échange avec des adolescents de quinze à dix-huit ans n'apportait rien de neuf si ce n'est qu'il nous privait du témoignage des enseignants. Les jeunes qui s'exprimaient répétaient les réactions de leurs parents et laissaient transparaître quelques-unes des attitudes psychologiques inhérentes à leur âge. Le rapport au temps à l'adolescence, par exemple, n'est pas le même que celui qui est vécu par les adultes. Ils se vivent mal dans la projection d'activités répétitives : il faut bouger. Il serait hasardeux de vouloir tenir compte de leur observation pour conclure que le métier d'enseignant est sclérosant.

En permanence, dans la vie courante et dans les médias, les adolescents sont sollicités. L'inflation des sondages qui les mesurent sur tous les profils induit à beaucoup d'erreurs d'appréciation ; on transforme en opinion, quand ce n'est pas en tendance culturelle, des mouvements de la vie psychique qui ont trait à un moment particulier des remaniements de la vie psychique. Ces mouvements psychiques juvéniles valorisés et codés socialement encouragent une fixation névrotique dans cette période. Les pensées juvéniles doivent servir d'instrument de mesure aux adultes pour choisir et se conduire dans la vie. Tous les domaines sont touchés par cette névrose juvénile. Les hommes politiques sont également soumis aux représentations actuelles de l'adolescence et, depuis quelques années, conditionnés par cette emprise, ils en viennent à truffer d'une façon curieuse leur langage de mots éphémères à la mode ou à s'entourer de jeunes qui sont nécessairement promis à la réussite immédiate des affaires ou à laisser entendre que ce sont leurs enfants qui sont à l'origine de telle ou telle décision ou de leur façon de s'habiller.

Les modèles d'identification sont donc relatifs à cette période. On désire y accéder tôt et s'y attarder longtemps. Des enfants, avant même les transformations de la puberté, adoptent des types de pensée et de comportement à l'image de leurs aînés. Pour de nombreux postadolescents, clore l'adolescence reste difficile au moment où ils décident de faire des choix de vie qui en excluent nécessairement d'autres. Pendant l'adolescence, ils pensent que tout est possible et, au moment de la postadolescence, l'épreuve du réel oblige à reconnaître que tout n'est pas réalisable.

L'adolescence est une étape qui risque d'être transformée en état de vie dans lequel on s'installe. Le maître mot à la mode est de « rester jeune ». Les slogans invitent à garder sa forme physique, à être décontracté, spontané, libre des contraintes et performant sur le plan affectif et sexuel. Vieillir devient presque une maladie. Les adultes se conduisent comme les jeunes afin de rester comme eux. Le processus d'identification a été inversé : ce ne sont plus les jeunes qui s'identifient aux adultes, mais c'est l'inverse. Rester jeune, c'est laisser la porte ouverte à tous les choix et à toutes les vies possibles, même si, en réalité, ce n'est pas vrai ; et lorsque cela le devient, c'est plutôt destructurant, en passant de l'euphorie juvénile du quinquagénaire à la dépression masquée. En cherchant à se conformer à des modes d'habillement, de pensée, de conduite affective et sexuelle juvéniles, les adultes se situent comme des adolescents devant l'existence. De nombreux adolescents le perçoivent alors qu'ils souhaiteraient rencontrer des femmes et des hommes qui soient repérables dans leur identité respective ; et ceux qui sont le mieux symbolisés, ne peuvent pas accepter ces *adulescents* en mal de jeunesse. La confusion est à son comble lorsque la différence des générations est transgressée entre adultes et adolescents. La relation se pervertit lorsque l'enseignant immature prend modèle sur ses élèves ou que l'adulte devenu ami(e) est le complice d'amour à symbolique incestueuse sans valeur initiatique et sans avenir. Au demeurant, il y a un risque d'érotisation de la relation surtout lorsque le vécu de l'adolescent vient faire écho à celui de l'adulte. La séduction, fruit de cette érotisation, impose un jeu de rôles qui fausse grandement l'acte éducatif. L'empathie doit toujours l'emporter sur l'érotisation. Entre séduire et éduquer il faut choisir.

Siegfried, modèle culturel de l'adolescence

Le type de l'adolescent contemporain est le *Siegfried* de Wagner (1876) dans lequel on retrouve la plupart des thèmes du monde moderne : la force physique, le naturisme, la spontanéité, l'hédonisme, le bonheur, la dénégation des lois, l'ambivalence de la raison et des sentiments, l'idée de la toute-puissance de soi, le désir d'être dégagé des contingences, la recherche de ses liens de filiation et la recherche de soi, l'androgynie. A partir de ce modèle, on peut comprendre le rôle joué auprès des adolescents, depuis les années 50, par un certain nombre d'artistes tels que :

James Dean, Elvis Presley, les Beatles, puis par des groupes comme les Who, Genesis, les Pink Floyd, un personnage satellite comme David Bowie et, à présent, Madonna, Michael Jackson, Sting, George Michael et Johnny Glegg, entre autres, pour l'instant, qui tour à tour expriment des aspects psychiques et sociaux de l'adolescence.

Siegfried sans père ni mère est curieux de ses origines, surtout de celles de son père. Il espère que Brunhilde (la femme la plus belle du monde qu'il veut rencontrer alors qu'elle est endormie dans un château interdit et protégé par un brasier ardent) lui apprendra quelque chose à ce sujet. Il se conduit en ignorant et il saisit difficilement le sens des choses, il se laisse porter par ses émotions et ses ambivalences. Il ne sait pas très bien ce que parler veut dire. Avec ironie, il défie la loi et se maintient en deçà du complexe d'Œdipe.

Lorsqu'il rencontre Brunhilde, la relation qui s'engage entre eux est d'un genre particulier. Ils semblent se reconnaître au lieu de se découvrir. « Ce n'est que pour toi que je devais être réveillée », lui dit-elle, comme si l'un et l'autre ne formaient qu'un seul personnage retrouvant la partie perdue de lui-même. Extase amoureuse où se mêlent tour à tour la symbolique de l'androgyne, du père et de la mère.

L'absence du père domine dans l'œuvre de Wagner ; elle fait agir les héros de ses opéras. Il ne connaissait rien de son père et sa mère se gardait bien de lui en donner le moindre signe. Par contre, son amour filial vis-à-vis de sa mère était intense. Il lui était comme enchaîné et, en même temps, il se vivait comme le tiers exclu de la relation parentale.

Wagner était-il comme Siegfried dont l'émancipation virile ne cesse d'avorter ? Chaque tentative engagée dans un amour libératoire échoue. La libération dans la transgression est impossible. Ses représentations et son affectivité sont prégénitales. Quand Siegfried est couché sous le tilleul, il rêve et se demande quelle apparence avait sa mère. Tout s'éclaire au moment où il retire la cuirasse de la Walkyrie et dit avec terreur : « Ce n'est pas un homme... Qui appellerai-je au secours, qui viendra m'aider ? Mère ! Mère ! pense à moi ! »

Siegfried exprime ici le fantasme infantile d'un sexe unique et en même temps, face à la réalité, il découvre avec stupeur la différence des sexes, ce qui le révèle à lui-même et éveille en lui des sentiments et des émotions jusqu'alors inconnus ; en fait, ici, l'image de la mère et celle de la femme se confondent. Il découvre la peur dans l'amour et il appelle sa mère au secours.

Dans *Parsifal,* le baiser maternel et le baiser d'amour sont réunis d'une façon inouïe. Kundry parle à Parsifal du déchirant amour d'une mère pour son fils : « Quand tu criais et qu'elle te berçait, avais-tu peur quand elle t'embrassait ? » Siegfried est en peine avec son complexe d'Œdipe auquel il ne parvient pas à accéder. L'absence du père le laisse seul dans sa relation maternelle qui ne peut pas se transformer en relation à la femme.

Le regain d'intérêt pour les opéras de Wagner est, sans doute, en lien avec les inquiétudes contemporaines au sujet de l'identité de filiation et de l'identité sexuelle.

Le mythe de Siegfried dans sa quête d'identité, dans son désir de connaître ses origines, dans son besoin de connaître la peur et la crainte (la mère), représente un des aspects du modèle actuel de l'adolescence à travers une tendance bien particulière, celle de la spontanéité.

Dans la spontanéité, le sujet serait créateur, libre et vrai dans la mesure où aucune contrainte ne viendrait limiter son expression. L'instantané, l'immédiat, le partiel, serait plus vrai que la chose préparée, élaborée, pensée. Cette boulimie de la spontanéité donne une obésité à la vie émotionnelle au détriment d'une prise de conscience des réalités bridées et d'une pensée qui ne parvient pas à accéder au stade formel : être capable de penser sans voir ni toucher l'objet. En fait, il s'agit d'une liberté sous caution qui cache une prison à caractère psychotique. Le jeune Siegfried est à cette image ; il se laisse émouvoir, il ne réfléchit pas, il ne comprend pas. Il pose les questions, mais il n'est pas prêt à entendre les réponses ni les mises en garde et encore moins à percevoir les limites de son existence.

Siegfried le purement humain, dégagé de toutes les contingences, appartient à la catégorie des « innocents supérieurs », ceux dont la sagesse originaire provient d'une ignorance fondamentale.

> Suivre les impulsions de mon cœur, c'est là ma loi suprême, ce que j'accomplis en obéissant à mon instinct, c'est là ce que je dois faire.

Siegfried est un être sans mémoire puisqu'il est sans prévision. Il oublie, et l'avenir n'est que l'instant présent.

Son langage est celui des sensations et non de la raison. Sa façon de se situer face « aux savoirs » est ambivalente. Le savoir de Mime (son père nourricier) paraît impuissant ; par contre son non-savoir est une puissance et finalement son désir de savoir va se dissoudre dans le sentir.

« Comment puis-je sentir ce que je n'ai jamais éprouvé. » Siegfried est victime de son propre système. Il veut passer par la maîtrise des choses sans apprentissage, et expérimenter la peur sans avoir éprouvé la crainte du danger. Il sait tout parce qu'il n'a rien appris.

Le jeune Siegfried vit par bien des aspects un mode de pensée délirant dans une reconstruction purement subjective du monde. Son conflit œdipien non résolu l'handicape pour découvrir le réel, il ne lui permet pas de se différencier et le maintient dans la mégalomanie narcissique. La relation de dénégation dans laquelle il est engagé annonce *Le Crépuscule des dieux*.

La représentation sociale de l'adolescent n'est sans doute pas loin du mythe de Siegfried. L'adolescent, comme le personnage de Wagner, s'interroge sur ses liens de parenté et, devant la dissociation de ces derniers, il ne sait pas toujours dans quelle filiation il s'inscrit. La confusion des images masculines et féminines inhibe l'acquisition de son identité qui demeure au stade prégénital de l'androgynie et génère une idéologie de la dénégation de la différence des sexes et, par extension, le refus de toute différence au bénéfice d'une pseudo-égalité. L'absence du père, non seulement au plan physique, mais aussi au plan symbolique, laisse l'enfant face à la symbolique maternelle qui cherche à intégrer celle du père. Le père disparaît et quand il est présent il se manifeste à travers une symbolique maternelle et devient un « papa poule » comme dans le film qui a fait courir la France entière : *Trois Hommes et un couffin.* Au-delà de l'intrigue, le père apparaît comme celui qui exerce sa relation non pas dans l'ordre de sa symbolique, mais dans celle de la mère ; pire, face à la mère, il se retrouve enfant comme l'enfant. Le matriarcat éducatif est plus actif dans nos sociétés qu'on ne le pense habituellement ; il sert de référence et, du même coup, devient culpabilisant si la relation ne s'aligne pas sur cette dominante comme l'a parfaitement montré G. Devereux[6]. La fixation à la mère empêche l'accession au complexe d'Œdipe et à la différence des sexes. Dans ce climat, « l'amour » qui sera mis en œuvre dépendra de la structure de la sexualité infantile. Si bien que l'amour sera vécu non pas comme une œuvre, une vie commune à édifier, mais comme l'épanouissement total de deux êtres ; ainsi associés rien ne peut plus leur arriver, comme s'ils

6. Georges DEVEREUX, *Baubo, la vulve mythique,* Paris, J.-C. Godefroy, 1983.

étaient à l'abri de tout. Amour impossible et amour de mort de Tristan et Iseut. Le nombre grandissant des séparations et des divorces est peut-être l'expression de cette tentative qui ne peut aboutir qu'à un échec. Les héros mythiques trouvent dans cet amour une mort physique alors que de nos jours à vouloir jouer avec on trouve une mort symbolique dans la séparation ou le divorce. Une défaillance du travail de l'appareil psychique qui ne peut plus élaborer dans l'imaginaire l'impossible puisque les hommes et les femmes confondent souvent fantasmes et réalités en voulant vivre dans l'agir des relations un amour mégalomane qui doit mourir de son illusion prégénitale pour devenir un amour authentique. C'est pourquoi, dans les sociétés modernes, les divorces croissants ne s'expliquent pas uniquement en raison de l'immaturité des relations, ni de la prédominance sexuelle sur la relation affective, ni de la perte du sens des valeurs conjugales, mais par le besoin irrésistible de vivre une relation de couple à travers un modèle préœdipien qui ne peut pas tenir devant l'épreuve du réel.

Siegfried est le mythe de l'égalité dans la dénégation du réel. Mythe actuel où l'on confond l'égalité des êtres en dignité (problème philosophique) avec l'égalité des sexes (problème psychologique) tout à fait illusoire car la sexualité est marquée du sceau de la différence. Le refuser revient à nier le réel. De nombreux stéréotypes et de lieux communs viennent encombrer la réflexion au sujet de cette fameuse égalité des sexes, débat dans lequel on ne sait plus très bien de quoi l'on parle. Prenant donc comme principe de vie l'égalité des sexes, le garçon comme la fille mènent une lutte parfois acharnée afin d'abolir toutes différences. Il n'est pas question de nier au sein d'une société le fait qu'une femme et qu'un homme aient les mêmes droits et devoirs. Il y a des acquis en ce domaine qui manifestent un progrès tout à fait notable. Mais, pour ce qui nous intéresse, nous voulons simplement relever le contenu psychologique de certaines conduites et attitudes. Une certaine lutte des femmes ces dernières années et les attitudes des hommes face aux enfants (certains seraient prêts à revendiquer socialement un désir prégénital de maternité) nous conduisent à réfléchir autrement que par la fascination. Pour ces tenants de « l'égalitarisme », il faut (inconsciemment) abolir coûte que coûte les différences, non pas en abolissant les caractéristiques sexuelles et psychologiques (bien que cela ne soit pas absent des revendications) du sexe opposé, mais en faisant siennes les composantes de l'autre. A la limite, chacun ne suffisant à lui-même en possédant les deux sexes à la fois comme le vivent certaines femmes en voulant un enfant sans père et rejoignant par là le vœu de nombreuses adolescentes qui vivent dans le passage à l'acte des grossesses précoces. La relation à l'autre n'a d'intérêt que dans la mesure où l'on parvient à s'affirmer vis-à-vis de lui en gérant en soi les caractéristiques de l'autre et dans ce cas il est inutile de vivre ensemble, vivons en célibataires et rencontrons nous de temps en temps. C'est ainsi que, pour l'instant, nous allons vers une société de solitaires bisexués psychiques.

La grande dépression des années 70, dont on camoufle les carences à travers l'euphorie de la pseudo-évolution, a amplifié les mécanismes du narcissisme primaire que l'environnement culturel commençait à valoriser dans les années 60. Nous sommes dans une période où l'adolescence est « narcisée ». Nous avons déjà dit combien le narcissisme est une étape relationnelle où nécessairement l'enfant investit toute son énergie sur lui-même afin de s'approprier sa personnalité. Il ne connaît pas la différence. Il ne peut pas se différencier de l'autre. Tout ce qu'il rencontre est lui et fait partie de lui. En un sens, lors de cette période : l'autre c'est moi. Cette étape génétique fait partie du développement psychologique et contribue à donner de la confiance et de l'assurance à la personnalité qui s'unifie grâce à la mise en place du self. Cependant, l'environnement socio-culturel et la relation éducative ont largement favorisé la maintenance du narcissisme au détriment de la relation objectale. Examinons comment ces déplacements se sont opérés.

Le contenu psychologique de la relation éducative

Les adolescents à la fin des années 80 ne sont pas les mêmes que les adolescents des années 50 ou que ceux des années 60. Mais ne nous trompons pas de perspectives, si les comportements se sont modifiés les structures psychiques sont restées les mêmes. Ces dernières ont commencé à se développer avec la génération des « yéyés » et le narcissisme s'est amplifié et a été davantage valorisé au détriment des autres structures psychiques. Ce qui était latent chez les premiers est devenu manifeste chez les adolescents d'aujourd'hui au point d'en faire un phénomène social. Car ces états de conscience juvéniles ont induit des conduites relativement autonomes et conformistes.

L'environnement technologique et le contexte culturel ont changé. Nous avons dit que l'adolescence est un fait de culture relativement récent, mais qu'il est devenu également un fait de structure psychique s'accompagnant d'un développement et d'un affinement psychologique relativement inédits. Ce fait de structure psychique a des répercussions dans la vie sociale puisqu'il entraîne des productions qui sont le reflet des remaniements et du travail psychique vécus par les adolescents dans leur ensemble.

Si les jeunes ne sont plus les mêmes, ils sont différents de leurs aînés en raison, pour une part, des changements de l'environnement. Mais nous voudrions faire observer que ce ne sont pas tant les jeunes qui ont changé que le contenu psychologique de la relation éducative qui a été modifié par les inductions introduites par les adultes. Les parents et les éducateurs se sont, par certains aspects, séparés des références éducatives dont ils ont fait l'expérience durant leur enfance. Qu'ont-ils cherché à faire à travers cette attitude ? Régler le problème de leurs images parentales, et dans ce cas ils le règlent sur le compte de leurs enfants (comme disait récemment un jeune couple « Nous n'avons pas vu nos parents nus, nos enfants nous verrons ! » Qui veut voir l'autre nu ?) et se trompent de cible ? Ou bien se situer sur le même plan que leurs enfants et abdiquer une certaine relation éducative ? D'autres, il est vrai, ont cherché à mettre en œuvre dans leur comportement les connaissances psychologiques vulgarisées par les grands médias. Cette réflexion en a aidé beaucoup et des résultats positifs ont été obtenus. Cependant, une relative majorité de personnes ont voulu éviter certaines erreurs, ils en ont provoqué d'autres ; mais surtout ils ont présenté d'autres images d'identification aux jeunes et ont utilisé des références sociales différentes. Ils ont mis en valeur certains mécanismes psychiques plus que d'autres.

L'utilisation de la sublimation

La relation éducative et le comportement social d'autrefois faisaient surtout appel au mécanisme psychologique du refoulement et de la sublimation. L'éducation de la volonté, de la raison, de l'effort, le travail studieux, le sens de l'efficacité et de la réussite utilisaient les mécanismes du stade anal. Au stade anal, la sublimation favorise la formation des caractères consciencieux, sobres, réguliers, travailleurs, sérieux et scientifiques chez ceux qui ont trouvé du plaisir à se conformer aux nouvelles exigences qu'on leur posait : chez les autres, où la sublimation est davantage conflictuelle, on trouvera les obstinés, les boudeurs, les entêtés, ceux qui aiment à faire des esclandres par leur désordre, leur saleté, leur indiscipline, ou encore ceux qu'un ordre méticuleux et proche de l'obsession rend insupportables à leur entourage. Les personnalités restées en partie fixées à ce stade recherchent des relations de puissance, de soumission et d'obéissance parfois dans une certaine passivité [7]. La relation amoureuse n'est pas recherchée dans un souci de complémentarité créatrice des deux partenaires, mais en renforcement du sentiment de puissance à deux.

La personnalité bien sublimée est très orientée vers la réalité extérieure pour agir, travailler et construire avec efficacité. La sublimation est à l'œuvre pour transformer les pulsions partielles à l'intérieur du moi (comme la pulsion anale) et les mettre sous le primat du génital qui avant d'être une activité est une structure psychique. La mise en place de cette structure n'est pas la conséquence d'un agir, mais d'une métabolisation de l'économie des pulsions prégénitales. Certains jeunes peuvent avoir des « activités sexuelles » sans être parvenus au stade génital.

L'environnement socio-culturel valorisait, il y a quelques années, davantage la sublimation en favorisant la référence d'une conduite à une signification anthropologique reconnue par tous. Ce qui primait dans l'organisation de la conduite « idéale » des individus était de faire appel à une signification qui permettait à l'appareil psychique de travailler à plein. Le rapport à la loi et à la réalité était premier et comme aucun système n'est parfait son corollaire extrême engendrait des pathologies de type obsessionnel précédées de toutes les gammes de l'inhibition.

Cependant, les structures psychiques du surmoi et de l'idéal du moi étaient stimulées et donnaient une certaine consistance et vigueur à la personnalité. Mais la relation s'est modifiée en favorisant davantage l'économie du narcissisme que le développement de l'idéal du moi

L'utilisation du narcissisme

Depuis plusieurs années, les attitudes éducatives utilisent et entretiennent avec des enfants et des adolescents davantage les mécanismes du narcissisme que ceux de la sublimation. La personne de l'enfant, ou de l'adolescent, est mise au centre de la

7. Françoise DOLTO, *Psychanalyse et pédiatrie,* Paris, Seuil.

relation à l'inverse de ce qui se passait antérieurement où le savoir, les règles, la réalité extérieure, primaient sur le sujet.

Les contraintes éducatives se veulent aujourd'hui moins exigeantes et l'on cherche à faire appel à la libre expression, à l'initiative, à la participation active, à la responsabilité du sujet. Cette attitude souhaite mettre en valeur et permettre l'éveil des possibilités et des désirs de chacun. Elle tient compte de l'apport de la psychanalyse en pédagogie. Mais en voulant, une fois de plus, éviter les erreurs du système précédent, elle en crée d'autres tout aussi néfastes.

Les comportements se veulent plus spontanés, plus « décontractés », plus libres, plus ouverts. Les références sont inhérentes au sujet lui-même, chacun a les siennes ; tant mieux si elles coïncident avec celles des autres, tant pis si elles s'en écartent. La primauté est donnée à ses « désirs », à ses « envies » : « Je fais ce que je veux, je fais ce qui me plaît ! » Il importe peu de savoir si cela est nécessaire ou utile. Le sens à partir duquel une conduite parvenue à maturité s'organise est laissé pour compte. On ne fait pas référence à une signification, mais à une impulsion, à une passion, qui possède le sujet plus qu'il ne se possède lui-même. L'accès à la sublimation et au symbolisme est rendu difficile. La vie intellectuelle reste plus imaginative, visuelle, que conceptuelle. L'approche des réalités se fait plus sur un mode psycho-sensoriel que sur un mode psycho-rationnel. Il importe plus de sentir, de percevoir, de voir, que de comprendre. La personnalité n'accède pas complètement aux fonctions de contrôle du langage. Parfois la pauvreté du langage parlé et écrit rend inapte à exprimer des idées opératoires et maintient des personnalités sur le registre des opinions prises comme des vérités.

Le développement du langage des adolescents dont s'inspirent également les adultes pour parler va dans le sens de l'aphasie : l'absence de parole. La plupart du temps, le son des mots se substitue à la parole pour communiquer avec les autres ou lorsque la parole est utilisée. Il s'agit souvent d'un langage brisé, heurté, de moins en moins construit, qui a tendance à se raccrocher à des références plus visuelles qu'abstraites, à faire appel à des mots nouveaux ou des mots dont le sens a été détourné. Il n'est pas question de construire une pensée avec ce langage, mais d'exprimer un état émotionnel même s'il faut modifier la structure de la langue elle-même. Le chanteur Renaud a retrouvé un vieux parler marginal le vrelan (inversion des syllabes) incompréhensible aux non-initiés. Sa chanson *Laisse béton* a largement contribué à exprimer ce qui était latent chez les jeunes.

La façon d'utiliser le langage est bien souvent significative d'une certaine façon de penser et de vivre. Le fonctionnement de l'intelligence est dominé par l'intérêt de l'événement, du factuel, du témoignage et des états d'âme de plus en plus magnifiés. Le besoin de se raconter se substitue à la connaissance des phénomènes pour les comprendre et les identifier. Les médias vont jusqu'à créer l'événement en transformant l'information dans une mise en scène qui va de la reconstruction des situations en images au prêche le plus émouvant. Il importe peu de rapporter des informations, il faut émouvoir. Il importe peu de savoir et de comprendre, il faut persuader. Avec une telle attitude, on ne rend pas compte de ce qui se passe. D'ailleurs, de nombreux journalistes travaillent avec des informations dans des domaines qu'ils ne connaissent pas ou avec des dossiers qu'ils ne maîtrisent pas. Le triomphe de la pseudo-connaissance, de l'approximatif, du superficiel et du sensationnel soutenu par des décors incite à donner le dernier mot à l'image et au paraître au détriment d'une capacité à identifier les problèmes sociaux.

Le langage juvénile codé a toujours existé, la nouveauté est dans son utilisation quasi générale en le substituant à un langage construit et plus conceptuel ; un en deçà du langage est en train de dominer. Les exemples ne manquent pas à travers certaines formules qui changent selon les périodes : les « ados » pour les adolescents, « vachement super » pour très bien, « calmos » pour tranquille, « craignos » pour difficulté, « instit' » pour instituteur, « appart' » pour appartement, sa « meuf » pour sa femme ou pour sa copine, la « galère » pour un problème, « ça craint » pour c'est inquiétant, « j'ai les boules » pour je suis angoissé, « génial », manifestent la pauvreté du vocabulaire pour utiliser l'adjectif qui convient afin de qualifier une relation, une situation ou quelqu'un...

Les animateurs de radio et de télévision ne sont pas en reste pour utiliser également le degré zéro du langage. Il convient d'insister sur les erreurs culturelles qui manifestent des carences graves lorsque le présentateur d'un journal télévisé introduisant l'éphéméride du lendemain nous annonce que « nous fêterons la Saint-Carême » pour le premier dimanche de carême qui, comme chacun sait, n'est pas un saint mais le premier des quarante jours qui précèdent Pâques. L'utilisation impropre des termes fausse également le sens du discours : « excessivement » employé à la place d' « extrêmement ». Les erreurs sont dues parfois à des lacunes culturelles, à la méconnaissance de l'histoire ou des institutions. L'historien des religions Georges Dumézil fut présenté comme un historien de l'art. On confond un délit et une contravention, une donation et une dation, « le Conseil national du Nord-Pas-de-Calais » avec le conseil régional, on parle du ministre suisse des Affaires étrangères, alors que le titre n'existe pas en Suisse, et du « Premier ministre italien » au lieu du président du Conseil.

La musique remplace les courants de pensée : elle est devenue celle par qui on pense, celle par qui on s'exprime. Dans bien des cas, elle remplace la parole. Les mots ne suffisent plus pour dire le narcissisme, il faut le hurler à travers des cris sans textes, un langage aphasique où les décibels annulent les mots. Tout est senti, rien n'est dit, rien n'est maîtrisé par la conscience des choses que donne le langage, mais tout est éprouvé émotionnellement à travers un imaginaire qui a du mal à accéder au symbolisme ; en un sens, la pulsion apparaît à l'état brut et de façon anarchique sur le mode du fonctionnement des pulsions partielles. Il y a ainsi des concerts rock qui illustrent bien cette excitation pendant le spectacle, suivie d'un épuisement et d'un « hébétement ».

Cette musique juvénile ne favorise ni l'unité ni la concentration de l'individu, mais elle exprime un éclatement, une dispersion qui, l'un comme l'autre, sont recherchés comme source de plaisir proche de l'autoérotisme. On retrouve ici le « noyau psychotique » de la puberté propre à l'adolescence, non seulement en ce qui concerne les pulsions instinctuelles, mais aussi en ce qui concerne le moi dans son travail d'intégration.

L'éclatement que le jeune adolescent vit à l'intérieur de lui-même, il va également le vivre à l'extérieur, au même titre, il va projeter sur l'extérieur des faiblesses et des incapacités personnelles ; des accusations, des manifestations directes d'agressivité, la surcompensation de l'inertie et de la passivité par des actes de brutalité. Le moi n'a pas les moyens de faire son travail de synthèse et les pulsions qui ne sont pas intégrées ne sont pas transformées et enrichies par la culture. Cela signifie que le mécanisme de la sublimation ne peut jouer son rôle de maturation et de « transformateur » des pulsions partielles. Freud écrivait dans *Malaise dans la civilisation* que « la sublimation est indispensable à l'éducation individuelle et au progrès culturel ». Nous ne sommes pas dans une période de création culturelle ; nous vivons sur l'acquis en profitant du capital.

Ce qui est sans doute le plus inquiétant, c'est d'observer que la signification des actes n'a plus grande importance, ce qui compte c'est d' « être comme ». La musique remplace la parole et la danse pallie le manque relationnel. En effet, on ne peut que constater la pauvreté relationnelle inhérente à ces bandes de jeunes qui semblent ne retrouver la vie qu'à l'écoute de leurs groupes musicaux favoris.

Pourtant, les paroles des musiques — quand il y en a — ne sont guère porteuses d'espoir en un avenir ou simplement de raisons de vivre. Les messages sont le plus souvent de violence, de haine, d'agressivité à l'égard du monde. Certains — les plus violents — aiment à revendiquer cette violence, comme si, de toute façon, il n'y avait plus rien à perdre. D'autres, à travers des musiques plus lascives, extériorisent une sexualité très érotique et dégagée de tout investissement relationnel affectif. La danse devient plus que jamais une exhibition et parfois même le regard des autres ne semble plus revêtir la moindre importance. La danse est vécue comme une transe, comme un plaisir solitaire. L'autre n'étant qu'un moyen pour parvenir à cette fin.

La sexualité vécue dans ce contexte ne peut avoir qu'un caractère de décharge pulsionnelle indépendamment d'une réussite relationnelle. Si les rencontres sexuelles existent, elles n'ont d'autres buts que de satisfaire les besoins engendrés par des excitations ou des tensions qu'il faut évacuer.

Les références des jeunes sont de plus en plus pauvres. La musique liée à des comportements, à des choix vestimentaires est souvent l'unique sujet de conversation susceptible de faire se délier les langues.

L'abandon par certains parents de leur rôle d'éducateur pour devenir complices ne favorise pas les maturations nécessaires. De plus en plus de parents justifient, acceptent avec un sentiment d'impuissance, les agissements de leurs enfants. D'autres parents vont même jusqu'à assimiler les comportements, les modes et les pensées des adolescents. Comment, de cette façon, les jeunes pourraient-ils s'extraire de leurs tourments juvéniles ne trouvant en face d'eux que leur propre image reflétée par des adultes inachevés ?

> Les parents, quand ils n'ont pas réussi leur propre révolution adolescente, souhaitent parfois trouver une sorte de victoire à retardement en s'identifiant à leurs enfants. Dans toutes les couches de la société, on peut observer des parents ne sachant pas ce qu'ils doivent faire. Ils hésitent et ignorent apparemment que les adolescents — avec toutes leurs protestations agressives, avec toutes leurs proclamations en faveur de l'indépendance et de

nouvelles valeurs qu'ils essaient d'introduire dans la société — sont en réalité très peu sûrs d'eux-mêmes et cherchent souvent désespérément une orientation. Malheureusement, dans de nombreux cas, ces adolescents trouvent une approbation là où justement ils voudraient trouver des restrictions contre lesquelles lutter. Dans le domaine des problèmes sexuels, surtout, les parents — et plus souvent les mères — acceptent la révolte sexuelle de leurs enfants non pas comme la conséquence de leur propre conviction intime, mais poussés par l'embarras et l'incertitude quant à ce qui est bien ou mal dans le comportement sexuel, ou sans pouvoir distinguer ce qui n'est que confusion et rébellion, dans la jeune génération, de ce qui porte en soi les germes d'un réel progrès.

Dans son désir d'être moderne, de « comprendre » son enfant, de participer par son consentement au progrès social, la mère pousse et oriente souvent sa fille vers des activités auxquelles elle-même n'aurait jamais osé se livrer. Ses propres visées narcissiques, transférées à présent sur sa fille, ne lui permettent pas de supporter la possibilité de voir cette dernière intéresser moins de garçons que d'autres jeunes personnes ; elle se sent personnellement frustrée si sa fille n'a pas suffisamment de soupirants. Mieux encore, la mère moderne est extrêmement préoccupée par le problème de l'homosexualité et, prise de peur devant l'importance croissante de celle-ci, se fait le champion agressif de l'hétérosexualité précoce de son fils. Elle voit aussi d'un œil soupçonneux les amitiés féminines de sa fille, allant même jusqu'à préférer pour elle les dangers de l'hétérosexualité.

L'identification de la mère à sa fille prend souvent une forme grotesque. Elle abandonne elle-même ses façons de vivre les plus conservatrices pour partager l'uniformité des adolescents. Il n'est pas rare de rencontrer deux adolescentes — portant l'une et l'autre les mêmes longs cheveux blonds, les mêmes jeans, et tout l'attirail des « filles modernes » — et de découvrir qu'il s'agit tout simplement de la mère et de la fille, la première animée de sentiments de triomphe à l'égard de sa propre mère, la seconde probablement profondément blessée et furieuse contre la sienne. Dans cette complaisance de la part de ses parents, l'adolescent voit la preuve de ce que le monde adulte manque vraiment de solidité et de clarté en matière de comportement sexuel et de ce que ses valeurs, en ce qui concerne la sexualité, sont réellement faibles et brumeuses. L'incapacité où se trouve la génération aînée à exercer l'autorité est alors interprétée par le jeune révolté comme un nouveau signe de démoralisation et du manque des valeurs réelles dans cette génération. Malheureusement, les confusions et les actions impulsives de la prime adolescence, jointes à une attitude de révolte envers toute restriction, ont souvent conduit ces jeunes filles à des difficultés tragiques, avant que leur processus de maturation ait pu les doter de défenses appropriées. Elles deviennent mères... mais hélas ! de même que les menstruations ne les ont pas rendues femmes, le fait de donner naissance à un enfant ne les rend pas mères pour autant[8].

Comment clore une adolescence ainsi engagée ? Nous avons montré que les difficultés d'insertion sociale des jeunes sont en rapport avec un travail intra-psychique dont les tâches ne parviennent pas toujours à mettre en place les fonctions essentielles de la personnalité. Mais il apparaît aussi actuellement que le monde des adultes ne se présente plus tout à fait comme un lieu où se résolvent les conflits d'adolescence, dans la mesure où il offre une contre-identification en se calquant sur celui des jeunes, inversant ainsi les rôles.

LE NARCISSISME JUVÉNILE DOMINANT

L'adolescence est la période de l'expression narcissique. Cette position narcissique est bénéfique pendant toute une période où elle protège l'adolescent d'une dévalorisation de soi au moment du désinvestissement des images parentales. Il y a des raisons intrinsèques à l'organisation de l'appareil psychique qui entretiennent une libido narcissique ; comme il y a des raisons liées à l'environnement, à l'incertitude du milieu, qui handicapent la transformation de la libido narcissique en libido d'objet. Dans un monde culturellement éclaté, à l'avenir obscur, la tâche de l'adolescence est rendue difficile pour se reconnaître dans un tel environnement.

En face de l'hésitation ou du refus de certains adolescents à se situer socialement, il y a des adultes qui se hasardent à affirmer qu'au temps de leur adolescence la situation était pire parce que les nations étaient engagées dans une guerre que n'ont pas connue les nouvelles générations. Cette comparaison et cette recherche de ressemblance ne tiennent pas. Certes, la peur de l'ennemi et la crainte des dangers mortels sont terriblement angoissants ; mais il reste que l'objet du danger est précis et que passé les moments de surprise et de souffrance on s'organise pour se défendre, pour lutter dans l'espoir de la liberté et de vivre

8. Hélène DEUTSCH, *op. cit.*

autrement. La guerre est traumatisante et laisse des traces à vie.

Mais les jeunes générations se trouvent confrontées à un autre phénomène qui a un double aspect. D'une part, l'expérience psychologique qu'ils font de leur adolescence de par sa durée est différente de celle de leurs aînés : beaucoup de jeunes se posent des questions sur eux-mêmes ; leurs parents ont peut-être soupçonné les mêmes interrogations à l'époque de leur adolescence, mais sans y prêter le même intérêt. D'autre part, le contexte culturel et social est moins stable dans la mesure où la crise se répercute dans toutes les réalités humaines : économiques, politiques, sociales, culturelles, éducatives, religieuses, affectives, éthiques. Même si ce raisonnement n'est pas pertinent, tout laisse à penser qu'il n'y a plus rien de stable, de sûr et de référent : « L'idée d'hier sera contredite par celle de demain, à qui se fier ? » Le laxisme ambiant laisse également penser qu'il n'y a pas de règles ni de lois. Devant toutes ces incertitudes, il n'est guère facile à un adolescent de se construire et de savoir où et comment s'insérer socialement, au moment de recevoir l'estime de soi de l'environnement pour établir une continuité entre sa vie psychique et la réalité extérieure.

Lorsque l'incertitude domine dans l'organisation psychique, mais aussi dans le monde extérieur, le narcissisme prend une forme défensive puisque l'individu ne parvient pas à investir les objets.

Si l'adolescence est la période privilégiée du narcissisme dans un sentiment de toute-puissance, elle est également entretenue par un contexte éducatif et culturel. Lorsque les adolescents deviennent les délaissés de la relation éducative et ne trouvent pas leur place dans la vie sociale, le narcissisme est renforcé. Beaucoup d'adultes craignent la relation avec des adolescents et ils ont l'impression qu'il n'y a pas grand-chose à dire et à faire vis-à-vis d'eux. Un peu comme si on les considérait comme achevés et informés des réalités de la vie. Il est vrai que, pour ne pas avoir connu la même adolescence, la plupart des adultes ont des difficultés à entendre et à comprendre ce qui s'est à peine éveillé en eux. Cependant, les relations entre parents et adolescents, pour un certain nombre, sont tolérantes et des conduites qui étaient impossibles il y a plus d'une vingtaine d'années le sont devenues. Les adolescents ont changé, mais les parents aussi. Dans d'autres cas, les situations ne sont pas négociées, elles sont évitées. Des parents ou des éducateurs n'osant pas ou ne sachant pas jouer leur rôle, évitent les conflits avec les adolescents, au lieu de les assumer. Loin d'accepter ce qu'ils sont comme adultes, d'autres vont même, nous l'avons constaté, jusqu'à aligner leurs conduites sur celles des adolescents : ils s'identifient à leur mode de vie, à leur façon de s'habiller, à leur type de pensée et de langage et à leurs diverses formes musicales. Ce ne sont plus les enfants et les adolescents qui s'identifient aux adultes, mais l'inverse. Les adultes prennent comme modèle, comme référence, l'adolescence. Cette contre-identification des adultes aux enfants et aux adolescents est relativement nouvelle. Les enfants ont perverti la relation éducative au point de devenir les maîtres chanteurs des adultes. Ce système ne permet plus chez les parents la projection du surmoi sur leurs enfants et ils représentent aux yeux des plus jeunes un idéal du moi décevant. C'est sans doute ce qui explique en grande partie la dépression si fréquente chez certains adolescents. Les dépressions blanches et les dépressions par infériorité sont liées aux incertitudes de l'idéal du moi familial et sont des maladies de l'idéalité.

La personnalité narcissique

La valorisation du narcissisme a commencé avec la génération des « yéyés » ; elle s'est amplifiée avec les générations suivantes. La psychopathologie s'est également modifiée. Les difficultés vécues par de nombreux adolescents que nous avons pu observer s'inscrivent plus sur le registre du caractère psychotique que sur celui de la névrose. Le caractère psychotique se manifeste par un moi éclaté et relativement dissocié du réel extérieur. Le caractère névrotique est le symptôme d'un blocage lié au refoulement d'une pulsion qui ne parvient pas à faire son travail.

La personnalité narcissique favorise une organisation morcelée puisqu'elle se vit en danger d'éclatement. Lorsqu'elle rencontre des difficultés, la souffrance intérieure en est plus grande et les conduites symptomatiques disparaissent pour laisser s'exprimer directement, dans le comportement, les pulsions et les conflits qui ne s'élaborent pas et laissent le sujet sans défenses. Alors que dans le cas de la névrose le symptôme protège, d'une certaine façon, de la manifestation directe de la pulsion. Le passage à l'acte devient de plus en plus fréquent. Les conduites impulsives risquent d'être une norme et le moi demeure sans limites.

Le narcissisme s'est développé en éloignant l'adolescent du réel et une certaine forme de pensée de caractère délirant, dans le sens d'une reconstruction subjective du monde, domine les processus cognitifs.

Du point de vue culturel, la personnalité de l'adolescent s'exprime aujourd'hui, pour un grand nombre, de façon narcissique. La relation à l'objet est perturbée ainsi que l'image et l'estime de soi. Dans la relation aux autres, au monde extérieur, aux exigences de la réalité et de la vie sociale, une référence à soi est très prononcée. La vie affective reste, par certains aspects, superficielle avec souvent une empathie ambivalente à l'égard des autres : « Je me fous de vous, moi je m'aime à travers vous », se plaisait à dire une chanson récente. Les autres sont enviés dans l'espoir d'apports narcissiques, sinon ils sont rejetés ou dévalorisés. Dans des cas extrêmes, les autres sont possédés, exploités, sans provoquer de sentiments de culpabilité. Le système de défenses est varié, ce sont les mécanismes primitifs qui sont utilisés comme le clivage, le déni, l'identification projective (le sujet introduit sa propre personne en totalité ou en partie à l'intérieur de l'objet pour lui nuire, le posséder et le contrôler), l'omnipotence et l'idéalisation primitive.

L'adaptation sociale est possible. Le contrôle pulsionnel, quand il intervient se réalise à travers une pseudo-sublimation facilitée par des satisfactions dans le domaine d'activités réussies où il peut être admiré.

A la longue ce type de personnalité devient tolérant à l'angoisse, car il finit par s'habituer à sa réalité perturbante. L'activité narcissique tourne à vide dans la personnalité et n'élabore rien. L'idéal du moi n'assure même pas son rôle de substitut du surmoi puisque ce dernier est « altéré et demeure dans l'ombre » (E. Kestemberg). Le surmoi œdipien n'a pas pu faire son travail, il est limogé par le narcissisme primaire qui lui prend sa place en se faisant passer pour une instance. Il installe un régime régressif en deçà de l'Œdipe alors qu'il voulait donner l'apparence d'aller au-delà après l'avoir transgressé. Dans ce système, l'économie prégénitale domine en répétant les mouvements infantiles de la libido.

Le narcissisme dominant ne favorise pas la résolution du complexe d'Œdipe, il l'évite. Nous retrouvons ici toute une gamme de difficultés rencontrées par des adolescents dans un univers psychique et culturel où le narcissisme prévaut. L'idéal du moi qui occulte le surmoi détériore gravement le moi du sujet.

En 1970, les toxicomanes mystiques utilisaient une formule narcissique pour exprimer leur plaisir : « Prendre son pied ». Dans les années 80, on a toujours recours à une formule narcissique, mais elle est chargée d'une angoisse défensive : « Je vais craquer. »

Le narcissisme des adolescents d'hier, de San Francisco à Katmandou, souhaitait à la façon des pionniers ouvrir de nouveaux chemins à la subjectivité humaine et à la vie sociale. Le narcissisme d'aujourd'hui est sans projet parce que plus défensif. Les hauts lieux d'hier sont devenus les cimetières des espérances déçues. Un sentiment de non-réussite, de non-accomplissement, de non-adaptation à soi, de non-reconnaissance et par conséquent de non-fonctionnement domine. Mais à elle seule une ambiance culturelle n'entraîne pas du même coup un déterminisme tel que les sujets n'auraient plus de choix. Tous ces phénomènes sont subtils, variables et chaque individu les vit par rapport à sa propre organisation psychique.

Les avatars du narcissisme

Les idéaux d'une société sans pères qui dominent actuellement la culture finissent par tuer la réalité. L'impasse dans laquelle ils ont entraîné le narcissisme neutralise le processus d'identification qui, à l'adolescence, ne peut plus faire son travail. Le processus d'individuation risque lui-même d'être remplacé par un conformisme aux groupes et aux modes qui tiendra là aussi le rôle substitutif d'idéal du moi. Les modes ont eu tendance à remplacer les us et coutumes d'une société dont le lien à son patrimoine et à son histoire est de plus en plus absent.

Le narcissisme aboutit à un paradoxe bien singulier : être comme tout le monde (ou à l'image d'un clan), se retrouver dans les autres comme pour conjurer l'incapacité à devenir soi-même. Il nous apparaît plus comme une défense que comme un affermissement de soi. Il est utilisé afin de se protéger du danger de morcellement du moi si sensible à l'adolescence et de l'insécurité provenant de l'environnement au sujet des images parentales dominantes. Ce sont des images d'impuissance qui sont renvoyées réactivant le complexe de castration. Non seulement la compétition professionnelle avec les adultes (cf. aussi la compétition sexuelle avec les parents) est rendue difficile (chômage), mais, de plus, on laisse entendre qu'il n'y a pas de place à occuper. Certains perdent le sens de leur travail scolaire, d'autres redoublent d'énergie pour être parmi les premiers et les plus diplômés. Chacun se situe à sa façon devant le complexe de castration.

Dans ce contexte socio-économique, la sexualisation de la vie intellectuelle comme de l'insertion professionnelle (ne parle-t-on pas de tromper son conjoint avec son travail ?) est un déplacement contemporain de la culpabilité dont serait libérée la sexualité. Libération illusoire : la culpabilité n'a pas été résolue, mais évacuée de la sexualité. Elle demeure donc présente et active. Tout se passe comme si les conflits inhérents à la sexualité ne se situaient plus par rapport à la génitalité, mais par rapport au fonctionnement psychique. Le fonctionnement mental, comme on aime à dire aujourd'hui, devient, dans ce cas, le seul lien avec la castration.

En l'espace de quelques années, la problématique formulée par les adolescents s'est modifiée. Si à une époque certains venaient consulter pour des problèmes affectifs et sexuels, aujourd'hui les demandes portent plus sur les capacités intellectuelles et sur l'orientation des études et d'une profession à venir. Il n'est pas suffisant de dire que l'environnement a changé pour expliquer un tel déplacement de la culpabilité de la sexualité à l'intelligence. Il ne peut pas être question d'une rivalité œdipienne classique. Nous pensons plutôt que nous sommes devant un déni et un refoulement du complexe d'Œdipe. Ce refoulement ne peut pas rester neutre et sans retour. Il va s'exprimer et perturber un terrain qui n'est pas d'abord le sien : le fonctionnement intellectuel. Il est à regretter que la lutte œdipienne soit souvent évacuée culturellement avec la complicité de certains adultes. La sexualité, dans bien des cas, ne pourra que rester prégénitale dans la valorisation des pulsions partielles. N'a-t-on pas confondu expression des pulsions partielles indépendantes du primat génital et libération sexuelle ? H. Marcuse et W. Reich ont facilité ce mouvement à travers leurs théories qui ont contribué à valoriser la sexualité infantile au détriment de la sexualité de la relation d'objet. La revanche œdipienne de nombreux adultes a sans doute induit l'audace des plus jeunes. L'évitement du surmoi œdipien favorisé par un idéal du moi collectif a entraîné chez des jeunes une altération de l'appareil mental. Le surmoi individuel, chez certains, n'a pas pu se mettre en place et l'organisation du travail du désir s'est confondue avec sa réalisation immédiate. Dans ce système, les personnalités deviennent fragiles et agressives.

Ainsi la culpabilité ne peut pas s'élaborer à partir de la sexualité. La culpabilité demeure dangereusement diffuse, atomisée et prête à se cristalliser ici ou là. La violence qui se développe dans des conduites juvéniles trouve en partie son origine dans cette défaillance. L'agressivité qui se substitue à la compétition ne connaît pas de limites dans le narcissisme puisque celui-ci méconnaît le réel et la différence.

La culpabilité se fixe, comme nous l'avons observé, sur le fonctionnement de l'intelligence et rend difficile l'existence de certains adolescents et jeunes adultes. La culpabilité ne trouve sa résolution que dans la mesure où elle est resituée par rapport au conflit œdipien. Le passage par Œdipe signe l'abandon de Narcisse pour la réalité et donne un sens à la culpabilité à partir de laquelle il sera possible de faire œuvre de culture et de développer toute une variété de sentiments sociaux. Ce processus de création culturelle est impossible lorsque le complexe d'Œdipe est évité. La culpabilité reste prégénitale et induit une relation agressive et destructrice. Le vide subjectif si fréquent à l'adolescence traduit à la fois le désinvestissement des images parentales, mais aussi, dans bien des cas, un défaut de symbolisation. Il peut également exprimer l'échec du processus d'identification car le travail d'intériorisation des objets que la réalité exige d'abandonner ne peut pas se faire. C'est la porte ouverte aux dépressions d'infériorité et de culpabilité. La culpabilité retournée sur les autres devient un besoin de faire du mal à ceux que l'on n'aime pas.

LA SOCIÉTÉ ADOLESCENTRIQUE

Le modèle de l'affectivité juvénile

Le narcissisme nous plonge au cœur de la subjectivité avec ses richesses, mais aussi ses risques.

Nous voyons mieux que les références éducatives, psycho-affectives, sont à l'origine d'une nouvelle orientation de la relation aux jeunes de la part des adultes. Ce qui ne veut pas dire, encore une fois, que ce type de relation soit univoque ; elle représente, sans aucun doute, une dominante, mais elle coexiste avec d'autres formes de relations éducatives.

Les jeunes sont en partie le résultat de ce que les adultes souhaitaient pour eux-mêmes ; ces derniers ont transmis aux jeunes non pas tant des « valeurs », mais la « liberté » d'être et de vivre comme ils veulent, dégagés des contraintes ou d'attitudes culturelles dont eux, adultes, avaient hérité de leur enfance. En même temps, les adultes sont tout étonnés d'observer que « leurs valeurs » n'ont pas été suivies chez les jeunes. Les jeunes eux-mêmes parvenus aux frontières de leur liberté se demandent parfois avec un fond d'angoisse comment se situer face à ce qu'ils vivent.

L'utilisation du mécanisme de sublimation facilite l'insertion dans la vie sociale et le travail sur la réalité, parfois au détriment du sujet. L'utilisation du mécanisme du narcissisme marque une plus grande distance par rapport au travail sur le monde extérieur. Dans l'un et l'autre cas, le sens de l'efficacité et de la réussite ne sont pas les mêmes ; le rapport au temps est également différent. La sublimation inscrit la relation dans la durée alors que la relation narcissique vit l'immédiat.

L'expérience de la temporalité à l'adolescence est essentiellement relative à l'instant. Les délais, la nécessité de différer la réalisation d'un désir, les médiations par lesquelles le plaisir s'obtient paraissent insupportables à certains. Pour certains jeunes, il faut que tout puisse être consommable tout de suite et sans contraintes. Sinon c'est la révolte contre la frustration et par là ils révèlent la fragilité de leur personnalité sans consistance. On se souvient du slogan qui a pris naissance dans les années 70 et qui depuis a fait son chemin : *I want it and I want it now !,* « Je le veux et je le veux tout de suite... »

Ce rapport au temps juvénile est devenu une dominante de la conduite des adultes manifestant ainsi leur pôle d'identification. Ce ne sont plus les adultes qui donnent le rythme du temps, mais les adolescents. D'ailleurs, nous vivons tous plus ou moins en fonction des rythmes scolaires. Nous avons une conception courte du temps : celle de l'enfant et de l'adolescent. Les conséquences se vérifient dans bien des domaines. Nous savons, par exemple, qu'une psychothérapie et encore davantage une cure psychanalytique demandent du temps pour favoriser un travail psychique sérieux afin de dénouer des conflits et aboutir à un résultat réel. Aujourd'hui, de nombreuses personnes connaissant ces délais préfèrent s'en remettre à des pseudo-thérapies courtes et se donner l'illusion de résoudre leurs problèmes alors qu'elles ne font que déplacer des symptômes. À la longue, des troubles psychosomatiques ou des conduites dépressives ne manqueront pas de rappeler que rien n'a été résolu. Les charlatans de ces nouvelles thérapies à la frontière de la magie ou du religieux sauvage exploitent avec une incompétence généreuse un rapport au temps pédocentrique.

Les adultes s'alignent de plus en plus sur la façon de vivre des adolescents. L'adolescence ne serait plus une étape de transition, mais un état dans lequel on s'installe. Ainsi la société deviendrait, par certains aspects, adolescentrique : les parents et les adultes seraient eux-mêmes de grands adolescents. Une société qui reposerait sur une monogénération artificielle puisque la différence des générations serait niée comme la différence des sexes. Dans bien des cas, la relation de parents/adolescents s'effaçant ou se clivant dans une relation d' « adultes-adolescents » (les adulescents) à leurs « enfants-adolescents » (les adolescentriques).

Les thèmes, les modes, les références, ne sont-ils pas juvéniles en cette fin de XXe siècle ? Le modèle du couple contemporain n'a-t-il pas quelque chose à voir avec la vie affective adolescente ?

— La tendresse prime sur l'amour, la relation de conservation, de protection, prime sur la relation objectale. L'autre est recherché plus pour sa fonction de sécurité, de valorisation de soi que pour sa valeur personnelle et originale.

— L'intensité émotionnelle est confondue avec le sentiment amoureux ; la relation reste du domaine de l'immédiat, de l'instant, et a des difficultés à s'inscrire dans le temps, dans la durée.

— Le désir d'enfant est plus une recherche de réassurance narcissique de soi-même ou de défense contre sa sexualité œdipienne que le fait de transmettre la vie et d'inscrire l'enfant dans une histoire relationnelle et conjugale. Sans doute l'enfant a-t-il perdu de son intérêt économique des siècles derniers pour devenir dans notre contexte socio-culturel un bien affectif, quand il n'est pas un bien et un prolongement narcissique ou encore un objet réparateur. Il est sans doute un peu tous ces aspects, mais la relation à l'enfant dépend de l'image inconsciente que l'on vit à son sujet. En présence d'un enfant, l'adulte doit non seulement faire face à l'enfant qui est devant lui, mais aussi à l'enfant qu'il a été et qui demeure présent en lui. Bien souvent, l'enfant imaginaire prend le pas sur l'enfant réel et fausse la relation.

— La relation de couple est devenue une affaire privée que l'on veut protéger de façon narcissique dans la crainte de la voir dénaturée par le mariage institutionnel : la relation de couple reste couple au sens juvénile du terme car elle ne parvient pas à accéder à la maturité de la relation conjugale voire de la relation parentale. Nous l'avons montré, on peut avoir des enfants et être socialement parents sans pour autant être parvenus à la maturité psychique de la parenté. Il est nécessaire de s'être « réconcilié » avec ses images parentales pour accéder soi-même à la symbolique parentale et devenir potentiellement à son tour père ou mère.

Si le couple ne devient pas conjugal, il n'acquiert pas sa dimension sociale et il n'est pas créateur de vie sociale comme semble l'indiquer le développement des familles dites « monoparentales ». Une appellation dont les termes sont en contradiction car ce type de relation ne crée pas du familial, mais du narcissisme pédocentrique.

Ces quelques faits illustrent l'influence de la vie affective adolescente sur les modèles de conduites sentimentales. Les adolescents ne seraient-ils pas en train de pervertir les adultes dans la mesure où ces derniers ont du mal à se comporter en parents ?

De la pédophilie à la transgression des rôles

La relation éducative est devenue, dans certains cas, une relation de séduction. Le propre de la relation éducative est de transmettre un contenu à partir duquel un jeune s'éveille et travaille alors que la relation de séduction négocie des mouvements possessifs. Les conduites et les comportements séducteurs envers les enfants se révèlent être en profondeur des résidus œdipiens inversés ; ce qu'il n'a pas été possible de réaliser avec un parent, on tente de le réaliser à l'inverse avec un enfant, pris comme parent. La transmission psychologique des défaillances œdipiennes des adultes risque d'affaiblir la personnalité de l'adolescent s'il ne parvient pas à traiter cette influence.

L'égalitarisme psychologique va dans le même sens lorsque l'adolescent est retenu comme partenaire pour résoudre les problèmes d'adultes. En particulier ceux qui appartiennent à des familles en difficultés ou monoparentales : ils sont vécus par les adultes comme des « conjoints » avec lesquels tout peut se partager. On va jusqu'à dormir dans le même lit comme le vivent depuis plusieurs années une mère avec son fils de quatorze ans. La plupart du temps, les adolescents ne le supportent pas et fuient cette relation trop impliquante et faussement égalitaire. Il faut que les pères et les mères règlent leurs problèmes entre eux ou que l'adulte seul face à l'adolescent sache qu'il n'a pas à demander à son fils ou à sa fille leur avis sur ses problèmes.

La transgression des rôles est une des expressions de l'égalitarisme psychologique dont on a voulu se persuader pour faciliter la relation avec les adolescents. Cette attitude a créé de nouvelles aliénations psychiques. Nous ne sommes plus tout à fait en face de jeunes et d'adultes, mais devant un groupe humain qui devient de plus en plus adolescent. Une société adolescentrique s'installe. De nombreux adultes sont eux-mêmes de grands adolescents dont la vie affective n'est pas toujours stabilisée. Une société que l'on veut fraternelle parce qu'il n'y a plus des parents et des enfants mais des frères et des copains devient progressivement perverse. Nous ne sommes plus dans l'ordre de la coopération entre les générations, mais dans un mouvement de déni de la maturité. La société fraternelle n'est possible que dans la mesure où elle s'inscrit dans une symbolique paternelle. Sans père il n'y a pas de frères. La société des copains ou des « potes » rassemble les déracinés de la filiation paternelle qui refusent le père. Mais s'agit-il d'un refus ? Comment refuser ce que l'on ne connaît pas ? En réalité, l'ignorance du père domine cette mode où les individus tentent d'établir des liens de plus en plus intenses entre eux en forme de SOS tous azimuts pour sauver leur peau. De la jouissance du meurtre du père de l'adolescent révolté dans *La Fureur de vivre* à l'inquiétude masquée de l'adolescent intimiste et narcissique dans une pseudo-fraternité musicale où règne l'absence de la symbolique paternelle deux univers se séparent. Il n'est pas étonnant que Madonna chante la dérision des pères.

Nous avons connu ces dernières années une carence de la présence paternelle auprès des enfants et des adolescents. La tâche éducative et la relation quotidienne étaient le plus souvent assurées par la mère. Le mythe du « papa poule », dont nous avons déjà parlé, n'a rien modifié car, en jouant ce rôle, le père s'inscrit dans une symbolique maternelle au détriment d'une symbolique paternelle. Les modifications de la vie familiale, le travail de la mère à l'extérieur (le travail des femmes n'est pas en question. Il n'est pas nouveau ; elles ont toujours travaillé. La nouveauté du travail féminin est dans le fait qu'il se réalise à l'extérieur de l'environnement familial), la confusion des rôles respectifs du père et de la mère, les conflits d'identité féminine et d'identité masculine avec tous leurs reliquats pubertaires (que l'on retrouve, par ailleurs, dans l'idéologie de Simone de Beauvoir comme dans celle d'Élisabeth Badinter), la dépendance prolongée de l'adolescence et l'importance qu'elle a dans notre culture donnent aux adultes et aux parents l'impression de rester jeunes, indéterminés, et de ne pas oser apparaître comme père ou comme mère au point de vouloir se faire appeler par les enfants plus par son prénom que par son titre parental. Comme si une pseudo-proximité rendait plus facile la communication alors que la communication n'est possible que dans la distance. Nous sommes en pleine psychologie des adolescents de quinze à dix-neuf ans : l'âge des pseudos.

La mauvaise image du père des années 60-70 est devenue une image parentale floue. Elle est parfois à mi-chemin entre le symbole du frère aîné et celui de l'oncle. Nous retrouvons, d'ailleurs, cette ambivalence dans le jeu politique et dans la vie culturelle. Cette double symbolique conduit à l'échec. Dans les mouvements de la vie sociale, la relation au père est sans doute moins agressive ; mais elle est aussi de moins en moins structurante car l'image du père est trop indistincte. On remarque chez de nombreux jeunes adultes la difficulté à construire leur identité dans la mesure où sont refusées les images parentales. Nous pensons que certains adolescents ont du mal à accéder au complexe d'Œdipe et à le résoudre, et ce dans un contexte affectif et culturel où la symbolisation œdipienne est niée. Or nous savons que l'expansion narcissique de l'adolescent qui l'éloigne du réel doit être limitée par le conflit psychologique qui s'appuie sur la situation œdipienne. Sinon la dépression et la morosité s'installent ou se surcompensent dans l'hypomanie.

Beaucoup de parents et d'éducateurs ont du mal à se situer par rapport aux « interdits » à prononcer à l'enfant et au jeune adolescent, si bien que, les limites n'étant pas précises, nous alternons entre une culpabilité diffuse qui se traduit par des phénomènes de peurs hyper-sensorielles et une absence apparente de culpabilité qui fabrique des personnalités perverses. Dans une société qui dénie la symbolique paternelle, la culpabilité est difficilement située et risque de se transformer en agression contre les autres ou en auto-agression comme dans la toxicomanie. La culpabilité devient violence et source de transgression.

Enfin l'importance chez de nombreux adultes du besoin de rester jeunes, copains avec leurs enfants pour ne pas apparaître dans leur rôle, est le symptôme d'une vie que l'on voudrait sans conflits psychiques où il n'y aurait plus à affronter le surmoi parental. Le narcissisme de l'adolescent se développe dans une inflation permanente, déprimante et agressive pour certains.

Les attitudes délibérées et volontaires en matière d'éducation n'exercent pas, comme on voudrait le croire, une influence déterminante dans l'organisation de la personnalité où jouent beaucoup plus subtilement les relations interpersonnelles des parents et l'état de leur propre psychisme. Les méthodes pédagogiques ne valent que par la qualité de ceux qui les utilisent.

Cependant, la relation et la communication entre jeunes et adultes sont possibles lorsque chacun reste à sa place. Ce sont sans doute les adolescents d'aujourd'hui qui incitent les parents et les adultes à l'être réellement. Si l'on veut sortir d'une banalisation de la différence des générations, de la différence des sexes et de la différence des rôles, il convient de promouvoir une relation de coopération inter-générations sans exclusive. Les classifications entre jeunes et adultes sont parfois artificielles dans la mesure où nous sommes tous engagés dans les mêmes tâches psychiques avec plus ou moins d'avance dans l'histoire. Les adolescents vivent l'apparition de nouvelles réalités psychologiques avec lesquelles une fois adulte chacun continue de vivre après avoir renoncé, dans un remaniement psychique, à l'économie infantile.

Le déclin d'une société ne commence pas avec des problèmes économiques ; ils sont la conséquence d'un état d'esprit. Une société se condamne à long terme lorsque *les processus de dénégation* prennent le pas sur les tâches psychiques à accomplir. Le capital psychique n'est pas travaillé, mais épuisé dans le court terme du passage à l'acte impulsif. L'affinement psychologique auquel nous sommes parvenus exige à présent une meilleure connaissance de la vie subjective pour lui donner les moyens de se développer dans une meilleure qualification de l'intériorisation et de devenir sociale.

Le narcissisme, qui est la base psychologique de l'individualisme contemporain, peut être une régression sans issue, mais il est encore possible de penser qu'une reconstruction de l'individu peut se préparer si nous savons en créer les conditions. L'avenir est à ce prix.

CONCLUSION

ŒDIPE LE MAL-AIMÉ

LA PSYCHOLOGIE JUVÉNILE PREND LE POUVOIR : VERS LA SOCIÉTÉ ADOLESCENTRIQUE

Le temps de l'adolescence est une réalité récente. Les jeunes, davantage insérés dans le monde des adultes jusqu'au milieu de ce siècle dans un statut et des rôles qui situaient chacun à sa place, étaient repérables grâce à leurs conduites dites juvéniles. Mais, dès la fin de la dernière guerre mondiale, l'adolescence contemporaine est née avec la génération des « yéyés ». Déjà, au siècle dernier, se trouvèrent parmi les jeunes écrivains les précurseurs de l'adolescence de la fin du XXe siècle aux prises avec une subjectivité narcissique. Les prémices d'un narcissisme difficilement tranformé en idéal du moi laissaient augurer de l'apparition d'un adolescent en mal de construction interne. Dostoïevski, Gide, Proust, Rimbaud et Verlaine, parmi d'autres, ont décrit avec le génie de leur construction littéraire les mouvements de la vie psychique juvénile. Baudelaire a été l'un des premiers adolescents toxicomanes à traduire dans sa poésie la richesse et la souffrance des intrigues émotionnelles travaillant le psychisme selon ses états de conscience. La découverte et les moyens d'investigation de l'inconscient mis en œuvre par Freud et la recherche psychanalytique de ses successeurs ont coïncidé avec l'expérience d'un capital psychologique plus important au point d'élargir les frontières des connaissances acquises. L'adolescence est ainsi devenu un fait psychique avec ses lois, ses tâches et ses enjeux.

Les changements de conditions de vie ont favorisé l'apparition et l'allongement de l'adolescence. Un nouvel âge de la vie s'est affirmé comme réalité sociale mais aussi comme un processus psychique avec des tâches particulières à traiter. La personnalité remaniée pendant cette période s'engage dans une dynamique ou des fixations déterminantes pour le destin de l'individu.

A l'adolescence tout ce qui fut de l'enfance recommence et tout commence avec de nouvelles compétences. Nous avons montré l'importance du traitement des conflits de base facilitant le processus continu du travail de maturation dont les délais sont actuellement longs. Le jeune qui travaille ou qui s'assume dans une indépendance matérielle sera défini du point de vue sociologique comme un adulte ; confirmé d'ailleurs par la majorité civile à dix-huit ans. Mais cette situation sociale ne confère pas automatiquement une quelconque maturité psychique, surtout lorsque l'on sait que l'adolescence ne fait que commencer au sortir de la psychologie pubertaire.

Un conformisme social, très induit par les représentations d'adultes yéyés, voudrait voir dans les adolescents d'aujourd'hui des individus achevés. Les aînés se projettent sur les plus jeunes là où ils en sont restés de leur propre adolescence. Leur vie d'adulte n'étant que la répétition de tâches non traitées dont la plupart des symptômes se manifestent dans l'affectivité et les difficultés de nombreuses relations de couples, mais aussi dans la façon dont certains se situent comme non-parents tout en étant géniteurs. Adolescents avec les adolescents : qui est qui et qui fait quoi ?

1. La guerre contre l'image du père.

La « génération 68 », à l'image de celles de 70, 14-18, 39-45, a signé l'acte de naissance de l'adolescence contemporaine à travers le mythe de l'adolescent révolté et contestataire dès les années cinquante. Mais elle s'est aussi coupée de l'histoire en refusant ses origines dans le fantasme d'une génération spontanée, prométhéenne grâce aux résultats du père et ne parvenant pas à accéder à son statut elle s'est donnée des systèmes de pensée de toute-puissance ; pensées au demeurant défensives et mortifères. L'expérience du réel a révélé l'illusion et le caractère dépressif d'une telle attitude.

La dépression de Mai 68 a été une fracture psychique et une décompensation tellement subjective que les adolescents d'hier ont du mal à en parler aux adolescents d'aujourd'hui. Il ne s'agit pas d'événements que l'on peut rapporter comme les générations précédentes le firent. La situation est plus subtile. Certes, dans une reconstruction de l'histoire immédiate, ils ont été nombreux à transformer Mai 68 en événement fondateur des changements vécus au cours de ces dernières années, alors qu'ils étaient déjà amorcés depuis longtemps. Mais avec les Gaulois rien ne se fait sans convulsions quasi meurtrières au risque de scier la branche sur laquelle on se trouve assis et d'accuser un ennemi potentiel, selon un mouvement paranoïaque bien connu, d'être la cause du mal ou de la chute.

La « Génération 68 » est un mythe. Et comme tout mythe il fait penser. Elle ne rassemble pas tous les individus de cette classe d'âge ; tout au plus une minorité active mais suffisante pour exprimer un lourd contentieux vis-à-vis de l'image du père dans lequel beaucoup se sont reconnus. Une génération qui vivait bien l'expansion économique dans les diverses reconstructions d'après-guerre, mais avec un sentiment de culpabilité à bénéficier de l'argent du père, source intarissable de pouvoir qui lui semblait inaccessible sauf en le détruisant symboliquement. Il est assez curieux d'observer que les principaux leaders extrémistes sont issus de milieux bourgeois ou aisés à quelques exceptions près. Il est difficile d'y voir uniquement un excès de générosité. La plupart d'entre eux sont devenus aujourd'hui de bons chefs d'entreprise ou des professionnels politiques bien établis.

Bref une génération qui aura eu du mal à s'inscrire dans la filiation. Des fils et des filles se voulant sans pères, rompant avec l'héritage. La façon d'utiliser des formules en terme de slogan est souvent révélatrice de la façon de se vivre. Il est à remarquer le succès, ces temps-ci, de l'utilisation du concept de « génération » accolé à toutes sortes de causes ou de personnages. Ne voulant de personne et surtout pas d'un père, n'étant de nulle part, on se dépêche de s'en donner des artifices. A leur tour bien des membres de cette génération n'ont pas su se situer comme père vis-à-vis des enfants. Ces derniers ne trouvant que des frères ou des sœurs aînés cherchent à relier les repères de la filiation, dans le meilleur des cas, à travers leurs grands-parents sautant ainsi au-dessus de leurs propres parents, au pire se tournant vers des leaders charismatiques allant du chef de parti politique à la secte. Dans une enquête récente menée auprès d'enfants de plusieurs écoles primaires a été posée la question : « En cas de besoin à qui demandes-tu de l'aide ? » La grande majorité d'entre eux répondirent : « Aux grands-parents ». Pour beaucoup d'enfants et d'adolescents leurs géniteurs ne représentent pas toujours les personnes sur lesquelles ils peuvent s'appuyer.

L'image du père a été confondue avec celle du grand frère créant une image composite à travers le symbole de l'oncle.

L'oncle est une image ambiguë dans notre contexte socio-culturel. Il est devenu un faux père qui ne peut pas faire fonctionner la loi. Il incite à l'éviter, à l'ignorer et cette relation perverse favorise le détournement de la loi à ses propres fins. La délinquance juvénile trouve, pour une part, son origine dans l'incapacité des adultes ou des jeunes à dire ou à entendre la loi. Il est fréquent d'observer dans la rue, le métro ou ailleurs, des parents manipulés par leurs enfants au point d'en souffrir sans savoir poser les limites nécessaires. D'autres au nom du libre exercice de la spontanéité, démissionnement carrément en leur laissant tout faire. Ils veulent donner une bonne image de père ou de mère en n'interdisant rien dans l'espoir de ne vivre aucun conflit. Subissant par la suite les soubresauts de la puberté et de l'adolescence de leur progéniture ils s'étonnent de tant d'agressivité ou de désintérêt à leur endroit après avoir voulu être gentils. Bien entendu la gentillesse, la compréhension, le respect et l'amour avec lequel on entoure un enfant n'est pas en cause mais bien plutôt la qualité des exigences relationnelles que l'on met en œuvre pour lui permettre de se structurer. Dans de nombreuses familles où la parenté et la filiation ne sont pas claires les membres se vivent tous sur le même plan, comme appartenant au monde juvénile. Si bien que la place du travail éducatif est laissée à des personnes représentatives d'une symbolique adulte : les grands-parents, les enseignants, les psychiatres prennent le relais devant l'abandon, l'incompétence ou le manque de savoir-faire des parents. Des parents vivent leur relation avec leurs enfants adolescents comme avec des adultes en réduction attendant d'eux ce qu'il faut faire. Si bien que seul le père du père représente l'image du vrai père. Personne n'a rencontré Œdipe le mal-aimé. Au moment de la seconde réactualisation/résolution œdipienne, lors de l'adolescence, les relations familiales, dans la grande majorité des cas, concourent à lui donner un terme ; par contre l'environnement social ne réunit pas toujours les conditions pour y parvenir. Le milieu n'est pas assez significatif pour que l'adolescent renonce à la relation œdipienne et entre dans le travail psychique de l'identité, de la sexualité objectale, de son rapport libérant à la loi, de sa filiation et des exigences de la réalité. La société incite surtout à ne pas se confronter à Œdipe et encourage à demeurer dans les frustrations de l'immaturité. L'impératif catégorique de rester jeune pour ne pas devenir adulte est largement souligné aussi bien dans les représentations collectives que dans l'attitude de bien des adultes.

2. L'image du père absent et le vide subjectif

La société actuelle est malade de l'image du père. Mai 68 a été souvent interprété comme l'avènement d'une société enfin libérée de « l'autorité archaïque des mandarins ». Dans bien des cas ceux qui la dénonçaient arrivés au fait des responsabilités exercèrent parfois un autoritarisme pire que leurs pères car les relations étaient plus dominées par le besoin de se défendre que de faire preuve de compétences. Combien d'échecs institutionnels coûteux et que de personnalités abîmées parce que dans la plupart des situations les simples règles de bon sens étaient occultées au bénéfice d'illusions sans pouvoir sur la réalité. Quand la loi du frère veut remplacer la loi du père, elle reste narcissique et affectivement autocratique (je t'aime ! tu m'aimes ?). La loi du père, elle, est libérante. Elle n'attache pas à une personne mais étant transcendante (comme la loi œdipienne qui concerne toutes les générations à travers le temps et l'espace) elle en appelle à la responsabilité. Mai 68 n'aura pas été pour les membres de cette génération la remise en question « d'une autorité oppressive » mais bien plutôt l'incapacité d'accéder au sens de l'autorité, d'intérioriser le pouvoir du père, de le détenir à son tour. Envahis par l'angoisse de cette castration consentie, les jeunes contestataires préféraient dans un élan dépressif en détruire l'image en eux-mêmes, s'écartant ainsi de la possibilité d'agir sur les réalités. D'où cette déferlante d'idées délirantes résumées en petites phrases schizoïdes sans impact sur le réel. « Ça sert à quoi ? » chantait à l'époque Maxime Le Forestier, en se répondant « à rien », il se refusait à entrer dans le monde des pères.

Cette incapacité à faire fonctionner la loi œdipienne, qui tout en indiquant les limites ouvre le champ des possibles dans la réalité, se transforme depuis quelque temps dans une projection idéalisante des jeunes considérés comme « une génération morale ». Le journalisme télévisuel nourrit souvent ce système sans aucun recul, en invitant le jeune Siegfried de service à commenter l'événement ou dire l'avenir sous prétexte qu'il a vingt ans aujourd'hui ou qu'il aura trente ans en l'an 2000. Habituellement ces jeunes otages ne disent pas grand-chose de nouveau. Comment en serait-il autrement ? Ils ne font que refléter les idées dominantes ou à l'inverse nous énoncent des affirmations gratuites et sans fondements sérieux. On se rassure en ayant reçu une parole ou un oracle de jeunes. En ce sens le processus d'identification est inversé, comme nous l'avons montré. Ce ne sont plus les enfants qui s'identifient aux adultes pour se construire mais les adultes qui s'identifient aux enfants et aux adolescents pour vivre. Les enfants devenant ainsi les pères et les mères de leurs parents. La chaîne de la transmission est rompue.

De nombreux adultes n'ont rien à transmettre aux enfants. Un peu comme si l'histoire avait commencé avec leur propre adolescence et dans bien des cas avec Mai 68. Une telle attitude d'esprit débouche sur la perte du sens historique ou l'oubli volontaire de certains acquis quand ce n'est pas des séquences entières de l'histoire gommées ou transformées pour des raisons idéologiques. Une génération sans mémoire s'est ainsi constituée. Un lien pathogène s'est développé dans la relation au temps. Seule la nouveauté compte et cette maladie nous la retrouvons amplifiée par le journalisme du scoop. « Or une nouveauté n'apparaît pas du jour au lendemain. La soudaineté de son apparition est un argument en faveur de sa précarité. Les tendances profondes, celles qui marquent un changement durable, s'installent en effet progressivement. Bien des situations apparaissent souvent comme des engouements soudains dans la classe sociale qui gouverne les modes. »[9]

L'attitude incertaine de nombreux adultes, sans références précises, sans stabilité personnelle et sans maturité affective leur a donné l'idée de se reposer sur les jeunes ou leur a laissé croire qu'ils pouvaient se débrouiller seuls et encore mieux sans les adultes sous couvert d'autonomie. Ce manque de relation d'appui se manifeste à la puberté puis à l'adolescence à travers un sentiment d'abandon et la recherche de conduites additives, de dépendances dans toutes les formes de la toxicomanie : errances affectives, utilisation de produits ou jeux avec les aliments. Les personnalités affaiblies et en carence d'élaboration interne restent en surface, dotées d'un imaginaire plat comme un écran de télévision.

L'exemple de la télévision est tout à fait l'illustration du fonctionnement d'un psychisme à faible intériorité. On pense à tort que la télévision c'est l'expression et qu'elle favorise l'imagination. La dépendance au petit écran traduit un manque d'imaginaire et entretient l'inhibition de la vie psychologique. L'expérience a été tentée de supprimer pendant plusieurs semaines l'utilisation du petit écran dans un village. Avant la fin de l'expérience nombreux ont été ceux qui sont venus rechercher

9. L. Roussel et O. Bourguignon, « Générations Nouvelles et Mariage Traditionnel », *Cahier INED,* Paris, PUF, 1978.

leur téléviseur en garde dans un dépôt, ne parvenant pas à imaginer par eux-mêmes d'autres activités que d'être nourris par ce cerveau auxiliaire. Ce constat n'a pas pour but de nier l'intérêt de la communication télévisuelle et son utilisation fréquente par des personnes seules mais de révéler la façon dont elle structure le psychisme. La production télévisuelle n'est pas reliée à l'imaginaire d'une façon aussi importante que le cinéma. La télévision supprime la mémoire et le sentiment de longue durée au bénéfice de l'instant et du temps du vidéo-clip éphémère sans mobiliser la concentration puisque l'idée est courte. En l'espace de quarante-huit heures ce qui est vu à la télévision est oublié, seule l'émotion laisse une trace. Certes il y a des moments intenses mais l'imaginaire ne travaille pas autant qu'avec un film visionné dans une salle de cinéma. Les causes de la baisse de fréquentation des cinémas est à étudier surtout comme le symptôme des psychismes contemporains moins aptes à élaborer l'imaginaire. Par contre le succès des films d'horreur et d'épouvante est bien le signe de psychologies sans imaginaire puisqu'il faut de plus en plus reculer les frontières des représentations les plus anciennes et les moins élaborées du sado-masochisme. La pulsion à l'état brut est jeté sur l'écran, quand ce n'est pas dans la réalité, sans avoir été travaillée. Les hooligans et leurs cousins associés sont nés de ce syndrome et deviennent un phénomène social très grave. La valorisation de l'expression du primitif est pire qu'une simple régression transitoire de laquelle le dépressif sort enrichi d'une nouvelle organisation de sa personnalité. Tel n'est pas le cas. Nous sommes au cœur d'une pathologie sociale destructurante pour les individus et le tissu social, même si l'on tente de se rassurer par quelques rassemblements sous la bannière de la solidarité, car ces liens du transitoire n'engagent pas de relations réelles et durables avec l'autre. Combien de jeunes après un concert « craquent » en se retrouvant seuls ? Les boissons viennent mortellement compenser l'absence de l'autre espéré et introuvable.

Cette carence de l'imaginaire chez de nombreux jeunes et adultes s'articule sur l'incapacité à mettre en œuvre dans le psychisme ce qu'ils vivent. Tout est vécu sur le même plan sans que les expériences ne rebondissent à l'intérieur de soi et participent au travail d'organisation de la personnalité. Ce sont des cerveaux qui fonctionnent sans appareil mental entraînant une absence de l'intériorisation. La vie intérieure est pauvre et la subjectivité superficielle. La mode du look en est sa traduction et le manque de capacité interne à vivre avec soi-même est compensé par le besoin d'être enveloppé par un fond musical ou de provoquer de la chaleur à l'intérieur de son corps avec de l'alcool ou d'autres drogues pour se donner le sentiment d'être avec quelqu'un. Le produit remplace l'objet mental défectueux. Il manque quelqu'un.

Ce défaut d'intériorisation nous le constatons en particulier lorsque certains adolescents se plaignent en présentant des difficultés de concentration intellectuelle dans leur travail scolaire. Comme nous l'avons décrit, ce problème est à la fois la manifestation du développement plus complexe des psychologies contemporaines (aux tâches psychologiques plus nombreuses à accomplir) et de graves carences identificatoires à traiter. Il est à craindre que la société ne présente un message court et superficiel sur la vie, quand ce n'est pas une incapacité à transmettre quoi que ce soit. Un pays qui transmet mal le savoir, le savoir-faire, les codes et rites sociaux, le sens de ses fêtes et une spiritualité est en danger de mort[10]. Des enfants et des adolescents ont trop souvent été renvoyés à eux-mêmes sans qu'ils parviennent à trouver de réels points de repère. Leur idéal du moi insuffisamment développé pour s'appuyer sur eux-mêmes les rend prisonniers d'une quête narcissique d'amour de réassurance. L'inflation émotionnelle ne rend pas plus fort intérieurement ni plus motivé dans la recherche d'une meilleure qualité de la relation à l'autre.

3. A la recherche d'une médiation avec le réel

A la différence de la génération des yéyés, les jeunes d'aujourd'hui remettent peu en cause leurs parents. La plupart d'entre eux prennent conseil et se confient volontiers à eux, parfois un peu trop et les transforment en boucs émissaires si le conseil donné n'a pas produit les résultats escomptés. Les relations entre parents et enfants ne sont plus alimentées, pour l'ensemble, par l'idée du conflit des générations. Bien au contraire on assiste à un rapprochement entre les générations. Les adultes ne sont pas vécus comme un obstacle pour grandir mais comme un soutien à partir duquel il est possible de se développer. Dans de nombreux cas, des adolescents utilisent des conduites symptomatiques pour obliger l'adulte à tenir sa place et son rôle au lieu de se maintenir dans une régression juvénile. Les adolescents des années 60-70 manifestaient une certaine allergie au travail et une rupture par rapport aux valeurs traditionnelles, dans une contestation qui se

10. M. A. MACCIOCCHI, *La femme à la valise,* Paris, Grasset, 1988.

voulait d'autant plus radicale que l'un et l'autre leur étaient assurés. Mais au-delà des évolutions nécessaires le besoin d'acquérir une singularité et une identité passait par ce conflit des générations. Actuellement la situation est différente. Les relations entre parents et enfants se sont modifiées dans le sens d'un plus grand dialogue. La crise économique et l'insécurité professionnelle conduisent les enfants à avoir davantage recours au soutien matériel et financier de leurs parents. Mais cette dépendance ne constitue pas une entrave à la liberté des jeunes. Si les adolescents d'hier refusaient le monde technologique de leurs pères, ceux d'aujourd'hui le recherchent en intégrant les valeurs classiques comme l'intérêt du travail et l'importance de la famille [11]. Des adultes n'y reconnaissent plus leur propre adolescence. Ils s'attendent à la révolte, à la remise en question, au départ de la maison familiale, au refus de tout mais rien de ces prévisions ne vient. Ce n'est pas pour autant le calme plat, le conflit existe mais pas forcément là où les adultes lui donnaient rendez-vous.

Une fausse idée gêne souvent la relation entre les adultes et les adolescents. Sous le prétexte de conserver une bonne relation durant l'enfance et l'adolescence on pense devoir faire l'économie des conflits relationnels. Certes il ne s'agit pas de cultiver une philosophie du conflit pour le conflit et le degré conflictuel est variable selon les individus. Ainsi il est fréquent de vivre une relation difficile lors de la crise pubertaire ou la crise de l'adolescence. Certains adultes ont tendance à retourner le conflit contre eux en se culpabilisant, en se dévalorisant ou en se faisant le plus discret possible. L'adulte disparaît derrière sa culpabilité ou laisse le terrain inoccupé au moment où l'adolescent a besoin de rencontrer ses parents ou des adultes qui l'aideront, même s'il les rejette, à cerner les limites de sa mégalomanie infantile pour trouver sa liberté. Point n'est besoin de se camper dans un personnage rigide et autoritaire pour paraître le plus fort. Le problème n'est pas là. Cette attitude est la force des faibles. Il s'agit de reconnaître, avant tout, et d'admettre que le pubère puis l'adolescent sont engagés dans un travail psychique, au sortir de l'enfance, pour s'inscrire dans une identité sexuelle et dans l'ordre de la filiation, d'acquérir son self et de vivre une relation efficiente au réel. Telles sont les tâches à accomplir pour parvenir à une réelle autonomie personnelle

11. C. GOKALP, « Quand vient l'heure des choix », *Cahier INED*, Paris, PUF, 1981.

même si le jeune est encore dépendant matériellement de ses parents. Pendant cette période de remaniements, bien des réalités sont vécues comme contraignantes et limitatives dans son désir, en son nécessaire travail d'expansion. L'adulte et ses représentants symboliques vont parfois apparaître comme des gêneurs à la susceptibilité narcissique de toute puissance qui écarte l'adolescent du réel. Des adultes auront la tentation de séduire ou de devenir complices pour être sûrs de toujours être aimés. Si la relation est vécue sur le mode rejet/acceptation le rôle de médiateur, d'intercesseur des adultes sera disqualifié ; contribuant ainsi à développer le narcissisme défensif et les conduites d'auto-protection. Le conflit entre parents et enfants a toujours existé au moment de l'adolescence. La nouveauté se trouve résumée dans l'attitude de nombreux adultes qui veulent l'éviter car ils ne savent pas comment le vivre. Certains reçoivent le conflit au premier degré et le prennent contre leur personne en déprimant, d'autres se font silencieux et ne trouvent plus les mots, comme pendant l'enfance, pour parler à l'adolescent grandissant. Ils désertent leur place en pratiquant la politique de la chaise vide.

La fonction parentale est ce qui permet la structuration d'une personnalité et de sa qualité va dépendre le destin psychique d'un individu. Il ne s'agit pas de faire le procès des parents mais de dégager les structures de leur fonctionnement qui favorise ou désorganise une vie. Les parents ont été progressivement dépossédés de leurs compétences. Le rôle de géniteur avec la procréation assistée, le rôle nourricier confié à d'autres, le rôle de l'éducation confondue avec l'enseignement remis à l'école, le rôle de l'autorité médiatrice du réel abandonnée aux enfants ou aux médias donnent l'image d'une fonction parentale éclatée et impuissante dont tous les partenaires finissent par souffrir. Dans ce système le pire est de vivre une relation magique à l'État, qui devra assurer le bonheur des citoyens en distribuant des contrats de garantie dans tous les domaines. Ne soyons pas étonnés de voir se développer des personnalités juvéniles de plus en plus fragiles et morcelées.

Les personnalités juvéniles ont toujours vécu une période narcissique pour se structurer en se prenant comme objet d'intérêt. Ce processus est classique. Cependant l'utilisation du narcissisme, aujourd'hui, est d'un genre particulier. Il ne s'agit plus uniquement d'un narcissisme de confirmation de soi mais aussi et surtout d'un narcissisme de défense et de protection. Les personnalités juvéniles sont plus fragiles et résistent moins aux réalités. Il est de plus en plus fréquent de voir des adolescents (es) « s'effondrer » après avoir enregistré une mauvaise note à la suite d'un devoir ou d'un examen. Au lieu d'être stimulés à travailler, certains sont entamés dans « l'estime » d'eux-mêmes et paralysent leurs capacités. Dans bien des cas la note insuffisante sera vécue comme une perte d'amour du professeur et non pas comme l'évaluation du travail accompli. « Il m'a mis une mauvaise note parce qu'il ne m'aime pas » nous disait récemment un élève de première. Les enseignants les plus conscients de ce fait s'efforcent de promouvoir une pédagogie de la réussite en aidant l'élève à mieux s'organiser dans son travail ou en l'éveillant à l'utilisation de ses possibilités. Par contre l'attitude qui consiste à humilier et à reprocher la qualité et les résultats d'un travail peut avoir des conséquences néfastes sur des personnalités juvéniles dont l'idéal du moi est trop faible. Lorsque nous avions des personnalités structurées avec cette instance la remise des livrets de notes par le chef d'établissement qui dispensait des félicitations ou des admonestations devant l'ensemble d'une classe pouvait avoir un effet stimulant dans le but de travailler et d'acquérir une bonne image de soi. Actuellement les jeunes, fragilisés dans leur idéal du moi, reçoivent le moindre reproche scolaire comme une atteinte à leur intégrité psychologique, quand ce n'est pas la famille tout entière. On a ainsi observé des parents allant jusqu'à agresser physiquement des enseignants à la suite d'une sévère réprimande adressée à l'élève. Le moindre échec, la moindre difficulté atteint l'adolescent comme ses parents. A la veille du bac, des parents sont souvent plus anxieux que leur enfant. Il doit non seulement assumer sa propre inquiétude mais également la leur et cette double incertitude crée un doute par rapport à son environnement si peu porteur. Ce manque de résistance intérieure est le reflet des incertitudes de l'environnement que l'adolescent reçoit au moment où il puise dans le monde extérieur son matériel identificatoire. Il introduit en lui un manque d'assurance qui s'associe aux remaniements de sa personnalité dont les points de repère internes sont flous. C'est pourquoi ils vivent avec le sentiment qu'à tout moment ils peuvent « éclater ».

Depuis plus de trente ans nous avons vécu avec l'idée que nous étions à l'abri de tout. Les progrès de la médecine, de l'habitat, des produits alimentaires, entre autres exemples, ont donné l'idée d'un homme prométhéen de toute puissance à qui rien ne pouvait arriver. Un sentiment de liberté sans limite s'est imposé dans les représentations collectives jusqu'à se protéger de moins en moins et apparaître complètement nu sur les plages dans les années 70, réconciliant ainsi l'homme primitif avec l'homme technologique. Plus rien à craindre. L'hécatombe des routes quasi suicidaire et bien d'autres conduites mortifères dans la vie courante procèdent de cette pensée magique. Or les jeunes doivent apprendre que nous vivons au milieu de risques naturels et non pas de ceux fabriqués pour l'émotion des soirées d'hiver du « Paris-Dakar ». Sinon la découverte du réel en sera plus dépressive.

Il est naïf de croire et démagogique de dire que la formation des élèves passe uniquement par l'acquisition de connaissances, par la maîtrise des techniques modernes et par la simple augmentation des budgets de l'Éducation nationale, sans poser et prendre les moyens de traiter les problèmes éducatifs. Il est hors de question d'en nier l'importance essentielle. Mais cette transmission de connaissances doit s'accompagner d'une formation de la personnalité à la fois au plan psychologique et éthique. Il est nécessaire d'aider les jeunes à apprendre à s'évaluer afin qu'ils évitent de se survaloriser ou de se dévaloriser. Il est vital d'exiger la loyauté et l'honnêteté dans son travail plutôt que d'être complices de la tricherie organisée et banalisée socialement aussi bien par les adultes que par les jeunes. Ils n'ont rien à y gagner, si ce n'est une image de nul et de médiocre trop valorisée actuellement. Autant de conduites s'articulant sur un fond dépressif et expliquant la plupart des effritements ou des effondrements de la personnalité juvénile.

Les hésitations et les incertitudes des adultes associées aux remaniements psychiques de l'adolescence donnent l'impression que tout le monde se retrouve à la case départ, obligé de se redéfinir.

LE TRAVAIL D'INTEGRATION ET DE MATURATION PSYCHIQUE

Nous avons décrit quelques-unes des tâches psychiques qui vont de la puberté à la postadolescence. Un temps de maturation au cours duquel se développe le processus psychique de l'adolescence. Les tâches se complexifient et s'associent ensuite, entre elles, selon les âges de la vie[12]. Mais lorsque l'une d'entre elles est escamotée elle s'ajoute à celles de la période suivante de façon conflictuelle. Cependant les difficultés liées à l'adolescence deviennent souvent consciente, cinq, dix ans ou plus, après leur apparition. Il est fréquent de rencontrer des postadolescents en discussion intérieure au sujet de leur image corporelle, héritage de leur psychologie pubertaire.

Nous avons situé trois phases déterminantes dont nous avions déjà esquissé par ailleurs le profil[13].

Le processus psychique de la puberté travaille à l'intériorisation du corps sexué. Les modifications corporelles s'articulent autour du développement de la psychologie pubertaire (entre douze-dix-sept/dix-huit ans). La crise pubertaire dont le point délicat se situe entre quatorze-seize ans ne doit pas être confondue avec la crise de l'adolescence plus tardive.

Le garçon comme la fille sont déstabilisés et insécurisés à cause de la perte des points de repère corporels. La relation aux parents et à l'environnement se modifie en réutilisant à nouveau l'économie des pulsions partielles (le rapport à la nourriture, à la propreté, au langage est plus conflictuel). La sexualité infantile, toujours sans objet, domine la période avec des fantasmes prégénitaux de toute puissance. La psychologie de la sexualité orale et anale des pulsions partielles se manifeste dans des conduites agressives, possessives, dominantes, dévorantes mais se subliment progressivement à travers le sport, les groupes d'activités de jeunes et les relations de coopération. Cependant laissées à l'état brut ces attitudes vont contribuer à la désocialisation du pré-adolescent. Ce n'est pas le cas pour la grande majorité des jeunes. Mais ceux qui sont en défaut d'élaboration interne, non structurés dans leur relation familiale et sociale risquent de basculer dans des conduites antisociales. Il est important de trouver à cet âge des figures d'adultes qui tiennent leur place et font preuve de vigueur pour être de véritables pôles identificatoires résistants à l'abordage narcissique du pubère. Il en deviendra plus cohérent dans sa personnalité. Sinon ne rencontrant personne ou le vide subjectif devant lui il ne pourra pas devenir réellement lui-même.

Le processus psychique de l'adolescence va ouvrir de nouvelles perspectives à l'adolescent sur lui-même (entre dix-sept, dix-

12. T. Anatrella, « Tâches psychiques et âges de la vie » in numéro spécial « La forme », *Sciences et Avenir,* Paris, 1988.

13. T. Anatrella, « L'adolescence, la postadolescence, vie sociale », in *Le Supplément* n° 150, « Valeurs juvéniles », Paris, Cerf, 1984.

huit - vingt-trois, vingt-quatre ans). Une période de tension correspondant à la crise d'adolescence se situe souvent actuellement, selon les individus, autour de dix-neuf - vingt-deux ans. Les tâches de l'adolescence vont surtout être dominées par les remaniements de l'identité sexuelle, ceux des fonctions du moi et du désir. Le renoncement aux gratifications infantiles de réassurance doit être en place pour les transformer lors du passage à une sexualité objectale. Cette dernière implique l'intégration de l'autre dans le champ de la conscience de l'individu et dans l'économie de la pulsion. La pulsion sexuelle devient altruiste et tout en élaborant les restes de la sexualité infantile elle n'est plus finalisée par elle-même. Le plaisir n'est plus recherché en lui-même mais il va se trouver médiatisé. Le but et la finalité de la pulsion est l'autre avec lequel l'individu sera en relation. La position narcissique va, dans le meilleur des cas, se transformer en position d'altérité. L'adolescent va entrer, parfois non sans mal, dans la psychologie de la différence.

Le travail de l'intériorisation du corps sexué commencé à la puberté se poursuit en y ajoutant l'affirmation de soi comme être sexué. Du moi « je suis tout », moi « je peux tout », moi « je veux tout » il s'agit de passer au moi qui ne se suffit pas à lui-même en reconnaissant la différence sexuelle. En intégrant cette réalité grâce, entre autres, à l'identification de la relation homme/femme du couple parental, dans la mesure où l'association du père et de la mère est harmonieuse, son narcissisme se transforme en idéal du moi. De la distance née entre le moi et son idéal se développe une intériorité, une subjectivité préparant sa capacité à exister dans la cohérence de soi et non plus dans la dépendance psychique infantile. La relation d'altérité à nouveau en place comme après la première résolution du complexe d'Œdipe (cinq-sept ans) va favoriser l'unification des tendances et des pulsions autour d'un seul but. La sexualité se structure au moment où l'adolescent se reconnaît dans une identité qui l'aide à unifier toutes les pulsions dans son rapport à autrui. De cette interaction va dépendre tout l'équilibre de la personnalité.

Ce travail est difficile à opérer dans le contexte socioculturel actuel malgré l'éducation donnée par les parents. L'échec de ce passage se concrétise par la toxicomanie, maladie de l'intériorité juvénile, la boulimie, l'anorexie et toutes les autres formes de conduites suicidaires. Ces maladies de la dépendance traduisent une grande fragilité des personnalités juvéniles en danger d'éclatement. Leur psychopathologie signe l'échec provisoire ou définitif de leur unification. La valorisation culturelle de tant de conduites immatures ne crée pas un environnement favorable. La plupart des chanteurs, des artistes et des jeunes sportifs présentés comme « modèles » offrent souvent une image pathogène de leur personnalité. Après l'avoir trouvé pendant l'enfance auprès de ses parents, l'adolescent cherche dans le milieu social le matériel psychique dont il aura besoin pour se construire et le conjuguer avec le précédent. Celui qu'il trouve est dissonant et ne concoure pas à la consolidation de sa personnalité. Certes tous ces modèles sont le reflet de l'ambiance dominante dépressive de notre société masquée derrière l'euphorie des faux enthousiasmes. Ils sont adulés par les médias et érigés en grands-prêtres interrogés sur tout. Une opinion sans compétence exprimée sur les questions actuelles apparaît comme la dernière « vérité » à mettre en œuvre. Ces vérités narcissiques, des plus banales, ne sont pas structurantes. Ils sont rares ceux qui reconnaissent, comme Jean-Jacques Goldmann, faire uniquement leur métier de compositeur et d'interprète sans adresser aux jeunes qui font leur public un Message.

Nous avons montré qu'une personnalité se construit au carrefour d'une élaboration interne et d'influences socioculturelles. Les carences que l'on constate dans la personnalité de nombreux adolescents sont l'expression d'une maladie de groupe où les modèles sont incapables d'être structurants. L'immaturité galopante dans laquelle on se complaît est tout aussi grave que le chômage. C'est le capital humain que nous sommes en train de compromettre au moment où des individus perdent confiance en eux-mêmes. Dès lors comment s'étonner de l'état d'esprit « du chacun pour soi » ?

La situation appelle une plus grande clairvoyance en matière psychologique mais aussi à s'interroger sur le sens de la vie que l'on entend promouvoir. Le sens de soi et de l'autre s'acquiert à l'adolescence. De la réussite de cette opération dépend l'estime de soi et la capacité d'agir sur les réalités, dans la durée, pour que se développe le groupe humain auquel on appartient et, au-delà de lui, les autres.[14]

Le processus psychique de la postadolescence (vingt-trois - vingt-quatre - trente ans) est un nouvel âge de la vie. Nous l'avons montré, elle n'est pas une adolescence prolongée ni ratée mais une autre période qui ouvre un champ d'activités psychiques inédites. Si l'adolescence a correspondu à un réaménagement de la personnalité dans toutes les directions, la postadolescence se présente comme une période de choix, de hiérarchisation interne

14. R.-M. RILKE, *Lettres à un jeune poète,* Paris (1937), Grasset, 1984.

et d'auto-limitation. Ce travail s'effectue dans une double direction : la confirmation de l'autonomie psychique et la relation efficiente au réel. Cependant l'un et l'autre dépendent de la mise en place du self. Le self dans sa capacité à être soi-même, s'instaure, si le postadolescent est assuré de son sentiment de continuité de la personnalité à s'autoréguler et à se structurer. Une immaturité de base demeure.

Les jeunes sportifs comme les jeunes artistes qui s'exposent aux médias sont de bons exemples de l'état du psychisme des postadolescents de notre époque. On se souvient de l'effondrement dépressif du sympathique Yannick Noah devant les journalistes et de sa rapide remontée, quelques mois après, à la veille de son mariage. Une réaction tout à fait significative, que nous avions commentée à l'époque, d'une conduite relationnelle difficile à tenir dans la réalité et dans la durée. Ce comportement est typique chez de nombreux postadolescents. Des situations sont créées ou provoquées, sur une base dépressive, dans l'espoir de résoudre un conflit intrapsychique. Une telle stratégie ne résoud rien et ajoute aux complexes psychiques un problème supplémentaire de réalité à gérer. Le réflexe qui consiste à espérer une solution d'un problème interne dans la réalité est une illusion. L'utilisation défensive de la projection pour ne pas avoir à se considérer en face détourne l'individu de son travail d'intériorisation et met en doute les compétences du self. Ces situations sont vouées à l'échec. Elles ne font qu'entretenir la dépression en la déplaçant.

La réconciliation avec ses images parentales est sans doute une des issues pour entrer dans le processus continu de la maturation de la vie adulte. De cette tâche dépend la capacité psychologique à être géniteur et à intégrer la symbolique parentale. Nous recevons souvent en consultation de jeunes hommes anxieux à l'idée d'être père, ne sachant plus très bien se situer vis-à-vis de leur femme et de leur enfant nouvellement né. Certains abandonnent la mère et l'enfant à leur symbiose, sans intervenir ; d'autres se vivent comme frère aîné dans la relation et d'autres encore évitent le problème dans un surcroît de travail. Ils ne sont pas pour autant en conflit interne avec leurs images parentales mais dans l'incapacité d'accéder au statut qui est celui de leurs parents et pas encore le leur. Ils se vivent toujours comme enfants, impuissants à intégrer et à vivre la fonction parentale.

L'intégration de la symbolique parentale n'implique pas d'être géniteur ; ce processus psychologique n'est pas la conséquence de la génération mais de la maturation sexuelle. Certains parents n'ont pas accédé à la symbolique parentale et d'autres sans encore avoir d'enfants sont aptes à la faire fonctionner. Ce refus ou cette difficulté à être « père » ou « mère » a des conséquences sociales. Les réactions en seront plus brutales et dépressives si l'individu se soumet au complexe de castration duquel il s'empêche de sortir malgré quelques velléités démagogiques érotisées de la dérision si largement utilisée dans la vie quotidienne.

La difficulté à se situer au sein de ses relations sociales, le plaisir à manier la dérision ou les plaisanteries sexuelles de type pubertaire, les hésitations à s'engager dans une relation amoureuse trouvent pour une part leur origine dans cet inachèvement du choix de la relation objectale.

La puberté, l'adolescence, la postadolescence sont trois mouvements distincts d'un même processus, celui de l'adolescence : ils participent aux remaniements décisifs des structures de la personnalité. Un capital psychique important est mis en œuvre durant ce temps. La promotion d'une pédagogie de la subjectivité et la relation des adultes aux jeunes doivent en tenir compte si l'on ne veut pas choir dans les pièges de la société adolescentrique. Une coopération inter-générations est essentielle pour l'épanouissement des jeunes, comme pour les adultes qui, tout en les laissant à leur place, ont besoin des jeunes pour bien vieillir. Sinon l'adolescence qui doit être une étape risque de devenir un état.

6/30 août 1987
11 juin 1988.

TABLE DES MATIÈRES

Chapitre II

LE PROCESSUS PSYCHOLOGIQUE DE L'ADOLESCENCE

LES TACHES PSYCHIQUES DE L'ADOLESCENCE

Chapitre III

LE PROCESSUS PSYCHOLOGIQUE DE LA POSTADOLESCENCE

Chapitre IV

SOCIÉTÉ ADOLESCENTRIQUE

Achevé d'imprimer en juin 1997
sur les presses de l'Imprimerie Bussière
à Saint-Amand (Cher)

Dépôt légal : septembre 1988.
N° d'édition : 8575.
— N° d'impression : 1298. —

Imprimé en France